능력향상 SEASON 6

처음이라도 괜찮아!
따라만 해도 완성되는

남궁혜영 저

캔바 디자인

처음이라도 괜찮아!
따라만 해도 완성되는 캔바 디자인

초판 1쇄 인쇄   2025년 10월 10일
초판 1쇄 발행   2025년 10월 20일

지은이   남궁혜영(꿍대표)
펴낸이   한준희
펴낸곳   (주)아이콕스

디자인   포스
영업   김남권, 조용훈, 문성빈
경영지원   김효선, 이정민

주소   경기도 부천시 조마루로 385번길 122 삼보테크노타워 2002호
홈페이지   www.icoxpublish.com
쇼핑몰   www.baek2.kr (백두도서쇼핑몰)
이메일   icoxpub@naver.com
전화   032-674-5685
팩스   032-676-5685
등록   2015년 7월 9일 제 386-251002015000034호
ISBN   979-11-6426-273-1 (13000)

※ 정가는 뒤표지에 있습니다.
※ 잘못된 책은 구입하신 서점에서 교환해드립니다.

이 책은 저작권법에 따라 보호받는 저작물이므로 무단전재 및 복제를 금하며, 책의 내용을 이용하려면 반드시 저작권자와 ㈜아이콕스의 서면동의를 받아야 합니다. 내용에 대한 의견이 있는 경우 홈페이지에 내용을 기재해 주시면 감사하겠습니다.

머리말

처음 캔바를 접했을 때 저는 "디자인은 전문가만 할 수 있는 영역"이라는 생각했습니다. 하지만 캔바를 사용하면서 그 생각이 완전히 바뀌었습니다. 복잡한 프로그램을 배우지 않아도, 누구나 클릭 몇 번으로 원하는 결과물을 만들어낼 수 있다는 사실이 놀라웠습니다. 그리고 사람들과 함께 캔바를 배우고 나누면서, 캔바가 단순한 도구를 넘어 아이디어를 가장 손쉽게 현실로 바꿔주는 도구라는 것을 확인하게 되었습니다.

제가 강의 현장에서 만난 분들은 대부분 바쁘고, 디자인 툴을 따로 배울 시간이 없는 분들이었습니다. 그런데 캔바를 알려드리면, 필요한 자료를 만들고, SNS를 꾸미고, 가게 홍보물을 직접 제작하는 등 실생활에서 바로 쓸 수 있는 결과물을 뚝딱 만들어내셨습니다. 이런 모습을 보면서 캔바가 지금 시대에 꼭 필요한 도구라는 걸 절실히 느꼈습니다.

저 역시 처음부터 크리에이터였던 것은 아닙니다. 우연히 시작한 캔바를 통해 디자인의 즐거움을 느끼게 되었고, 그 경험이 저를 캔바 크리에이터로 만들었습니다. 그리고 그 길이 강의로까지 이어져, 더 많은 분들과 캔바의 가치를 나누게 되었습니다. 저는 그 과정에서 '나도 새로운 길을 열 수 있구나'라는 용기를 얻었습니다. 저에게 캔바는 단순한 도구를 넘어 인생의 전환점이자 새로운 가능성을 열어 준 특별한 계기였습니다.

이 책은 그런 경험을 토대로 만들어졌습니다. 처음 시작하는 분들이 캔바의 기본 사용법을 차근차근 익히고, 다양한 실전 디자인을 직접 따라 하면서 완성할 수 있도록 구성했습니다. 최근에는 캔바에 인공지능 기능까지 더해져, 글쓰기와 이미지 제작, 심지어 영상과 음성까지 한 번에 다룰 수 있는 강력한 플랫폼으로 진화했습니다. 이 책은 기초부터 최신 기능까지 폭넓게 다루며, 독자 여러분이 점점 더 창의적으로 성장할 수 있도록 안내합니다.

여러분이 이 책을 덮을 때쯤에는, 디자인이 더 이상 어렵고 낯선 것이 아니라 "누구나 쉽게 즐길 수 있는 생활 속 도구"로 자리 잡기를 바랍니다. "내가 이렇게도 할 수 있구나!"라는 자신감을 얻는 그 순간, 캔바의 진짜 가치가 드러납니다. 여러분의 손끝에서 완성되는 결과물은 단순히 디자인을 넘어 스스로를 표현하고 세상과 소통하는 특별한 도구가 될 것입니다. 이 책이 여러분에게 든든한 길잡이가 되고, 캔바가 열어주는 새로운 가능성 앞에서 한 걸음 더 나아갈 용기를 드릴 수 있길 진심으로 바랍니다.

캔바 디자인 클래스
카카오톡 오픈채팅방

마지막으로, 저는 단순히 강의실에서만 캔바 이야기를 나누는 데 그치지 않고, 더 많은 사람들과 함께 배우고 싶어 '캔바 디자인 클래스'라는 카카오톡 오픈채팅방을 운영하고 있습니다. 이곳에서는 캔바의 유용한 팁과 새로운 소식을 나누고, 함께 배우는 즐거움을 이어가고 있습니다. 아래 QR코드를 통해 누구나 참여하실 수 있으니, 혼자가 아닌 함께 배우는 경험도 놓치지 마시길 바랍니다.

추천사

● 국제디지털콘텐츠협회장 노마드에셀(이은희) ●

이 책은 캔바를 막 시작하는 분들부터 새로 업그레이드된 AI 활용까지 다룬 최신 책입니다. 복잡한 설명보다 바로 따라 해볼 수 있는 쉬운 예시들이 많아서 누구든 디자인을 재미있게 배울 수 있습니다. 남궁혜영 선생님은 초보자의 눈높이를 잘 이해하고, 꼭 필요한 포인트만 쏙쏙 짚어 주셔서 '처음 배우는 사람을 위한 완벽한 안내서'라고 자신 있게 추천할 수 있습니다. 디자인이 낯선 분들에게도 부담 없이 시작할 수 있는 최고의 길잡이가 되어 줄 거예요.

● AI전문가 아인프로 ●

몇 년 전, 아날로그 세대인 제가 디지털 세상에 발을 내딛기 시작했을 때 누군가 캔바를 추천해서 설레는 마음으로 처음 접속했는데… 정말 막막했습니다. 화려한 템플릿들과 수많은 메뉴들이 한꺼번에 눈에 들어오니 '도대체 뭐부터 시작해야 하지?'라는 생각뿐이었죠. 그때 온라인에서 친절하고 차근차근 알려주는 강의를 만나게 되었고, 그제야 캔바의 진짜 매력을 발견할 수 있었습니다.

이 책이 바로 그런 역할을 해줄 것 같습니다. 기초 중의 기초부터 실무에 바로 적용할 수 있는 노하우까지, 마치 옆에서 직접 가르쳐주는 것처럼 친절하게 설명되어 있거든요. 예전의 저처럼 '디자인은 어려워'라고 생각하는 모든 초보자 분들께 자신 있게 추천합니다.

● SNS전문가 긍정필터 ●

이 책은 단순한 툴 설명을 넘어, 콘텐츠 '완성'까지 이끌어주는 네비게이션 같은 가이드북이에요. SNS 콘텐츠부터 포스터, 카드뉴스까지 바로 활용할 수 있는 실전 캔바 활용법이 알차게 담겨 있어서, 특히 숏폼 크리에이터나 1인 브랜드 운영자라면 꼭 한 번 읽어보시길 추천드려요!

● 캔바디지털파일연구팀 보라비 ●

처음 캔바를 시작할 때 이 이 너무 좋다는 건 알겠는데 어디서부터 시작해야할지 막막했던 기억이 있습니다. 캔바 초보 사용자들의 그런 고민을 꿍대표님이 단번에 풀어주었습니다. 기본부터 차근차근 알려주고, 실제로 따라 하다 보면 금세 멋진 결과물을 완성할 수 있거든요. 특히 SNS 콘텐츠나 행사 홍보물처럼 당장 필요한 디자인을 쉽고 빠르게 만들 수 있다는 점이 큰 장점입니다. 각 챕터마다 완성된 디자인 예시를 보면서 직접 디자인을 해보고 캔바의 기능을 배우면서 실습하면서 내 실력도 키워갈 수 있습니다. 이 책을 통해 캔바의 세계에서 나만의 디자인을 즐겨보는 경험을 가져보시면 좋을 것 같습니다.

추천사

● 캔바디지털파일연구팀 랄랄라 ●

이 책은 캔바 기초부터 최신 AI 기능까지 체계적으로 다룹니다. 각 챕터마다 완성된 디자인 예시를 먼저 보여주고, 따라 만들면서 자연스럽게 기능을 익힐 수 있도록 구성되었습니다. 스마트폰 배경화면, 동영상 카드, 행사 전단지, 블로그 썸네일, 카드뉴스 등 실용적인 프로젝트들을 직접 제작해볼 수 있어 정말 유용합니다. Magic Media, Magic Write 같은 캔바 AI 기능들까지 모두 다뤄서 트렌드에 맞는 콘텐츠 제작법을 배울 수 있는 점이 특히 좋습니다. 단순한 기능 설명이 아닌 직접 만들어보면서 배우는 방식이 가장 큰 장점입니다. 디자인 기초부터 전문가 수준까지 키울 수 있는 완벽한 가이드로 자신 있게 추천합니다.

● 캔바디지털파일연구팀 해리디시셋 ●

우리는 모두 디지털 콘텐츠를 생산하고, AI 툴이 하루가 다르게 업그레이드되는 시대에 살고 있습니다. 캔바는 이러한 시대의 흐름에 딱맞는 디자인 도구입니다. 더 쉽고 더 빠르게 창의적이면서도 효율적으로 콘텐츠를 디자인할 수 있는 노하우를 캔바 크리에이터인 저자가 아낌없이 쏟아낸 책입니다. 어떤 일에서든 열정적이고 정성을 다하는 저자만의 온오프라인에서의 현장감있는 실전 팁을 처음이라도 누구나 쉽게 따라갈 수 있게 풀어냈습니다. 이제 여러분도 따라하며 익히고 쉽게 완성하는 디지털 콘텐츠 크리에이터가 될 시간입니다. 디자인이 필요한 모든 곳에 누구나가 창작자가 될 수 있는 방법을 만나보시기 바랍니다.

● 수강생 손꿈이 ●

처음 캔바를 접하며 막막한 분들에게 이 책은 가장 친절한 안내서가 되어 줄 것입니다. 디자인 예시를 따라하다 보면 어느새 기능을 자연스럽게 습득하게 되고, 완성된 결과물은 실무와 일상에 바로 활용하게 됩니다. 이 책을 통해 누구든 자신만의 감각과 아이디어를 디자인으로 표현할 수 있다는 자신감을 얻게 되며, 챕터마다 배움의 성취와 즐거움이 쌓여 가는 경험을 선물받게 될 것입니다. 강사로서, 그리고 수강생의 마음을 누구보다 잘 아는 한 사람으로서 이 책을 자신 있게 추천합니다.

● 수강생 N잡맘 루크 ●

엄마도 포기한 디자인 똥손이었던 제가 이 책 덕분에 캔바를 활용해 디자인 작업을 하게 되었습니다. 책 속 예제들을 차근차근 따라하면 순식간에 멋진 결과물을 뚝딱 만들 수 있습니다. 어렵게만 느껴지던 디자인을 쉽고 재미있게 하고 싶은 분들께 꼭 추천합니다!!!

목차

Part 1. 처음 만나는 캔바, 차근차근 시작하기

Chapter 01. 캔바 알아보기   10

Chapter 02. 캔바 회원 가입하기   12

Chapter 03. 캔바 화면 이해하기   14

Chapter 04. 캔바 템플릿으로 시작하기   18

Part 2. 따라하며 익히는 캔바 디자인

Chapter 01. 스마트폰 배경화면 디자인하기   24

Chapter 02. 동영상 카드 디자인하기   36

Chapter 03. 디지털 명함 디자인하기   48

Chapter 04. 카페 포스터 디자인하기   68

Chapter 05. 행사 전단지 디자인하기   80

Part 3. 누구나 쉽게 완성하는 SNS 콘텐츠 디자인

Chapter 01. 눈에 띄는 SNS 프로필 이미지 만들기   92

Chapter 02. 시선을 끄는 블로그 썸네일 만들기   104

Chapter 03. 알고 보면 쉬운 카드뉴스 만들기   110

Chapter 04. 감성 숏폼 동영상 만들기   122

Part 4. 캔바 AI로 업그레이드 하기

Chapter 01. 누구나 쉽게! AI로 업그레이드 하기   136
    AI 이미지 생성 활용하기   137
    AI 글쓰기 활용하기   141
    AI 코드 생성 활용하기   146

Chapter 02. Magic Media로 디자인 만들기   149

Chapter 03. Magic Write로 똑똑하게 콘텐츠 만들기   157

Chapter 04. AI 음성으로 메시지 영상 만들기   163

처음이라도 괜찮아!
따라만 해도 완성되는 캔바 디자인

PART 01

처음 만나는 캔바 차근차근 시작하기

Chapter 01.   캔바 알아보기
Chapter 02.   캔바 회원 가입하기
Chapter 03.   캔바 화면 이해하기
Chapter 04.   캔바 템플릿으로 시작하기

Chapter 1 캔바 알아보기

캔바(Canva)는 전문적인 디자인 경험이 없어도 누구나 쉽게 멋진 콘텐츠를 만들 수 있도록 돕는 온라인 디자인 플랫폼입니다. 다양한 템플릿과 그래픽 요소, 사진, 동영상 등 디자인 소스를 제공하여 복잡한 디자인 프로그램 없이 캔바 하나만으로도 디자인을 할 수 있습니다.

핸드폰 배경화면이나 명함 같이 우리가 일상에서 필요한 간단한 디자인부터 SNS콘텐츠, 홍보물, 프레젠테이션 디자인까지 거의 모든 디자인을 캔바로 완성할 수 있습니다.

▶ 핸드폰 배경화면

▶ 명함

▶ 블로그 썸네일

▶ 프레젠테이션

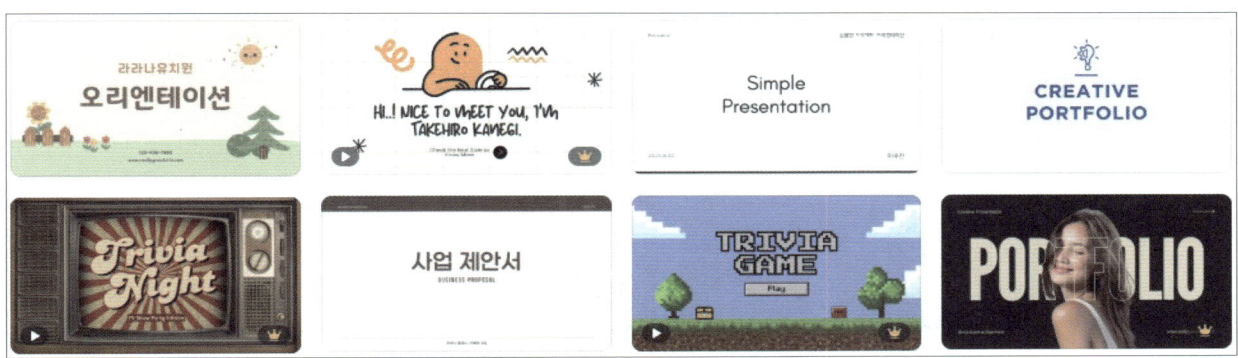

▶ 캔바 저작권 알아보기

캔바로 만든 디자인은 상업적(웹사이트 및 SNS 게시물에 활용, 광고나 마케팅 자료 제작, 캔바 디자인을 활용한 상품의 판매) 이용이 가능합니다.
주의 사항은
- 콘텐츠 원본을 수정 없이 판매하거나 재배포 할 수 없습니다.
- 캔바 요소로 만든 로고는 상표로 등록할 수 없습니다.
- 캔바 요소를 영상, 음악, 일러스트 등 다양한 디지털 콘텐츠를 유료 또는 무료로 제공하 스톡 사이트에 판매할 수 없습니다.(Adobe Stock, Pixabay, Freepik, 클립아트코리아 등)
- 외부에서 업로드한 이미지 등은 저작권을 별도로 확인해야 합니다. 캔바 저작권에 대한 더 자세한 내용은 QR을 통해 확인해주세요.

캔바 저작권 안내

Chapter 2 캔바 회원 가입하기

캔바는 회원 가입만 하면 누구나 무료로 사용할 수 있습니다. 유료 서비스인 Canva Pro를 구독하면 더 많은 기능과 템플릿을 이용할 수 있습니다. 본 책에서는 무료 기능만 사용하므로 무료 가입 방법을 안내드리겠습니다.

01 크롬 브라우저를 실행하여 **캔바(www.canva.com)**에 접속하여 캔바 시작 화면에서 **[가입]**을 클릭합니다.

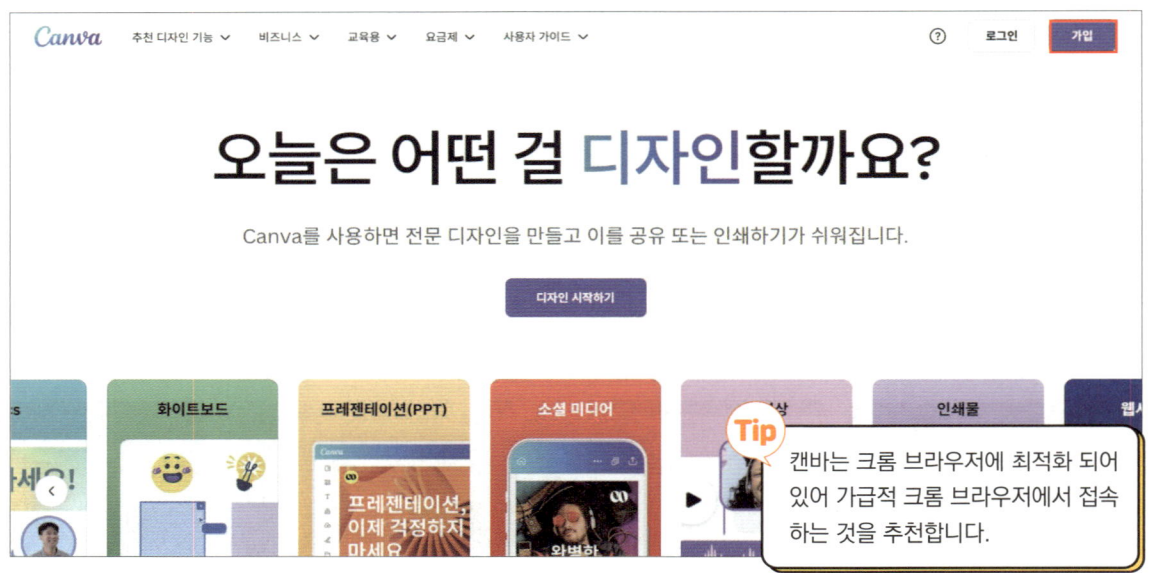

> **Tip** 캔바는 크롬 브라우저에 최적화 되어 있어 가급적 크롬 브라우저에서 접속하는 것을 추천합니다.

02 다음과 같이 [Canva 이용 약관] 창이 나타나면 **이용 약관에 모두 체크**하고 **[동의 및 계속하기]**를 클릭합니다.

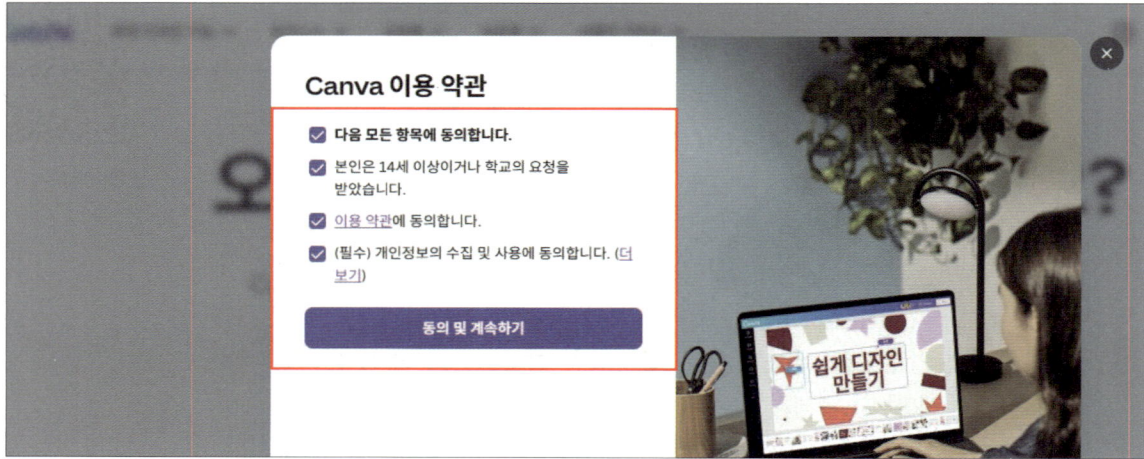

03 [간편 로그인 또는 회원가입] 창에서 구글 이메일이나 페이스북 등 원하는 방법을 선택하여 절차에 따라 캔바에 회원가입을 합니다.

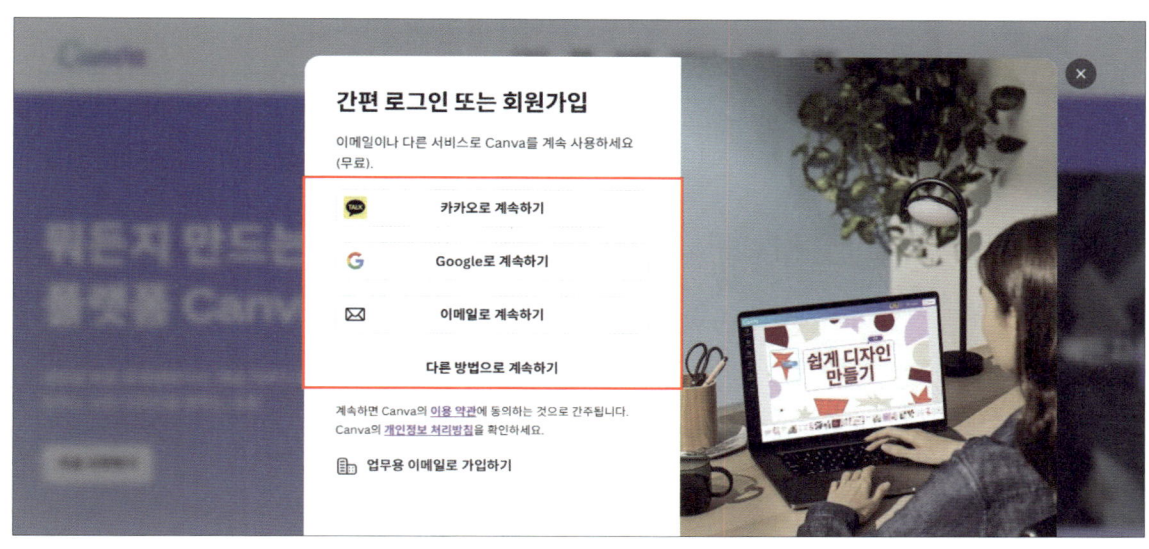

Tip 이메일로 회원가입을 하면 캔바에 로그인할 때마다 이메일로 전송받은 코드를 입력해야 합니다.

04 무료로 가입하기 원한다면 [Canva Pro 무료로 사용해보기] 창에서 **[건너뛰기]**를 클릭합니다. 무료 가입 후에도 필요에 따라 캔바 Pro 30일 무료 체험을 사용할 수 있습니다.

Tip Canva Pro는 캔바에서 제공하는 프리미엄 템플릿과 1억 개 이상의 디자인 소스를 무제한으로 사용할 수 있는 요금제입니다. 개인(1인) 사용자는 월 9,900원, 연 99,000원(25년 6월 기준)에 구독할 수 있습니다.

Chapter 3 캔바 화면 이해하기

▶ 캔바 홈 화면 이해하기

01 캔바에 접속하면 다음과 같이 홈 화면이 나타납니다.

- ❶ **메인 검색바:** [템플릿]을 클릭하면 캔바에서 제공하는 템플릿을 검색할 수 있고 [내 디자인]을 클릭하여 사용자가 작업한 디자인을 검색할 수 있습니다. [Canva AI]를 선택하면 AI 기능을 활용하여 이미지 생성, 문서 초안 작성, 코드 생성도 가능합니다.

- ❷ **홈 배너:** 시트, Doc, 화이트보드, 프레젠테이션 등 다양한 유형의 디자인 페이지를 열 수 있습니다. 〉를 클릭하여 더 많은 배너를 확인할 수 있습니다.

- ❸ **최근 디자인:** 최근에 작업한 디자인 목록을 확인할 수 있습니다.

- ❹ **메뉴 닫기/열기:** 최근 디자인 메뉴를 닫거나 열 수 있습니다.

- ❺ **만들기:** 디자인 유형을 선택할 수 있는 디자인 만들기 팝업창이 나타납니다.

- ❻ **홈:** 캔바 홈 화면으로 이동할 수 있습니다.

- ❼ **프로젝트:** 사용자가 캔바에서 작업한 모든 디자인을 관리할 수 있는 화면으로 이동합니다.

- ❽ **템플릿:** 캔바에서 제공하는 다양한 템플릿을 검색할 수 있는 화면으로 이동합니다.

- ❾ **브랜드 센터:** 로고, 색상, 글꼴, 사진, 그래픽 등 브랜드 일관성 유지를 위해 필요한 브랜드 키트와 브랜드 템플릿을 관리할 수 있는 곳으로 캔바 Pro 구독자(유료)만 사용할 수 있습니다.

- ❿ **Canva AI:** 홈 화면이 Canva AI를 사용하여 이미지 생성, 문서 초안 작성, 코드 생성 등을 작업할 수 있는 화면으로 이동합니다.

- ⓫ **앱:** 캔바에서 사용할 수 있는 플러그인 앱을 검색하고 사용할 수 있습니다.

- ⓬ **프로필:** 계정 관리, 설정, 도움말, 요금제, 구매 내역, Canva 앱 다운로드, 로그아웃 등을 할 수 있습니다.

- ⓭ **휴지통:** 삭제한 디자인을 확인하고 복원할 수 있는 화면으로 이동합니다.

▶ **캔바 디자인 편집 화면 이해하기**

02 캔바 홈 화면에서 ⊕ [만들기]를 클릭합니다. [디자인 만들기] 창에서 [SNS]의 [인스타그램 게시물(4:5)]를 클릭합니다.

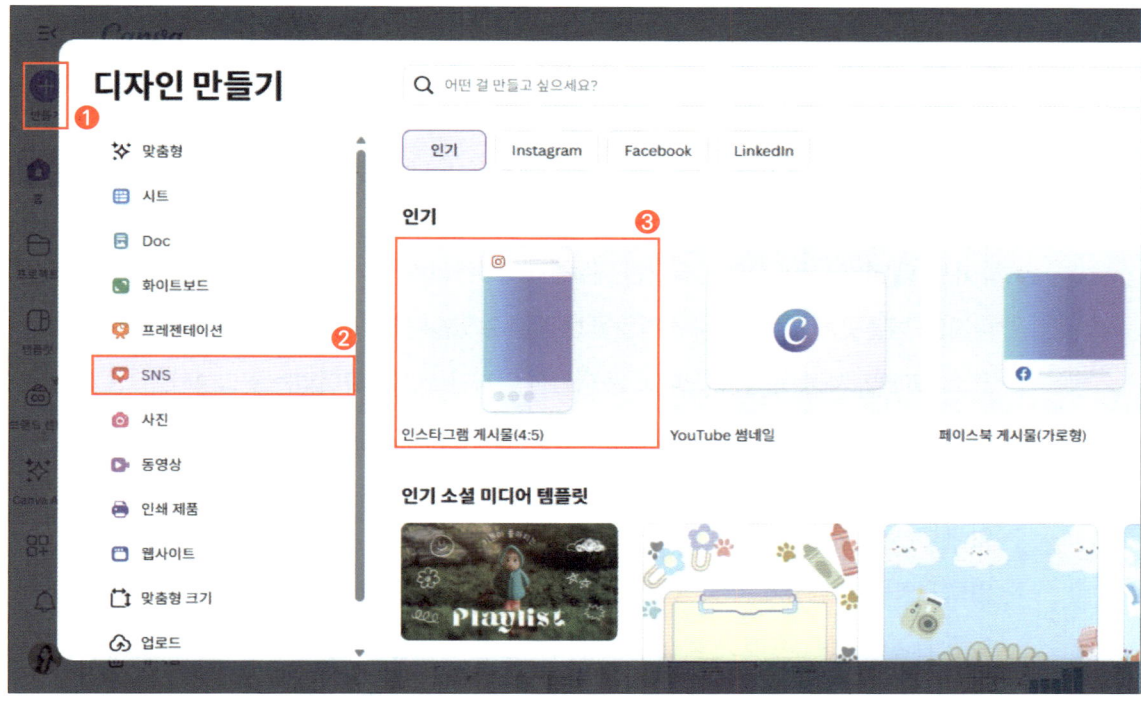

03 다음과 같이 디자인을 할 수 있는 디자인 편집 화면이 나타납니다.

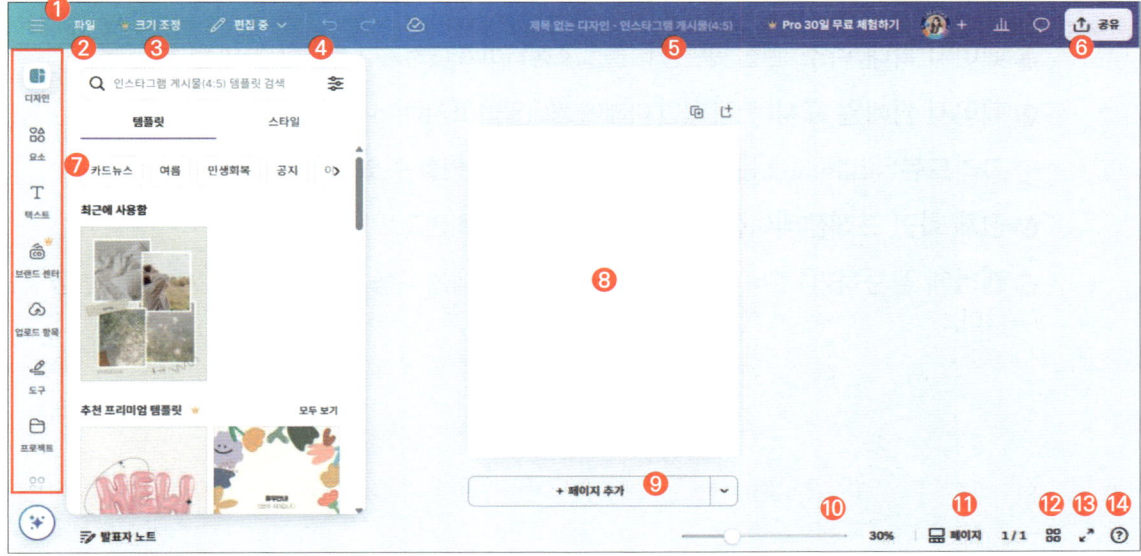

Part 01 처음 만나는 캔바, 차근차근 시작하기 | **15**

❶ **메뉴 열기:** 캔바 홈 화면 왼쪽에 보이는 메뉴와 동일한 메뉴를 열거나 닫을 수 있습니다.

❷ **파일:** 파일 제목을 변경하거나 새로운 디자인 만들기, 파일 업로드, 설정, 폴더로 이동, 다운로드 등 디자인을 관리하기 위한 메뉴가 모여있습니다.

❸ **크기조정:** 디자인 크기 조정, 자동 번역 등의 기능을 사용할 수 있습니다. 캔바 Pro 가입자만 사용 가능합니다.

❹ **실행 취소/다시 실행:** 최근 작업을 취소하거나 다시 실행할 수 있습니다.

❺ **제목:** 현재 편집 중인 디자인 제목을 입력하고 수정할 수 있습니다.

❻ **공유:** 다른 사용자와 공유할 수 있는 링크를 생성하거나 디자인 다운로드, 소셜 미디어에 게시 할 수 있습니다.

❼ **사이드 패널:** 디자인 작업에 필요한 메뉴들이 모여있습니다.

- 디자인: 템플릿을 검색하거나 스타일을 변경할 수 있습니다.

- 요소: 그래픽, 사진, 동영상, 오디오 등 다양한 디자인 소스가 모여있는 곳입니다.

- 텍스트: 텍스트 상자를 추가하거나 페이지 번호를 생성하고 글꼴 조합을 이용할 수 있습니다.

- 브랜드 센터: 브랜드 일관성 유지를 위해 필요한 브랜드 키트와 템플릿을 관리할 수 있는 곳입니다. 이 메뉴는 캔바 Pro 구독자만 사용할 수 있습니다.

- 업로드 항목: 사용자가 사진, 동영상, 오디오 파일을 업로드할 수 있습니다.

- 도구: Draw, 도형, 선, 메모, 텍스트 등의 메뉴를 볼 수 있습니다.

- 프로젝트: 캔바에서 작업한 디자인들을 볼 수 있습니다. 디자인을 클릭하여 작업 중인 페이지에 불러올 수 있습니다.

- 앱: 캔바에서 제공하는 다양한 기능과 플러그인 앱이 모여있는 곳입니다. AI 음성, QR code, 자동 번역 기능 등 사용할 수 있습니다.

❽ **페이지:** 디자인 작업이 이루어지는 영역입니다.

❾ **페이지 추가:** 새로운 페이지를 추가할 수 있으며, 화살표(∨) 버튼을 눌러 새로운 유형의 페이지를 추가할 수 있습니다.

❿ **페이지 확대/축소:** 편집 화면을 비율을 조정하여 확대하거나 축소할 수 있습니다.

⓫ **페이지 썸네일 표시:** 편집 화면 아래에 썸네일을 표시하거나 숨길 수 있습니다.

⓬ **그리드뷰:** 작업하고 있는 모든 페이지를 한 눈에 확인할 수 있도록 보여줍니다.

⓭ **전체 화면 프레젠테이션:** 디자인 페이지를 전체 화면으로 보여줍니다.

⓮ **캔바에 질문하기:** 캔바 디자인 기능이나 편집에 대한 내용 등 질문을 하여 AI에게 답변을 받을 수 있습니다.

▶ 프로젝트 관리하기

캔바에서는 디자인을 프로젝트 폴더별로 분류할 수 있어 작업물이 많아져도 주제나 목적에 따라 깔끔하게 관리할 수 있습니다.

01. 캔바 홈 화면에서 📁[프로젝트]를 클릭한 뒤 [새 항목 추가]-[폴더]를 선택합니다.

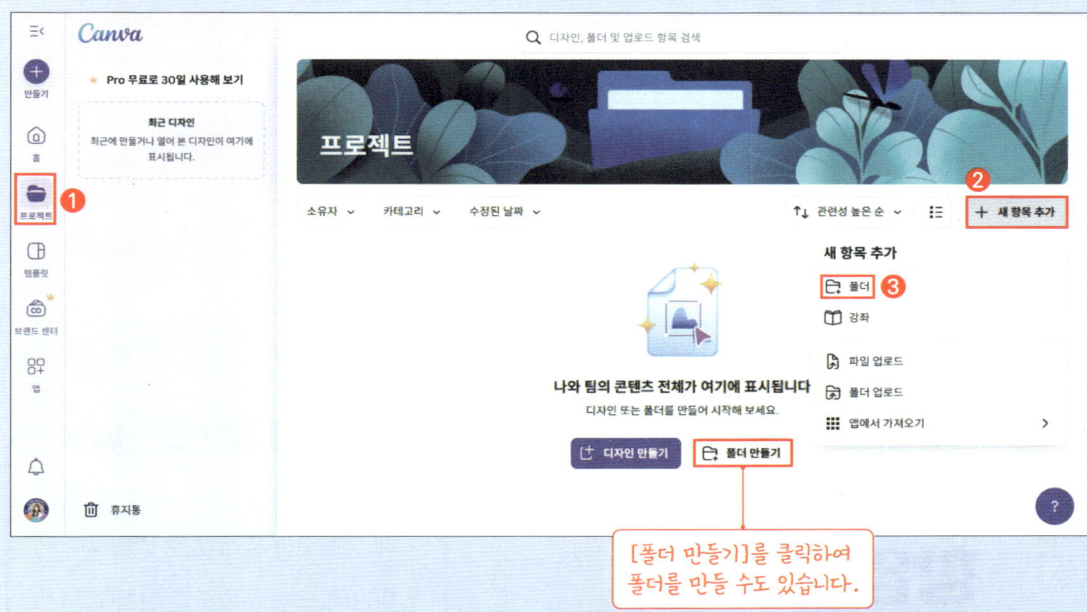

[폴더 만들기]를 클릭하여 폴더를 만들 수도 있습니다.

02. 폴더 이름을 입력하고 [계속]을 클릭해 새 폴더를 만들 수 있습니다.

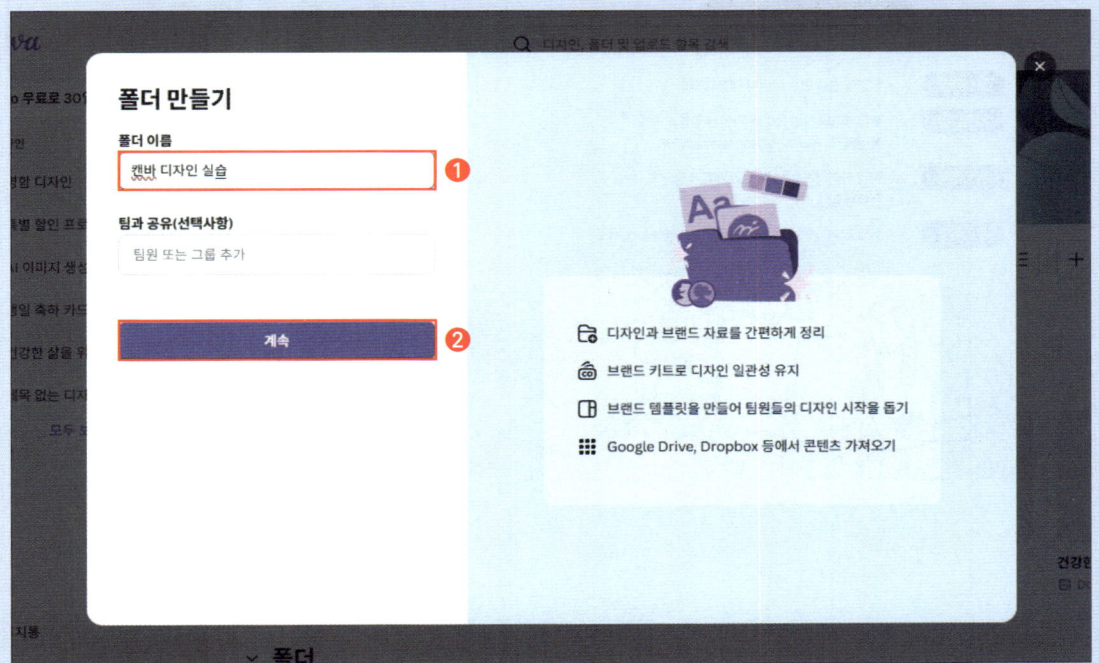

Chapter 4 캔바 템플릿으로 시작하기

템플릿은 누구나 디자인을 쉽게 할 수 있도록 기본 틀과 구성이 미리 완성되어있는 디자인을 말합니다. 캔바에는 프레젠테이션, 포스터, 카드뉴스, 명함 등 다양한 템플릿이 준비되어 있어 상황에 맞게 골라서 사용할 수 있습니다. 이번 챕터에서는 원하는 템플릿을 검색하고, 선택한 템플릿을 편집화면으로 불러와 디자인을 시작하는 방법을 알아보겠습니다.

Preview

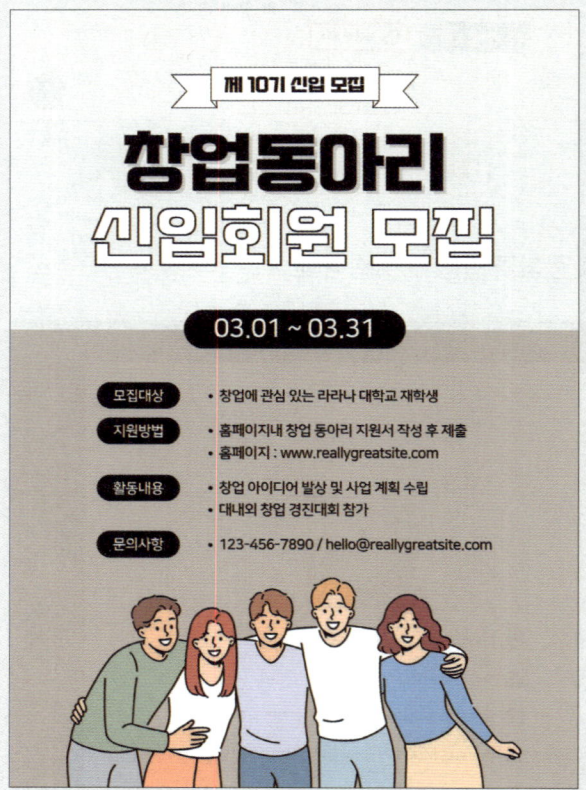

완성파일 : 창업동아리.jpg

핵심 포인트

- 홈 화면에서 원하는 키워드를 입력해 템플릿을 검색할 수 있습니다.
- 마음에 드는 템플릿을 선택해 디자인 편집 화면으로 이동합니다.
- 디자인 편집 화면에서 [메뉴 열기], [메뉴 닫기]를 활용합니다.

01 캔바 홈 화면에서 [템플릿]을 선택합니다. 검색란에 '**홍보 포스터**'로 입력한 다음 Enter 를 누르면 템플릿이 검색됩니다. 그 중 원하는 템플릿을 클릭합니다.

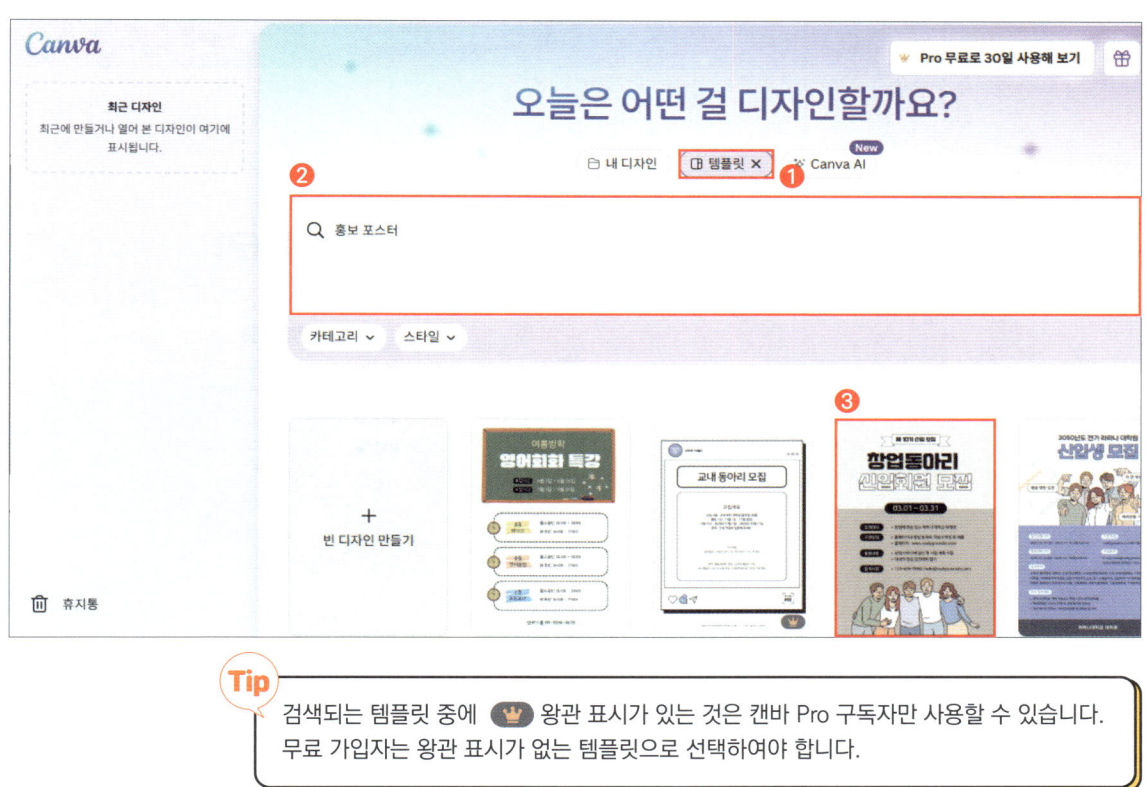

Tip 검색되는 템플릿 중에 👑 왕관 표시가 있는 것은 캔바 Pro 구독자만 사용할 수 있습니다. 무료 가입자는 왕관 표시가 없는 템플릿으로 선택하여야 합니다.

02 선택한 템플릿 정보 화면에서 크기 유형을 'A3'을 선택한 다음 [**이 템플릿 맞춤 편집하기**]를 클릭합니다.

Tip 선택한 템플릿에 따라 [크기 유형] 항목이 나타나지 않을 수도 있습니다.

03 다음과 같이 선택한 템플릿을 편집할 수 있는 디자인 편집 화면이 새 탭으로 열립니다. [메뉴 열기]를 클릭합니다.

04 캔바 홈 화면의 [사이드 패널]에서 최근 디자인한 홍보 포스터 템플릿이 저장 되어 있는 것을 확인할 수 있습니다. **캔바 로고를** 클릭하면 홈 화면으로 이동할 수 있습니다.

Tip ☰< (메뉴 닫기) : 메뉴가 닫힙니다., ☰ (메뉴 열기): 메뉴가 열립니다.

▶ 캔바 프로필 관리하기

01. 캔바 홈 화면에서 왼쪽 하단의 프로필 아이콘을 클릭하면 계정 관리, 설정, 도움말, 요금제 등의 다양한 옵션을 확인할 수 있습니다. [설정]을 클릭합니다.

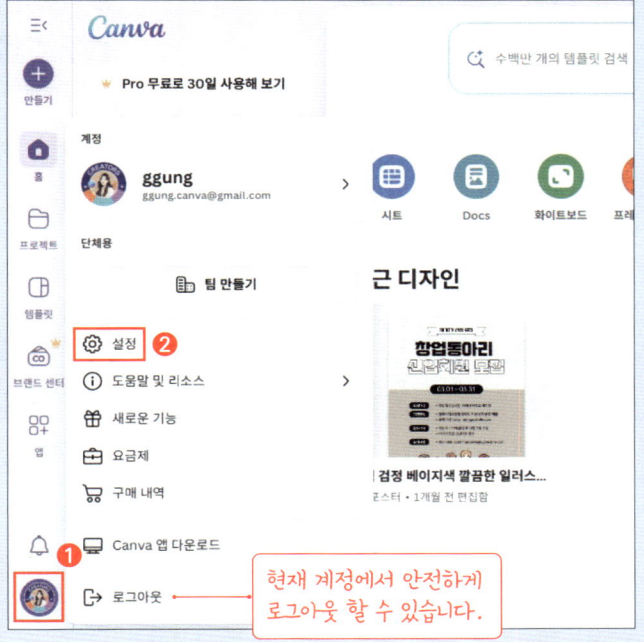

02. 프로필 사진, 이름, 이메일 등의 기본 정보는 물론, 언어 설정도 변경할 수 있습니다. 개인 맞춤 환경을 위해 사용하는 언어나 프로필 정보를 필요에 따라 자유롭게 설정할 수 있습니다.

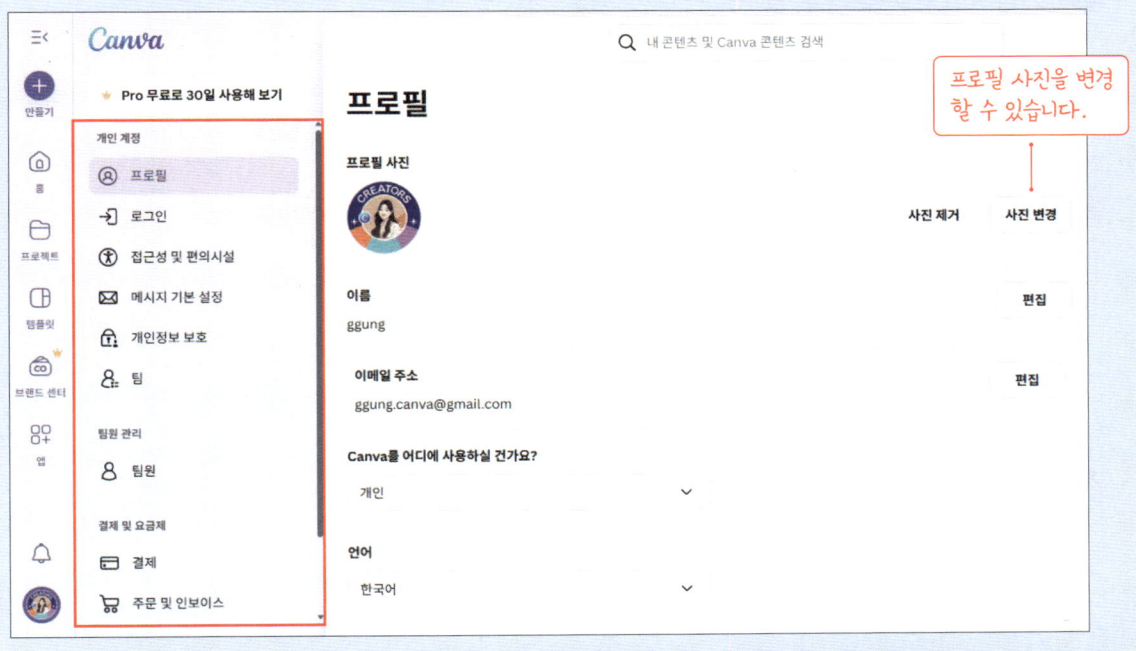

혼자해보기

01. 캔바 홈 화면에서 키워드를 활용해 템플릿을 검색하고 마음에 든 템플릿을 클릭해보세요.

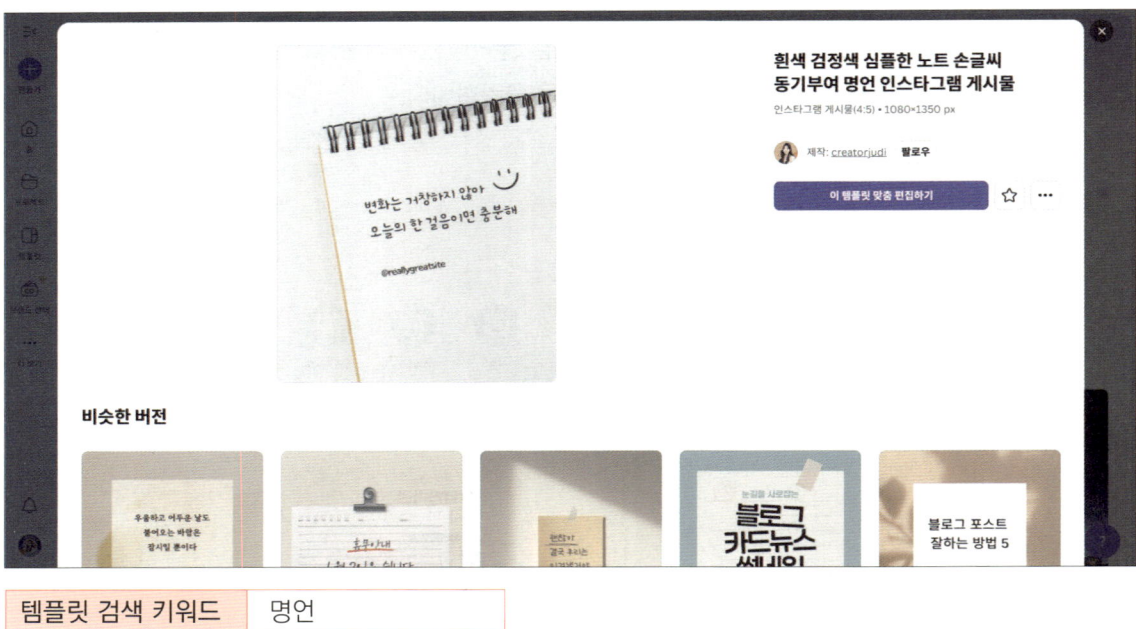

템플릿 검색 키워드	명언

02. 템플릿 편집 화면에서 메뉴열기 버튼을 클릭하여 최근에 작업한 디자인을 확인합니다.

처음이라도 괜찮아!
따라만 해도 완성되는 캔바 디자인

PART
02

따라하며 익히는 캔바 디자인

Chapter 01.　　스마트폰 배경화면 디자인하기
Chapter 02.　　동영상 카드 디자인하기
Chapter 03.　　디지털 명함 디자인하기
Chapter 04.　　카페 포스터 디자인하기
Chapter 05.　　행사 전단지 디자인하기

Chapter 1 스마트폰 배경화면 디자인하기

하루에도 몇 번씩 들여다보는 스마트폰의 배경화면에 내 취향과 스타일을 담아 보면 어떨까요? 복잡한 기능 없이 캔바에서 제공하는 디자인 소스만 잘 활용해도 멋진 디자인이 완성됩니다. 이번 섹션에서는 좋아하는 문장이나 사진으로 나만의 분위기를 표현하는 스마트폰 배경화면을 만들어보겠습니다.

Preview

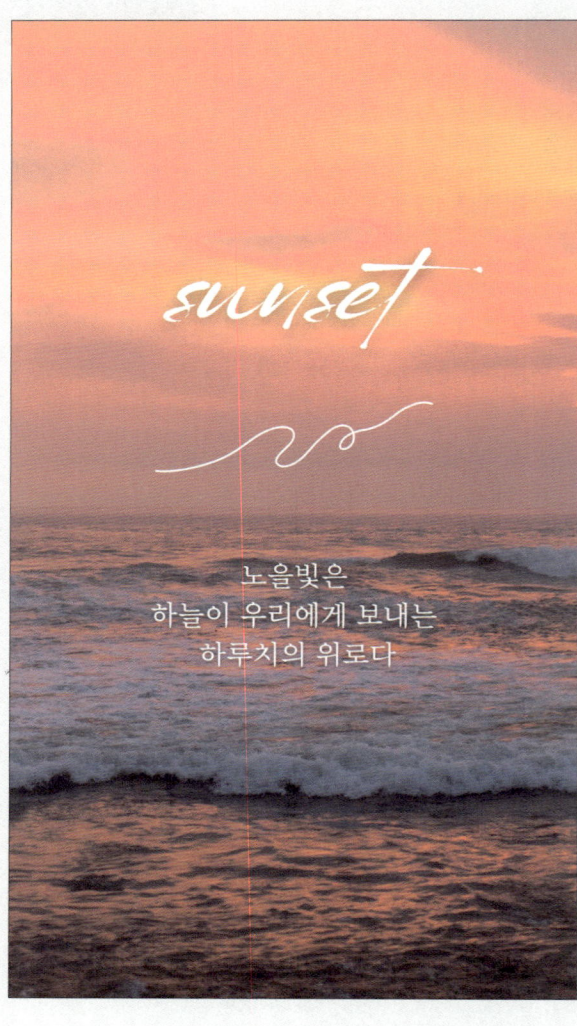

핵심 포인트

- 사진을 선택해 배경으로 설정하여 분위기를 연출합니다.
- 텍스트 상자를 추가하고 텍스트 효과를 적용해 가독성을 높입니다.
- 요소를 활용해 디자인에 포인트를 주고 완성도를 높입니다.

완성파일 : 스마트폰화면.jpg

▶ 사진으로 배경 꾸미기

01 홈 화면에서 ➕ [만들기]를 클릭합니다. [디자인 만들기] 검색란에 '**폰 배경화면**'을 입력한 후 Enter 를 누릅니다. 검색 화면에서 '**폰 배경화면**'을 클릭합니다.

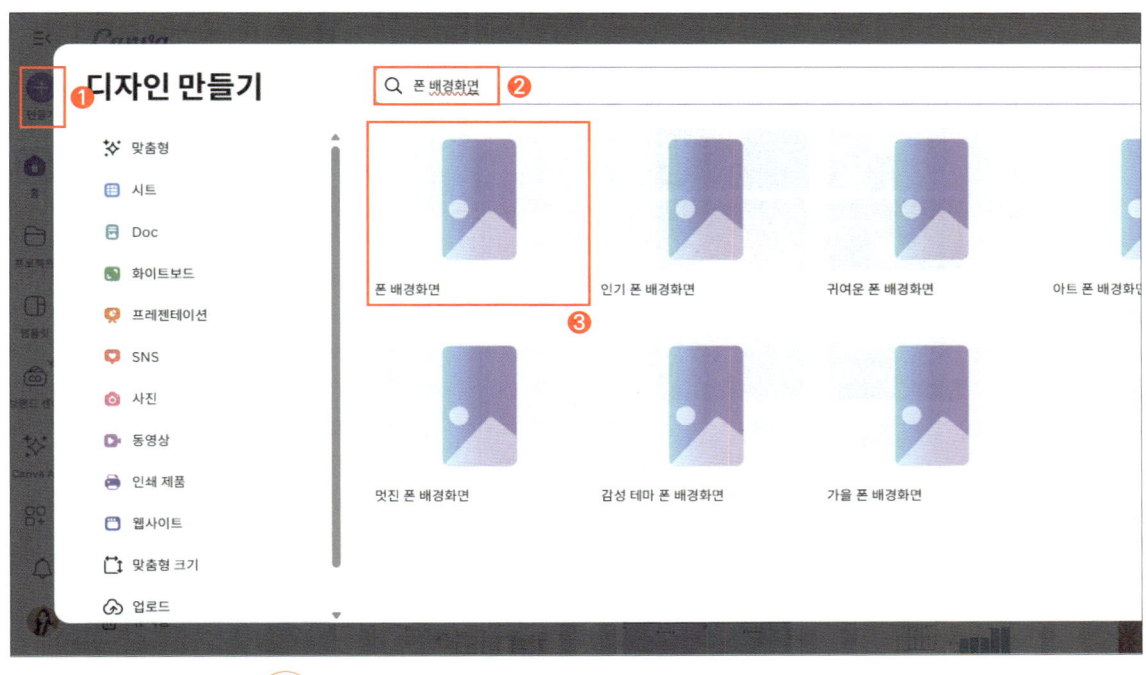

Tip '폰 배경화면'을 입력하면 스마트폰 배경화면을 디자인할 수 있는 템플릿이 검색됩니다.

02 배경으로 만들 사진을 찾기 위해 사이드 패널에서 [요소]를 클릭합니다. 요소 패널 창 검색란에 '**노을**'을 입력한 후 Enter 를 누릅니다.

노을에 관련된 요소가 검색됩니다.

03 [사진]탭을 클릭하여 마음에 드는 **노을 사진 하나를 클릭**하면 페이지에 사진이 삽입됩니다.

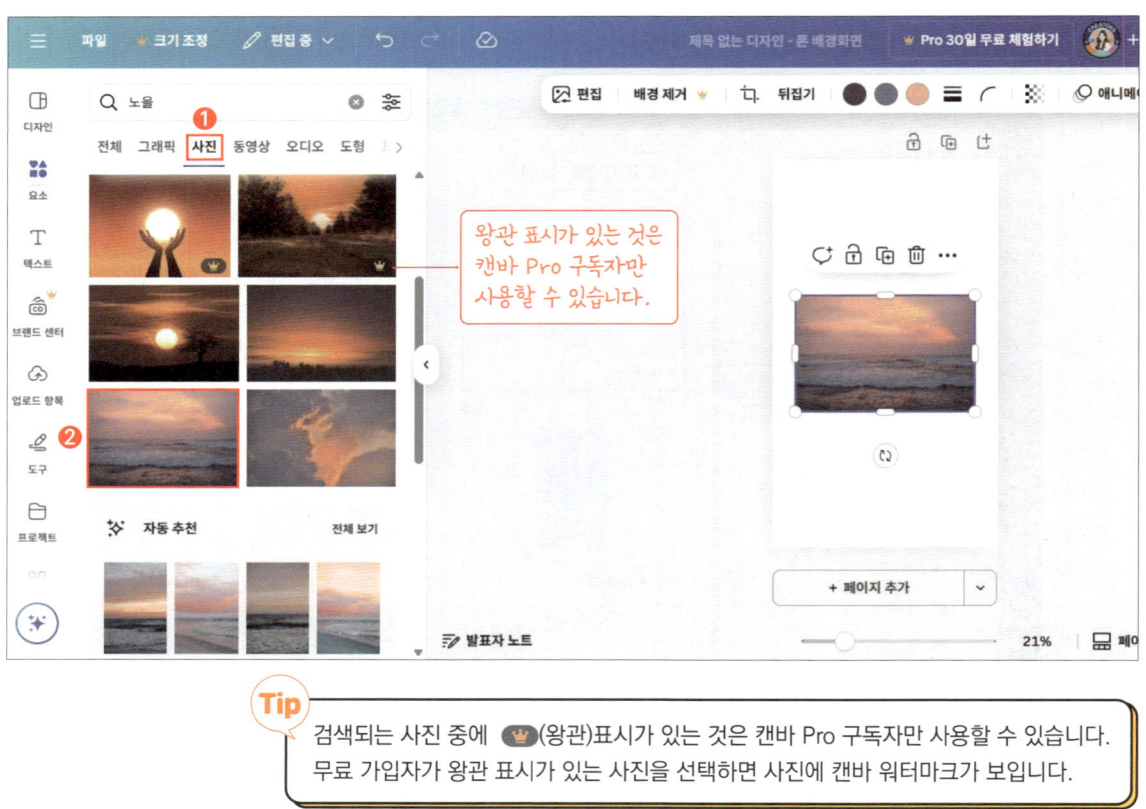

Tip 검색되는 사진 중에 👑(왕관)표시가 있는 것은 캔바 Pro 구독자만 사용할 수 있습니다. 무료 가입자가 왕관 표시가 있는 사진을 선택하면 사진에 캔바 워터마크가 보입니다.

04 페이지에 삽입된 **노을 사진 위에서 마우스 오른쪽 버튼**을 눌러 [**이미지를 배경으로 설정**]을 클릭합니다.

05 페이지에 보이는 사진의 위치나 크기를 변경하기 위해 **사진을 더블 클릭**합니다.

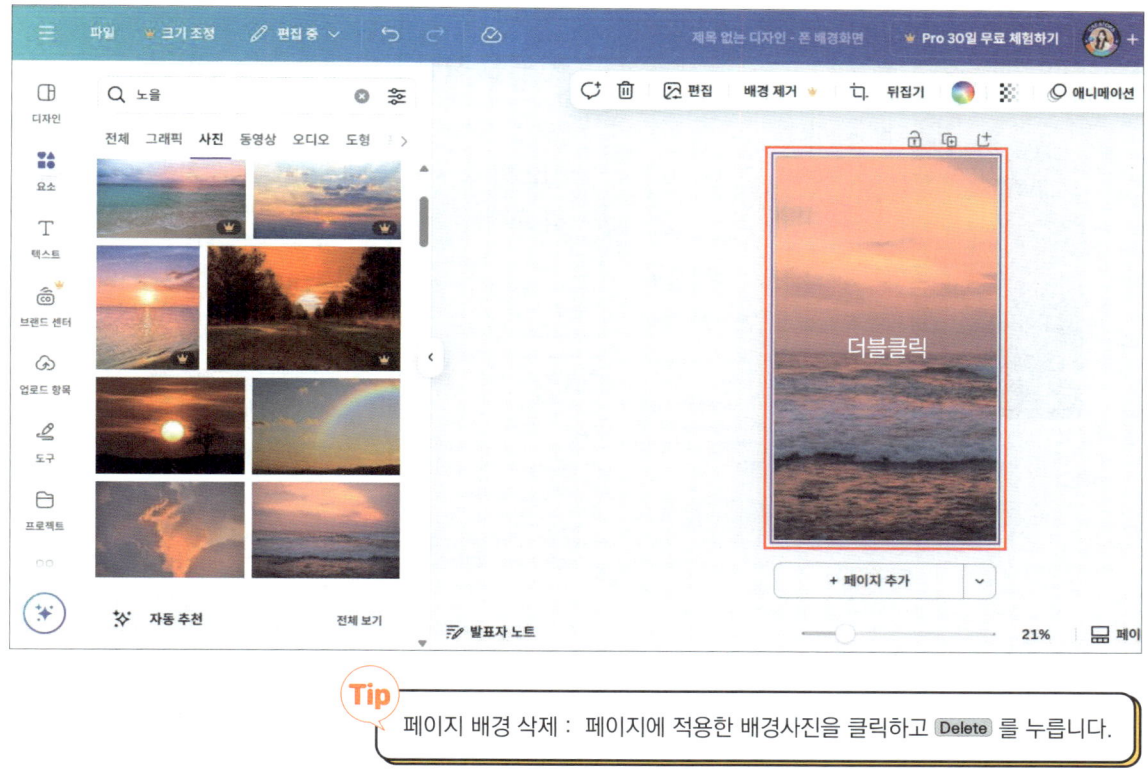

> **Tip** 페이지 배경 삭제 : 페이지에 적용한 배경사진을 클릭하고 Delete 를 누릅니다.

06 배경 사진 편집 상태에서 **사진을 드래그하여** 보여지는 위치를 변경하거나, 사진의 **모서리 부분을 드래그**하여 크기를 조절한 후 Enter 를 누릅니다.

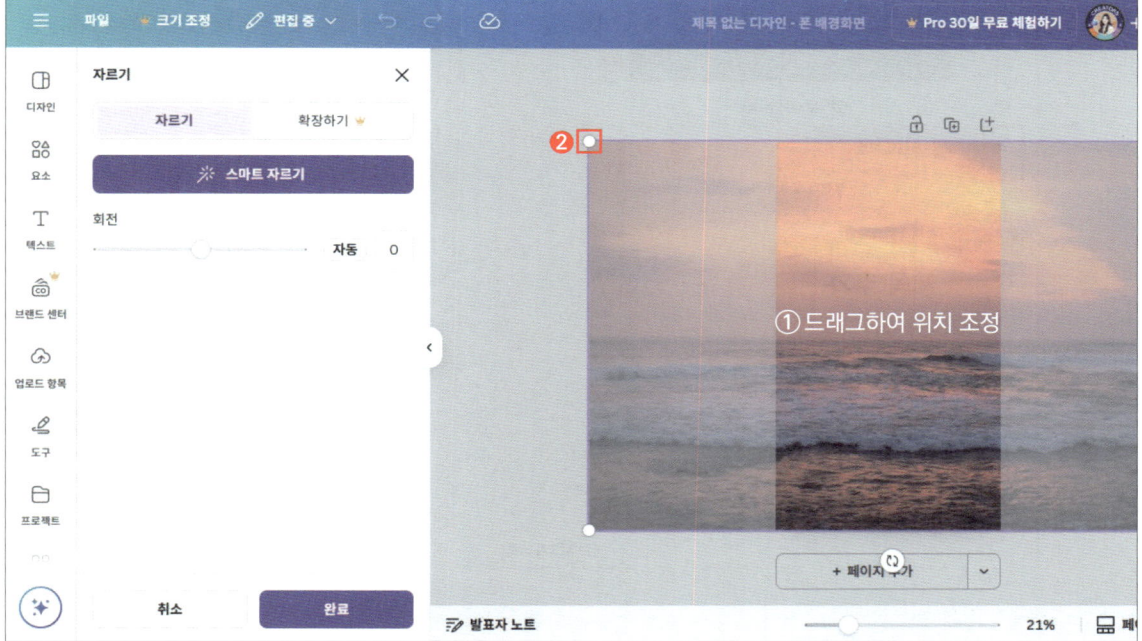

Part 02 따라하며 익히는 캔바 디자인 | 27

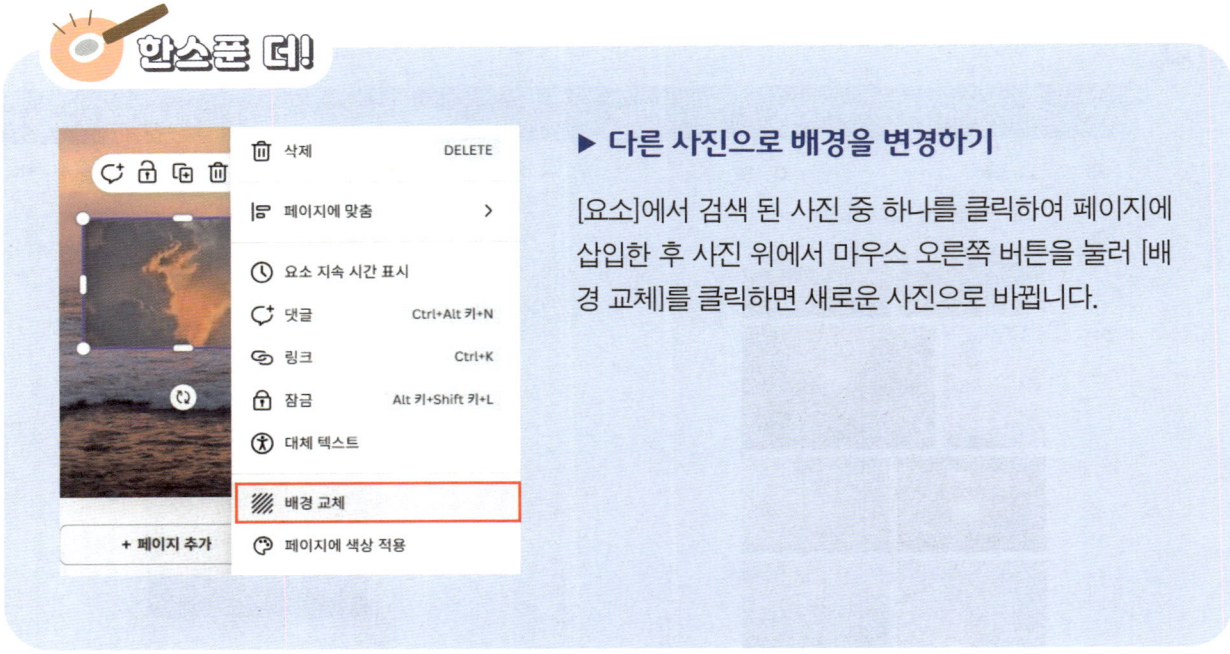

▶ **다른 사진으로 배경을 변경하기**

[요소]에서 검색 된 사진 중 하나를 클릭하여 페이지에 삽입한 후 사진 위에서 마우스 오른쪽 버튼을 눌러 [배경 교체]를 클릭하면 새로운 사진으로 바뀝니다.

▶ **텍스트 삽입하기**

07 사이드 패널에서 T [텍스트]를 클릭한 다음 [텍스트 상자 추가]를 클릭하여 페이지에 텍스트 상자를 추가합니다.

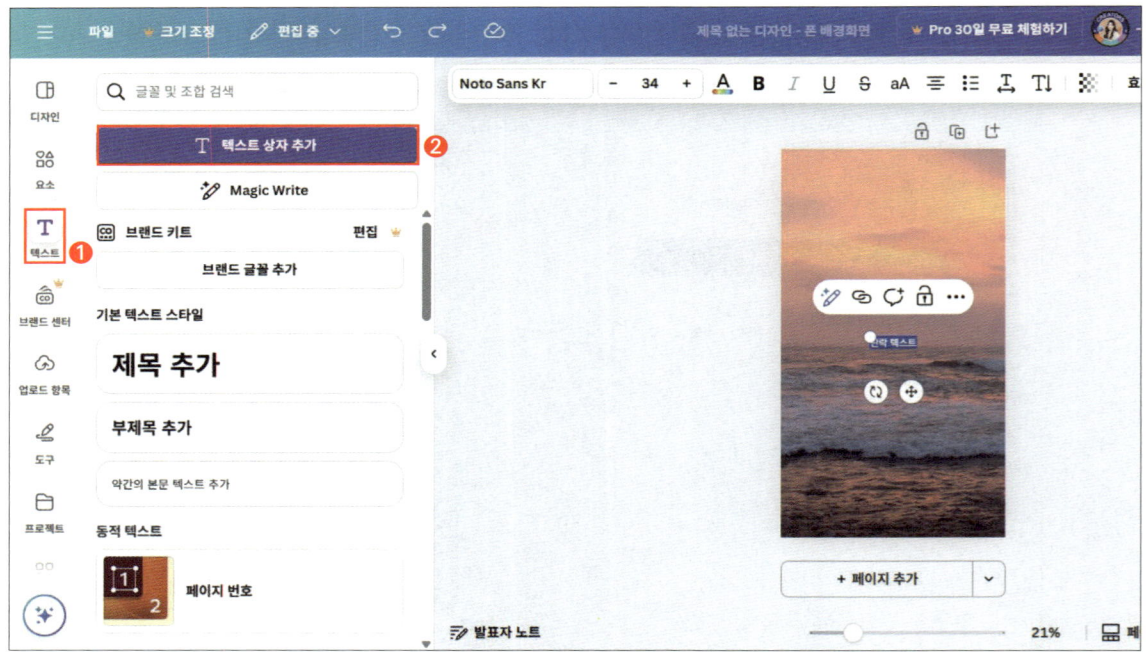

08 페이지에 삽입한 텍스트를 더블 클릭한 다음 'sunset'를 입력합니다. **화면 빈곳을 클릭**한 후 텍스트 상자의 서식을 설정하기 위해 다시 **텍스트 상자**를 선택합니다.

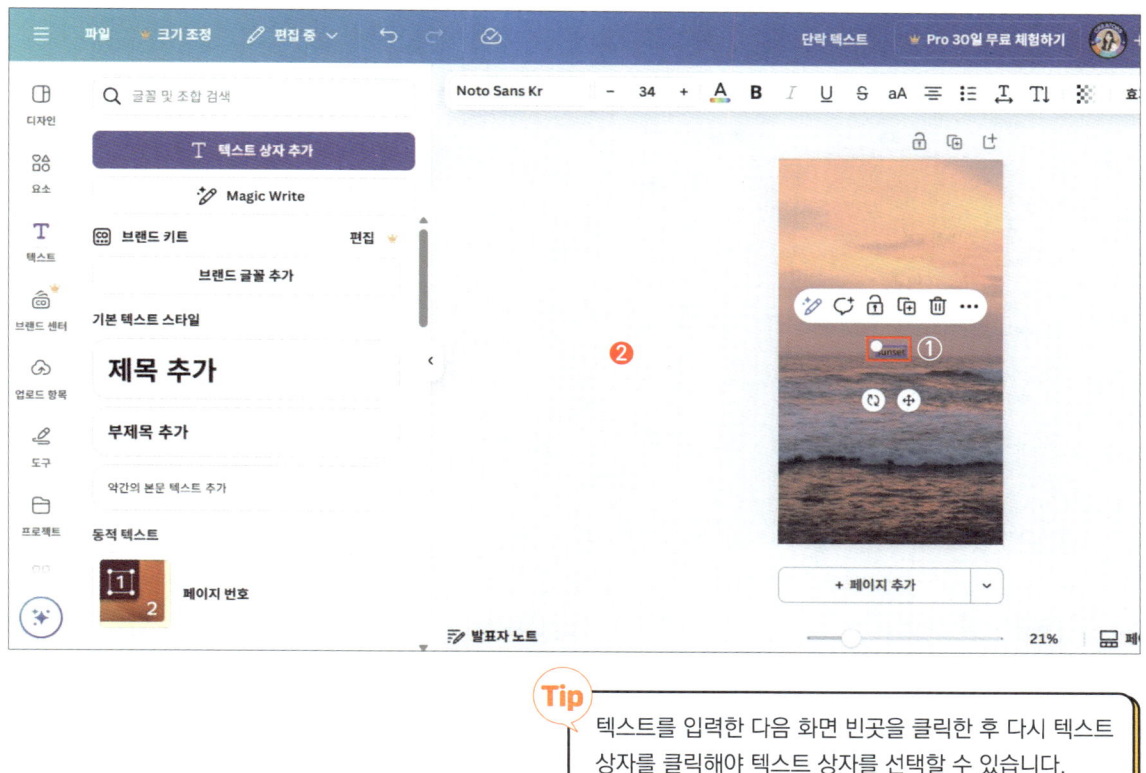

> **Tip** 텍스트를 입력한 다음 화면 빈곳을 클릭한 후 다시 텍스트 상자를 클릭해야 텍스트 상자를 선택할 수 있습니다.

09 편집 메뉴에서 [글꼴]을 클릭합니다. 글꼴 패널에서 'lovely'를 검색하여 'Lovely May Script' 글꼴을 선택하고, 글꼴 크기는 '148'로 설정합니다.

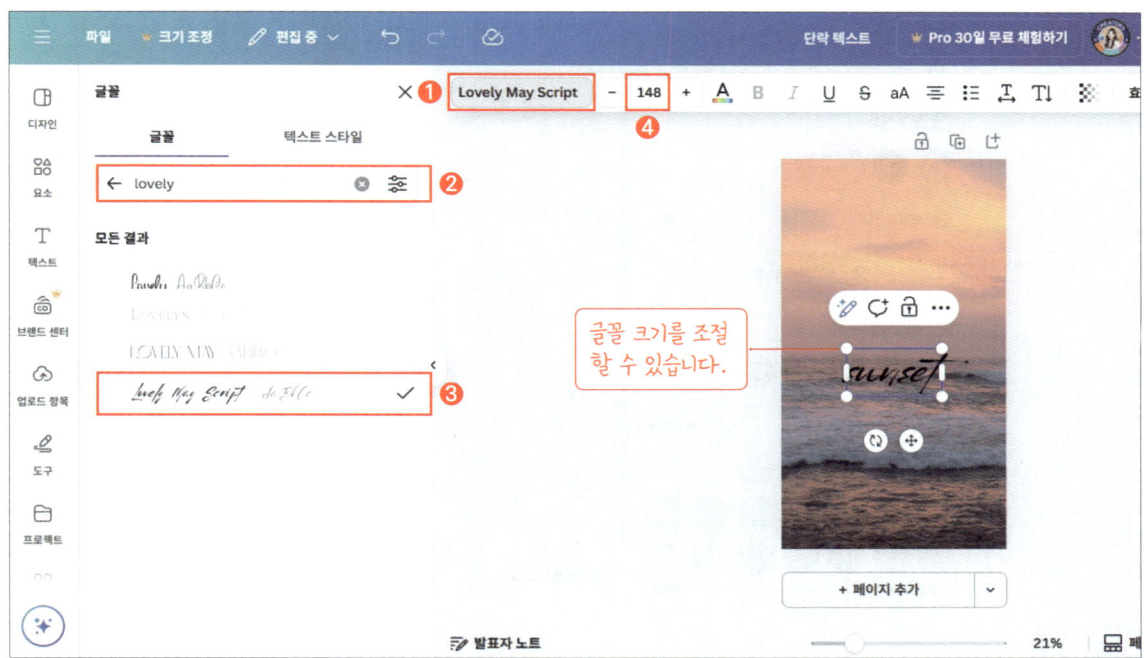

10 텍스트 상자를 드래그하여 페이지 위쪽 중앙에 다음과 같이 배치하고 **페이지 확대/축소 슬라이드를 오른쪽으로 드래그**하여 화면을 확대합니다.

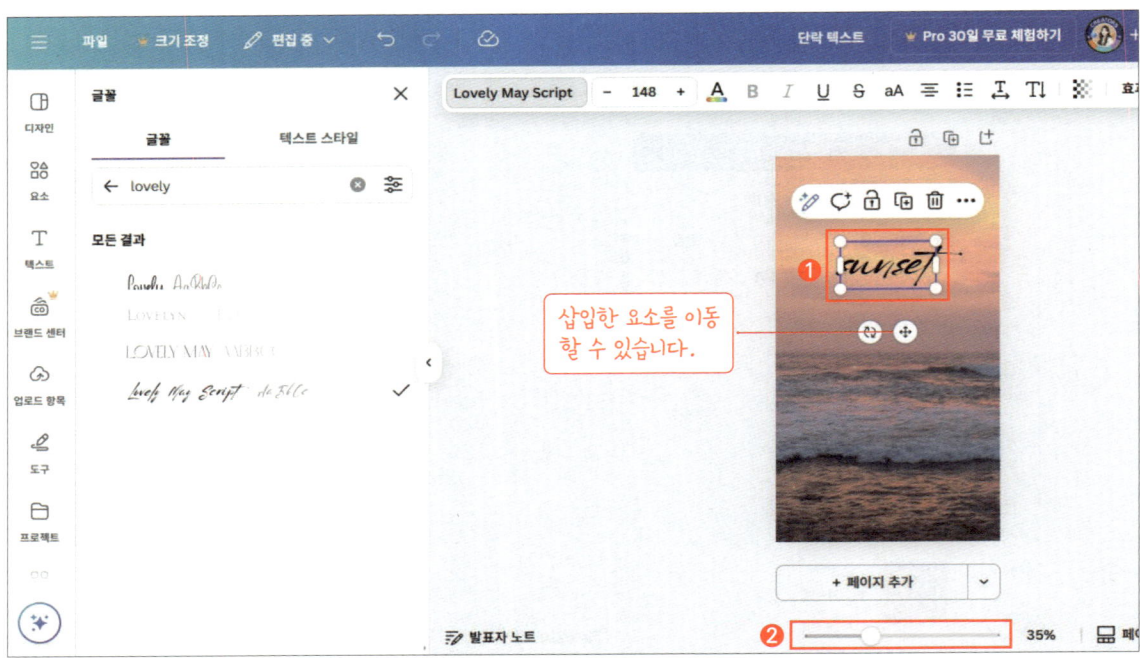

11 편집 메뉴에서 **(텍스트 색상)**을 클릭합니다. 텍스트 색상 패널에서 '**흰색(#FFFFFF)**'을 선택하여 글꼴 색상을 변경합니다.

12 텍스트의 가독성을 높이기 위해 편집 메뉴에서 **[효과]**를 클릭합니다. 효과 패널의 [스타일]에서 **[들어올리기]**를 클릭합니다.

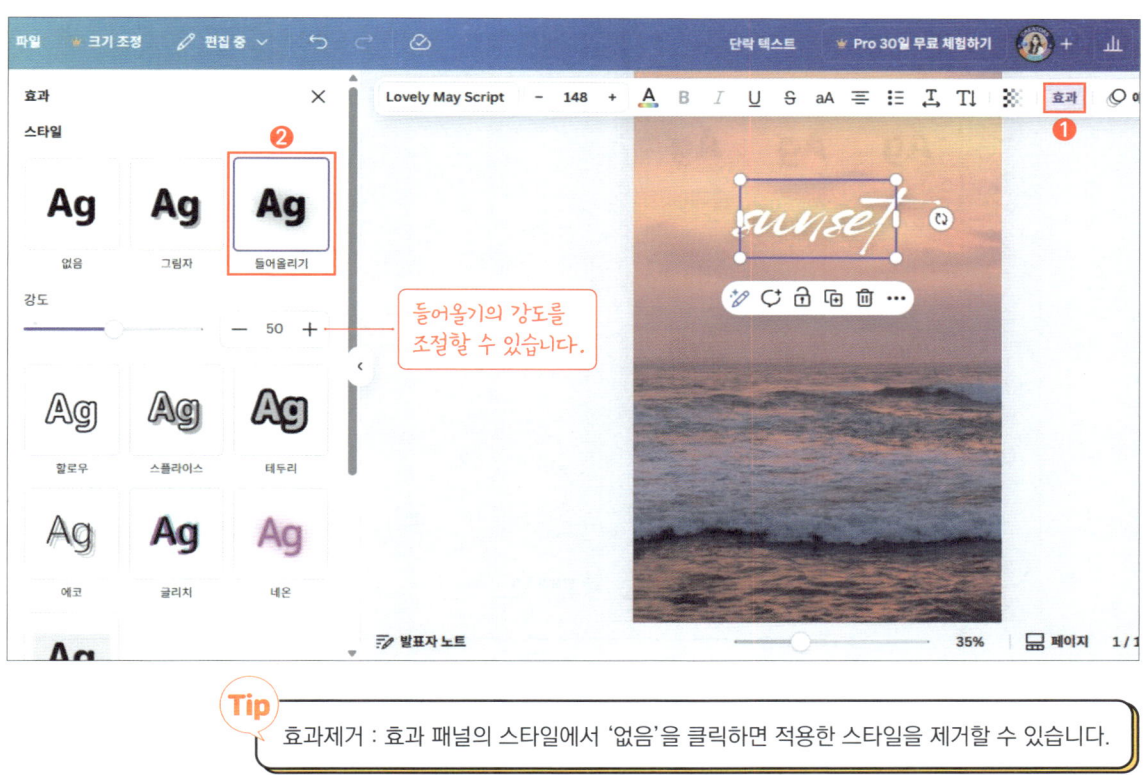

Tip 효과제거 : 효과 패널의 스타일에서 '없음'을 클릭하면 적용한 스타일을 제거할 수 있습니다.

13 텍스트 상자 위에 나타나는 메뉴에서 (복제)를 클릭하여 텍스트 상자를 복제합니다.

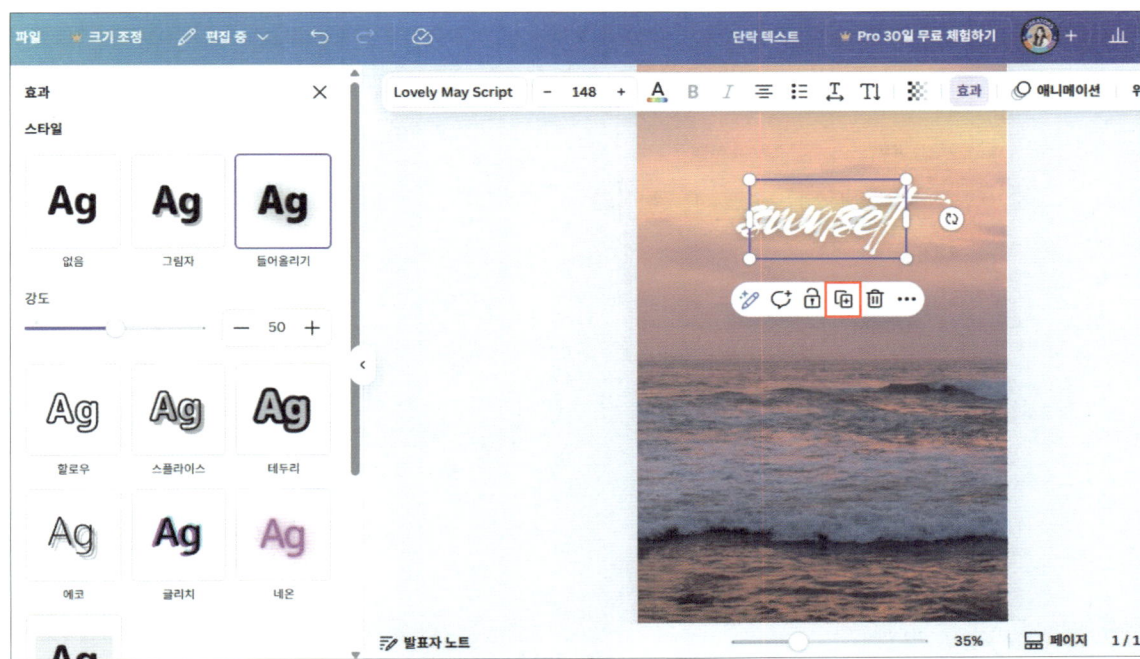

14 복제된 텍스트 상자를 드래그하여 페이지 아래쪽으로 이동시킵니다.

> **Tip** Shift 를 누른 상태로 드래그하면 수직 또는 수평 방향으로 텍스트 상자를 이동할 수 있습니다.

15 이동시킨 텍스트 상자를 더블클릭하여 내용을 변경합니다. 텍스트 상자를 선택하고 편집 메뉴에서 글꼴은 '**210 디딤명조**', 크기는 '**41**'로 변경합니다.

▶ **선 요소 삽입하기**

16 디자인 포인트를 주기 위해 [요소]를 클릭합니다. 검색란에 '**선**'을 **입력**한 후 [**그래픽**] **탭**에서 **자연스러운 곡선**을 선택합니다.

17 요소가 선택된 상태에서 편집 메뉴의 ● (**색상**)을 클릭합니다. 색상 패널에서 '**흰색(#FFFFFF)**'을 클릭하여 색상을 변경합니다.

18 요소의 크기를 적당히 조절하고 ⟳ (회전)을 드래그하여 원하는 각도로 회전시킵니다.

한스푼 더!

- 요소를 검색하면 검색창 아래 추천 키워드가 나타납니다. 키워드를 클릭하면 해당 키워드로 요소가 검색됩니다. 이 키워드를 사용하면 보다 다양한 요소를 찾아볼 수 있습니다.

- 요소 위에서 마우스 오른쪽 버튼을 클릭하여 [페이지에 맞춤]를 클릭하면 페이지에 요소를 쉽게 배치할 수 있습니다.

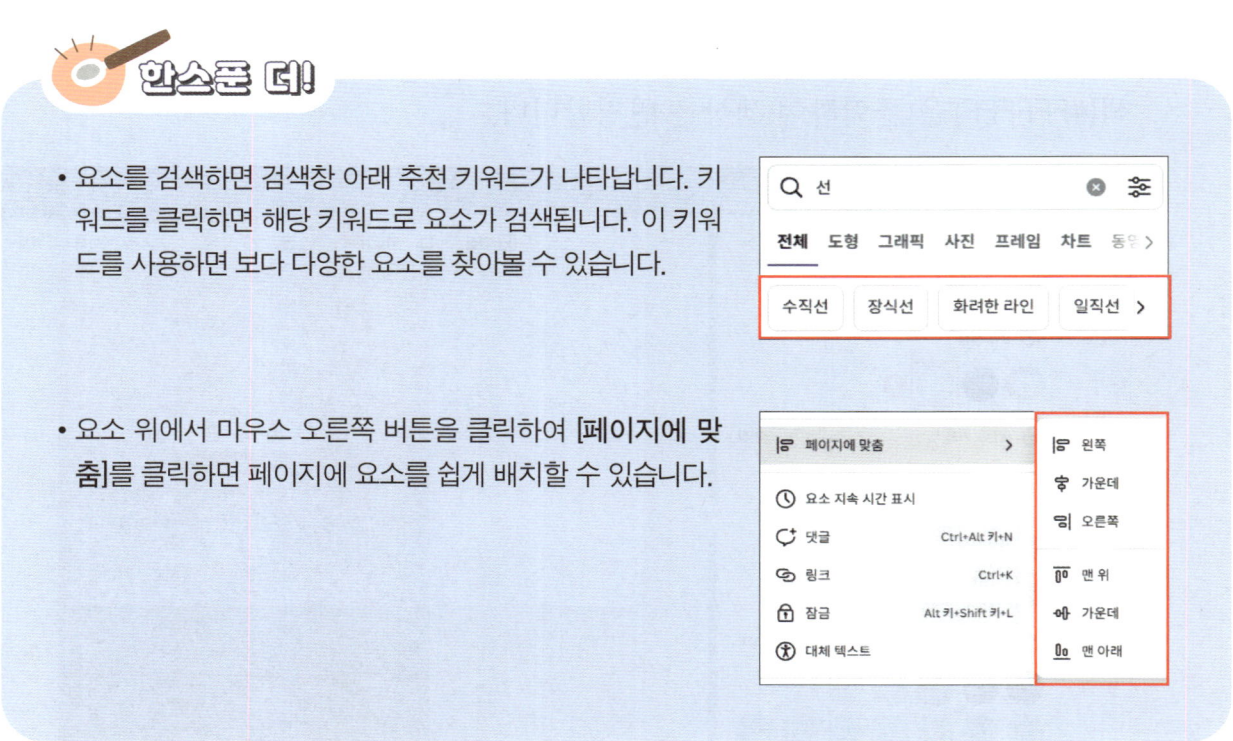

19 디자인을 마쳤다면 [공유]를 클릭한 다음 [다운로드]를 클릭합니다. 파일 형식은 'PNG'로 선택하고 [다운로드]를 클릭합니다.

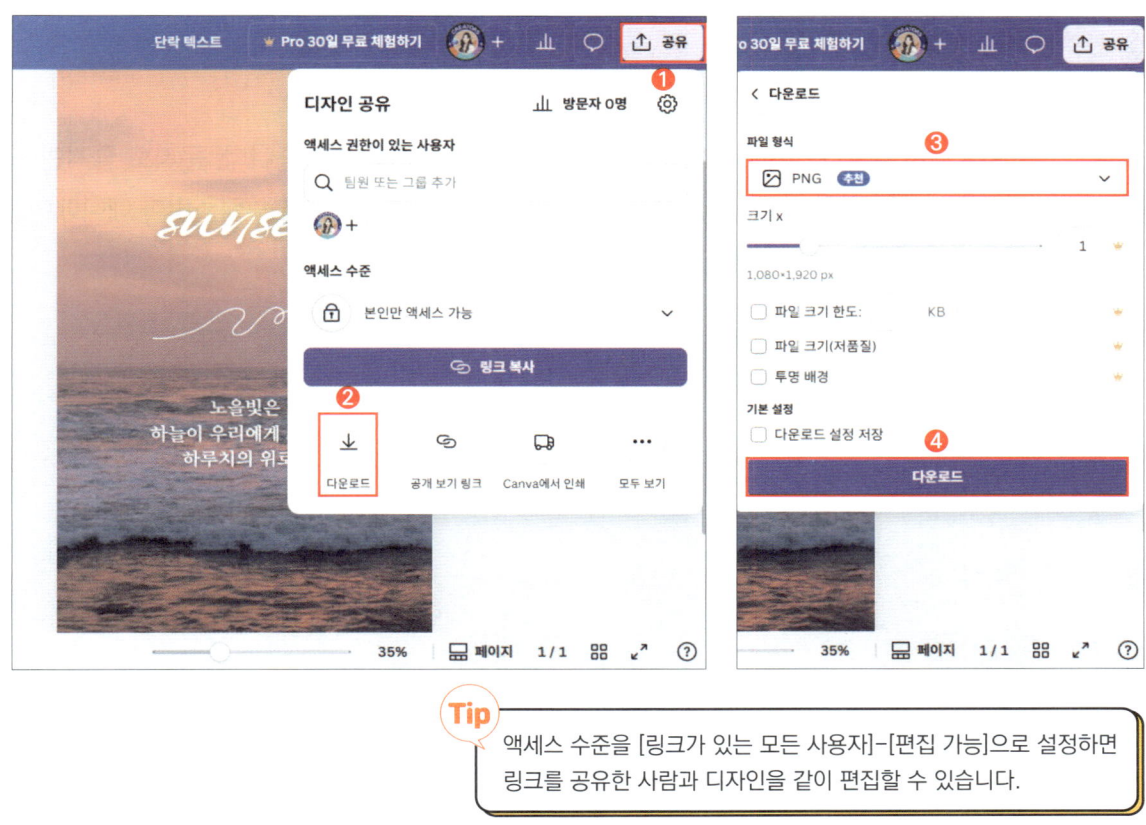

> **Tip** 액세스 수준을 [링크가 있는 모든 사용자]-[편집 가능]으로 설정하면 링크를 공유한 사람과 디자인을 같이 편집할 수 있습니다.

20 크롬 브라우저의 ⬇ (**최근 다운로드 기록**)을 클릭한 다음 📁 (**폴더 열기**)를 클릭하면 다운로드한 파일을 확인할 수 있습니다.

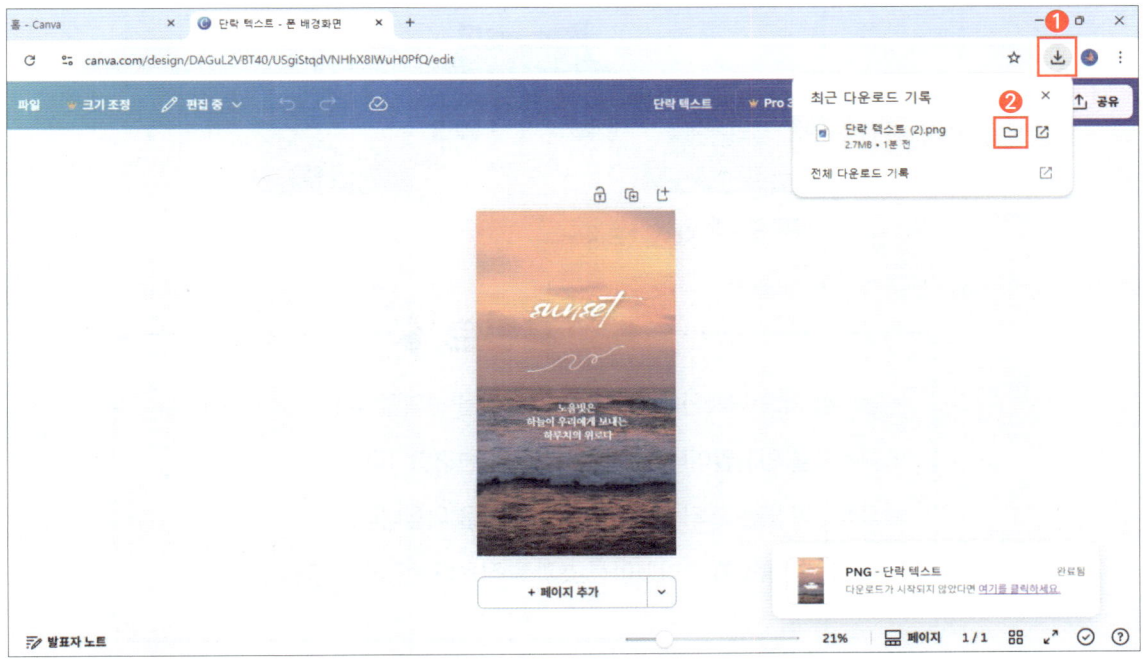

Chapter 2 동영상 카드 디자인하기

설날, 추석, 연말연시 같은 특별한 날에는 마음을 담은 인사를 전하고 싶습니다. 문자도 좋지만 짧은 동영상 카드로 인사를 전하면 더 따뜻하고 특별하게 느껴집니다. 이번 챕터에서는 템플릿과 애니메이션을 활용하여 동영상 카드 디자인하는 방법을 알아보겠습니다.

Preview

완성파일 : 동영상카드.jpg

핵심 포인트

- 동영상 카드 디자인에 어울리는 템플릿을 선택합니다.
- 텍스트를 인사말이나 메시지로 내용을 변경합니다.
- 움직임이 있는 스티커를 추가해 생동감을 더합니다.
- 텍스트와 요소에 애니메이션 효과를 적용해 동적인 느낌을 살립니다.

01 캔바 홈 화면에서 ➕ [만들기]를 클릭합니다. [디자인 만들기]창 검색란에 '**정사각형**'이라고 검색한 후 [**인스타그램 게시물(정사각형)**]을 클릭합니다.

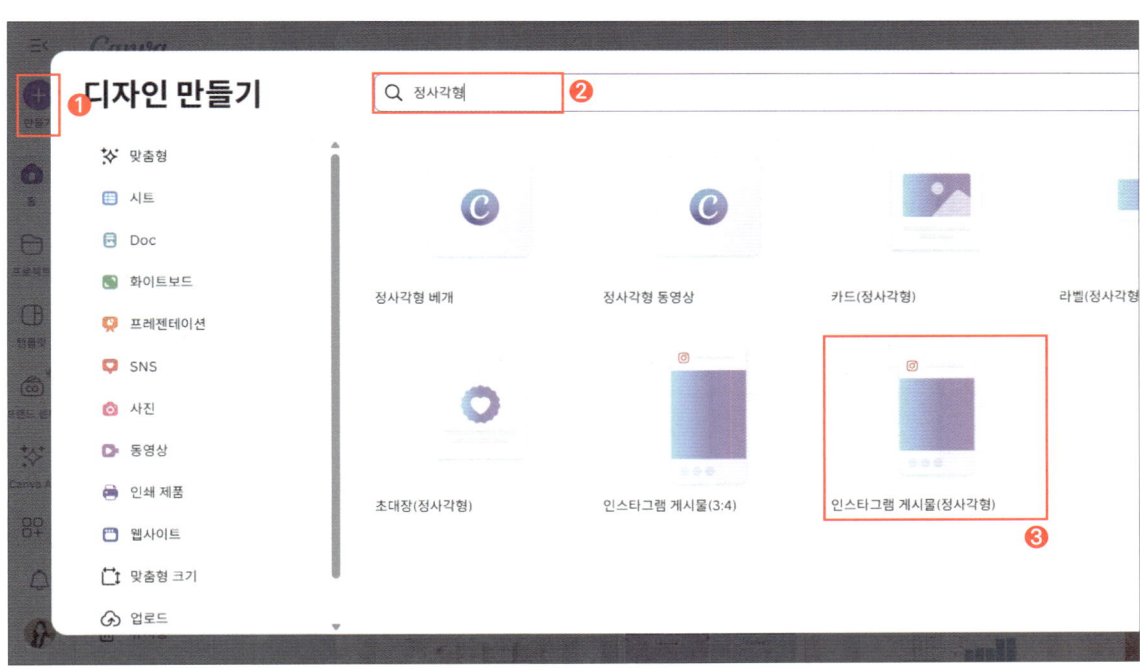

02 템플릿을 검색하기 위해 디자인 패널의 검색란에 '**명절 인사**'를 **입력**하고 Enter 를 누릅니다. 명절 인사 템플릿에서 동영상 카드에 어울리는 **템플릿**을 **클릭**합니다.

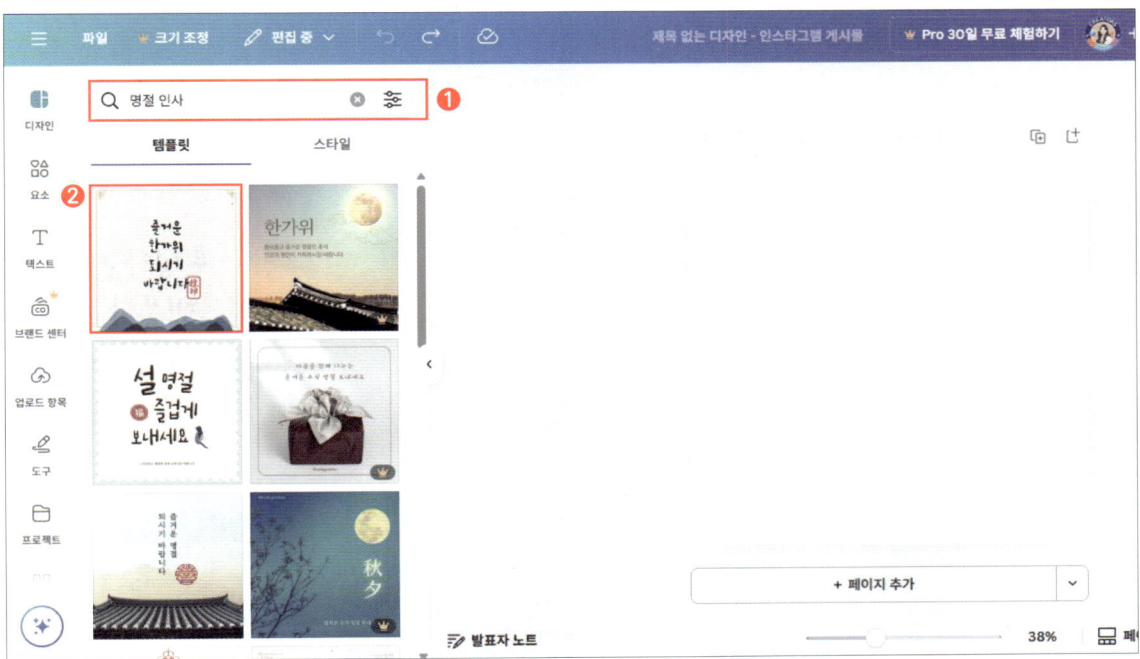

03 선택한 템플릿이 페이지에 적용된 것을 확인할 수 있습니다. 디자인 패널 창에서 제목과 사이즈, 템플릿을 만든 크리에이터에 대한 정보를 확인할 수 있습니다.

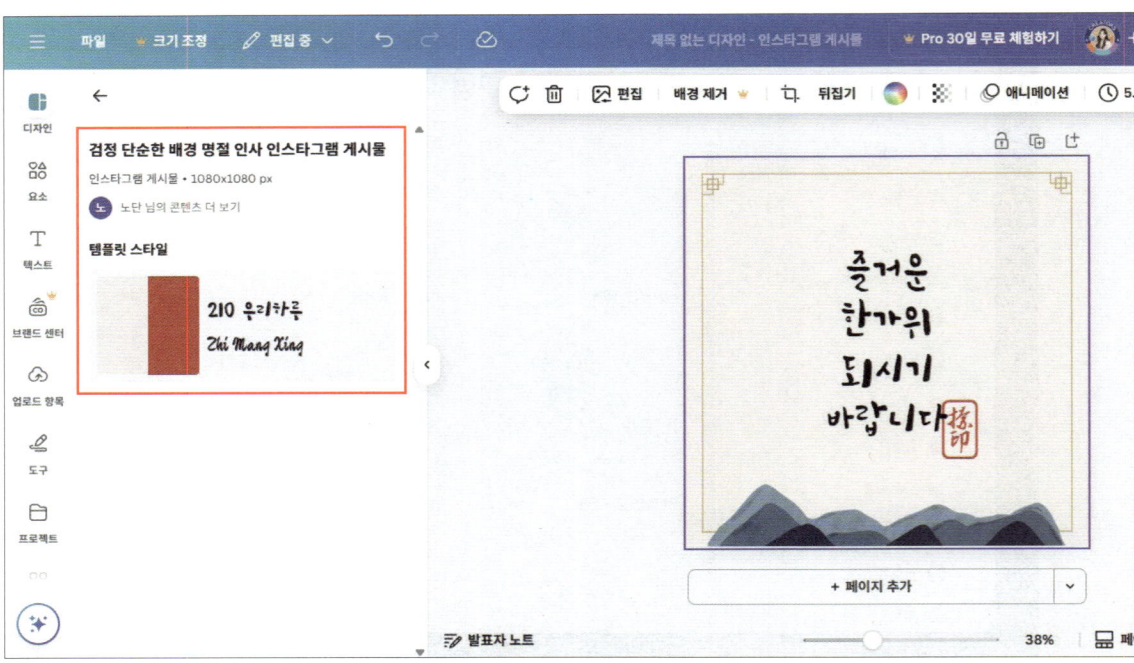

04 **명절 인사 템플릿의 텍스트 상자**를 **더블클릭**하여 다음과 같이 **인사말**을 **수정**하고 텍스트 상자의 너비를 적당히 조절합니다.

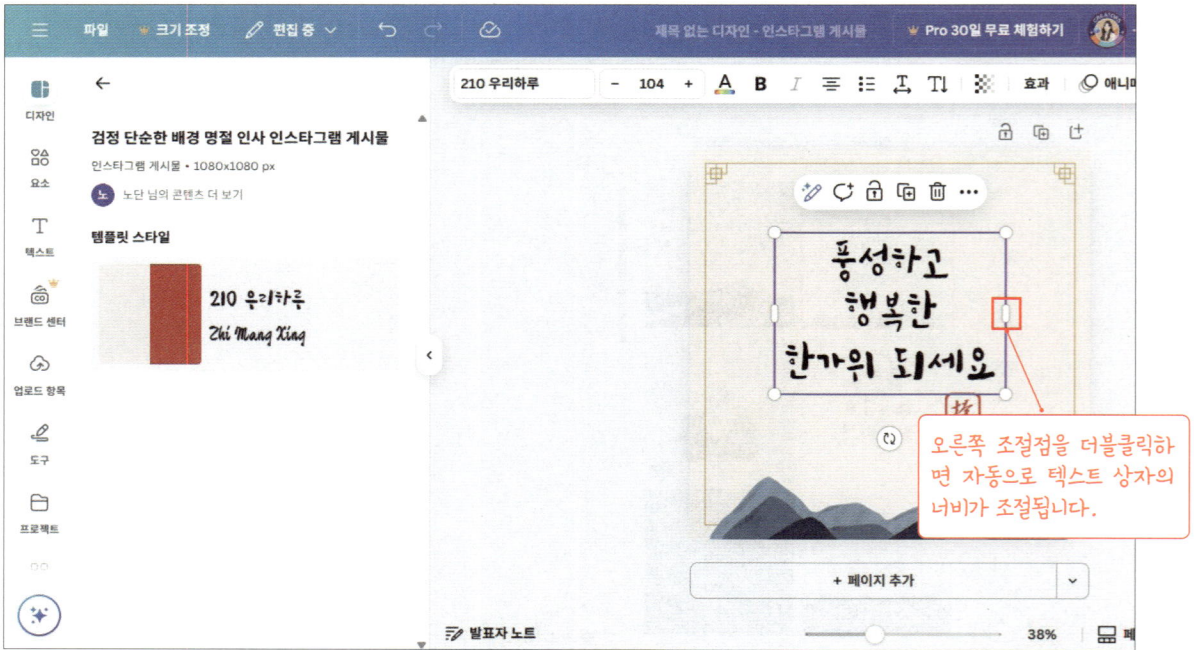

 **한스푼 더!**

▶ **텍스트 상자 크기 조절**

Alt 를 누른 상태로 텍스트 상자의 크기를 조절하면 텍스트 상자 중심점이 고정되어 균형있게 크기를 조절할 수 있어 레이아웃이 흐트러지지 않습니다.

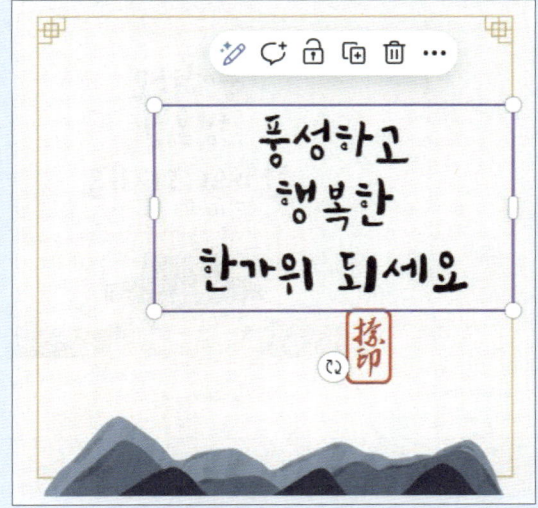
[Alt 를 누르지 않고 조절한 경우]

[Alt 를 누른 상태로 조절한 경우]

05 필요하지 않은 텍스트와 요소는 클릭하여 선택한 다음 Delete 또는 🗑(삭제)를 눌러 삭제합니다.

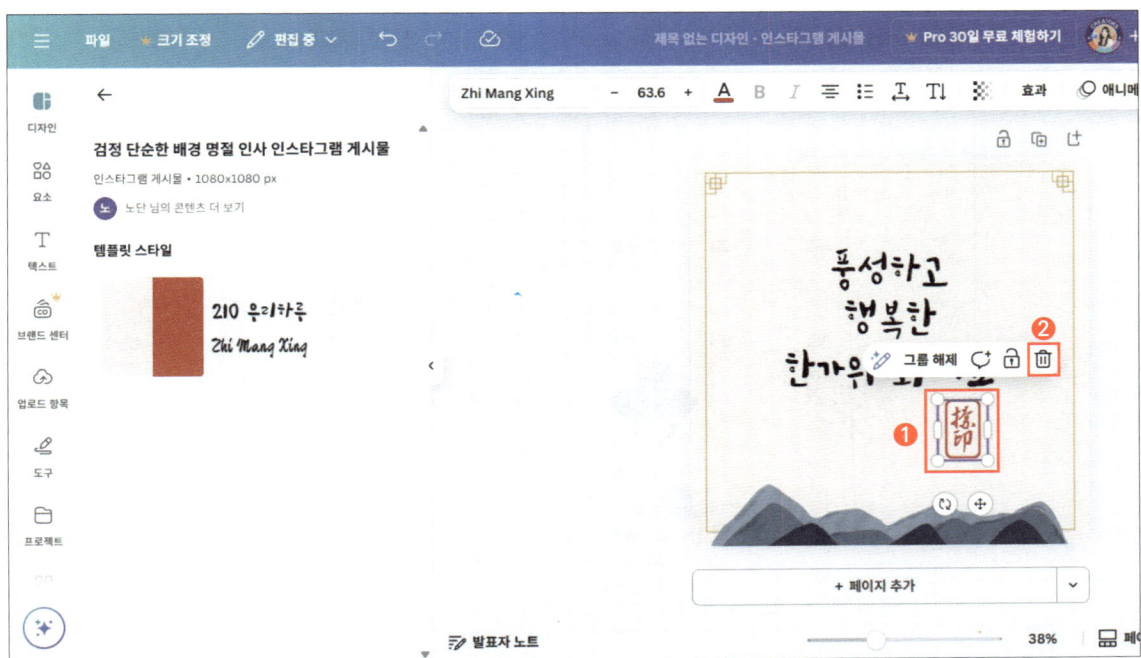

06 [요소]를 클릭하여 요소 패널 검색란에 '**한국 전통**'을 입력하여 검색합니다. [그래픽] **탭**에서 어울리는 요소를 선택한 후 크기를 줄이고 다음과 같이 배치합니다.

 한소푼 더!

▶ **캔바에서 요소 더 똑똑하게 찾기**

- 캔바는 글로벌 플랫폼입니다. 따라서 요소를 검색할 때 한글로 하는 것보다 영어로 검색할 때 더 효과적인 경우가 있습니다.

[검색어 : 한국 전통]

[검색어 : korean tradition]

- 캔바에서 원하는 요소를 찾을 때는 요소 패널의 검색창에 키워드를 입력해 검색하는 방법이 가장 기본적입니다. 요소에서 마우스 오른쪽 버튼을 클릭하여 [정보], [지금과 비슷한 이미지 더보기], [컬렉션 보기]로 템플릿에 이미 적용된 요소를 활용해 비슷한 스타일의 요소를 찾아볼 수도 있습니다. 단, 요소에 따라 [지금과 비슷한 이미지 더보기]와 [컬렉션 보기]는 활성화 되지 않을 수 있습니다.

[정보] : 해당 요소의 제목, 키워드 등 요소에 대한 상세 정보가 표시됩니다.

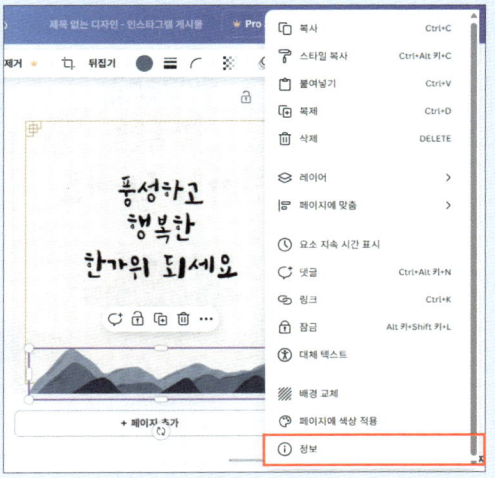 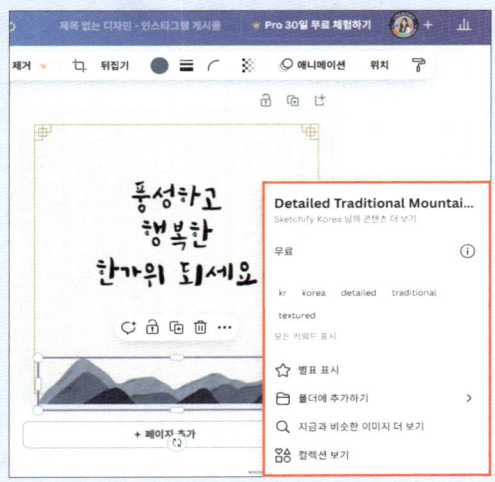

[지금과 비슷한 이미지 더 보기] : 왼쪽 요소 패널에 해당 요소와 비슷한 스타일의 요소가 나타납니다.

[컬렉션 보기] : 요소 패널에 컬렉션으로 묶여있는 요소가 나타납니다. 이 메뉴를 잘 활용하면 같은 느낌의 요소들을 모아볼 수 있어 편리합니다.

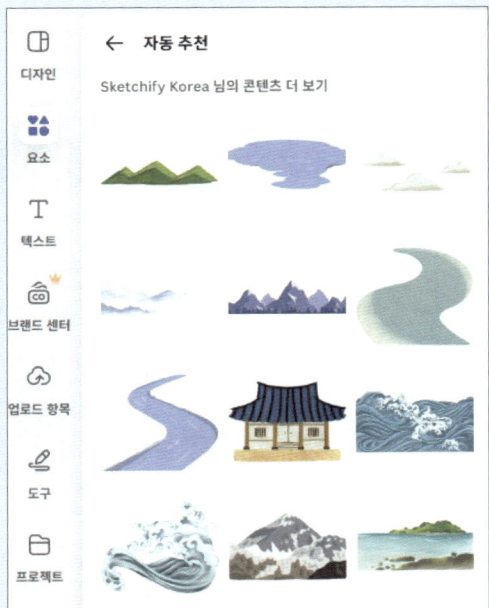 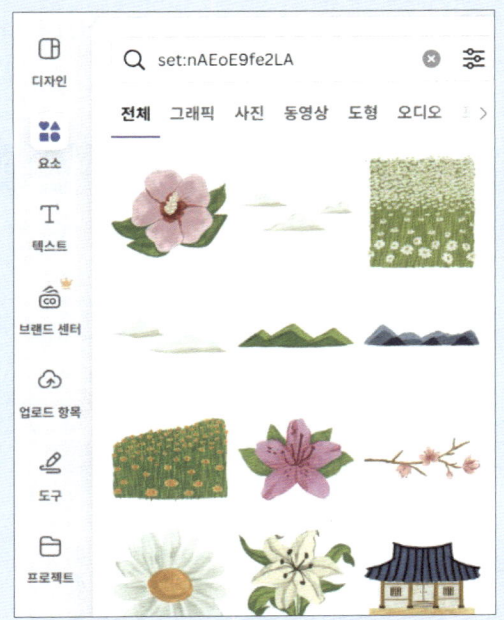

[지금과 비슷한 이미지 더 보기]   [컬렉션 보기]

▶ **스티커 요소 삽입하기**

07 다시 요소 패널의 검색란에서 '**한가위**'를 입력한 후 ☰(**필터**)를 클릭합니다. 필터 창에서 [**애니메이션**]을 선택하고 **화면 빈곳**을 **클릭**합니다.

> **Tip** 캔바에서는 애니메이션이 적용된 움직이는 그래픽 요소를 '스티커'라고 합니다. 디자인에 스티커를 추가하면 생동감과 재미를 더할 수 있습니다.

08 [**그래픽**] **탭**을 클릭하면 움직이는 스티커 요소만 보이게 됩니다. 마음에 드는 스티커 요소를 다음과 같이 삽입하여 크기를 조정하고 텍스트의 양 옆에 배치합니다.

42 │ 처음이라도 괜찮아! 따라만 해도 완성되는 캔바 디자인

09 오른쪽에 삽입한 스티커를 선택한 다음 편집 메뉴에서 **[뒤집기]**를 클릭하여 **[수평 뒤집기]**를 클릭합니다.

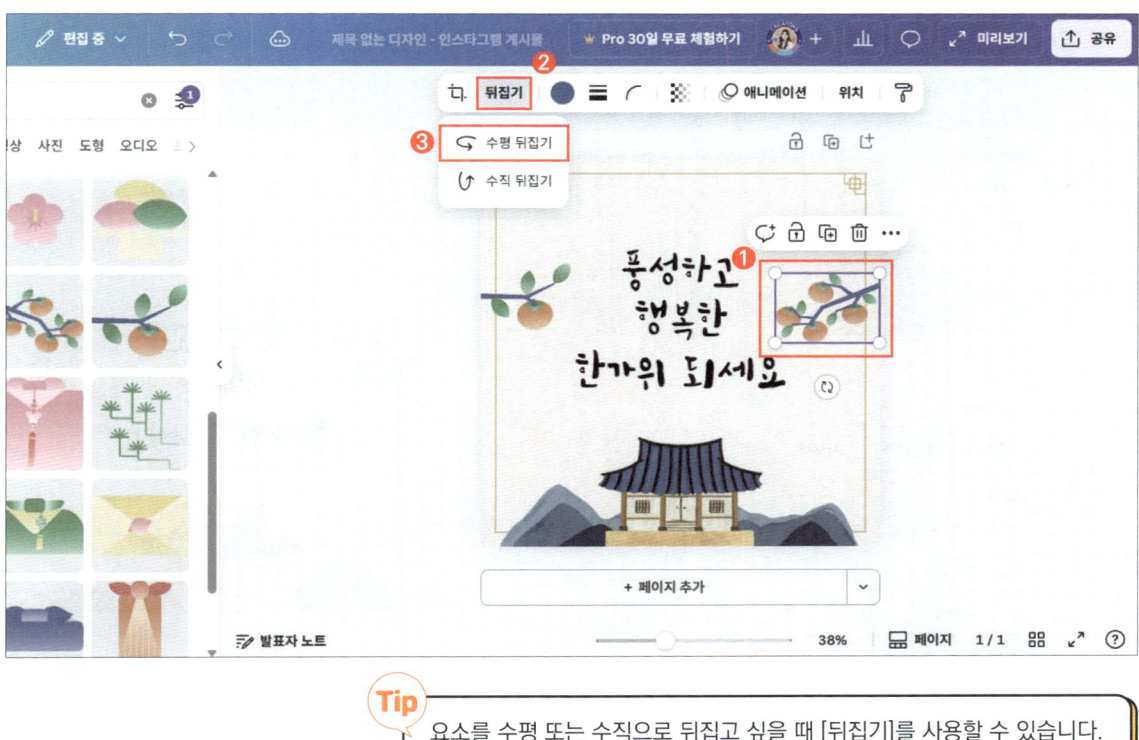

Tip 요소를 수평 또는 수직으로 뒤집고 싶을 때 [뒤집기]를 사용할 수 있습니다.

▶ **텍스트 애니메이션 설정하기**

10 텍스트에 애니메이션을 설정하기 위해 **텍스트 상자를 선택**하고 편집 메뉴에서 **[애니메이션]**을 클릭합니다.

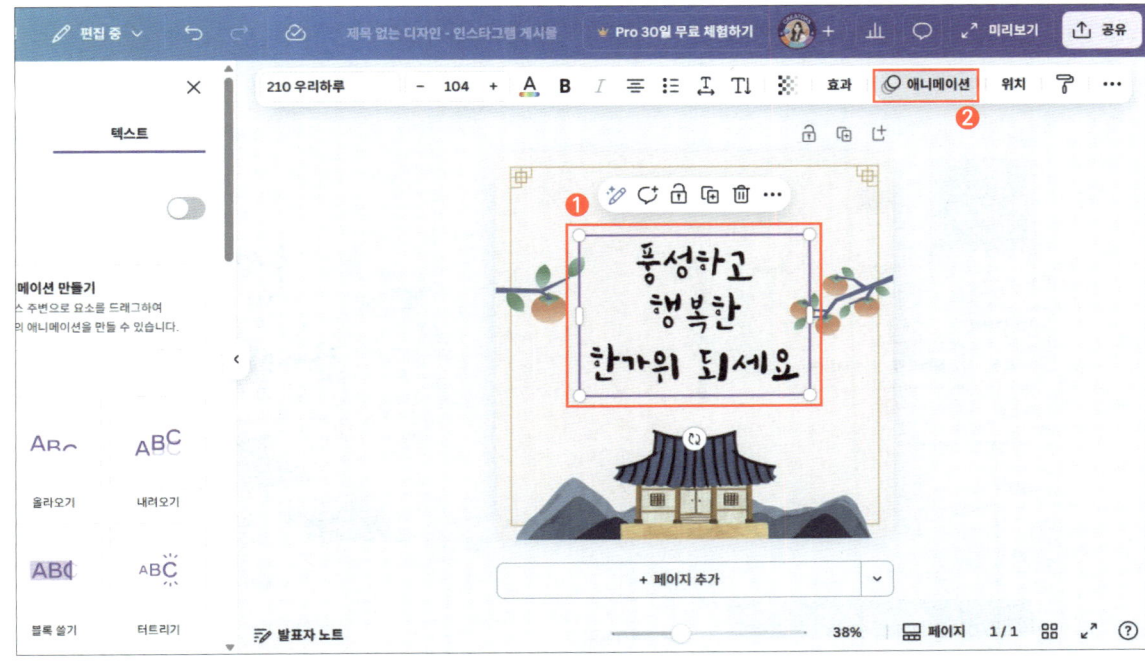

11 애니메이션 패널에서 각 애니메이션 위에 마우스 포인터를 올리면 적용될 애니메이션 움직임을 미리 볼 수 있습니다. **[올라오기]**를 선택한 다음 **[들어갈 때]**를 클릭합니다.

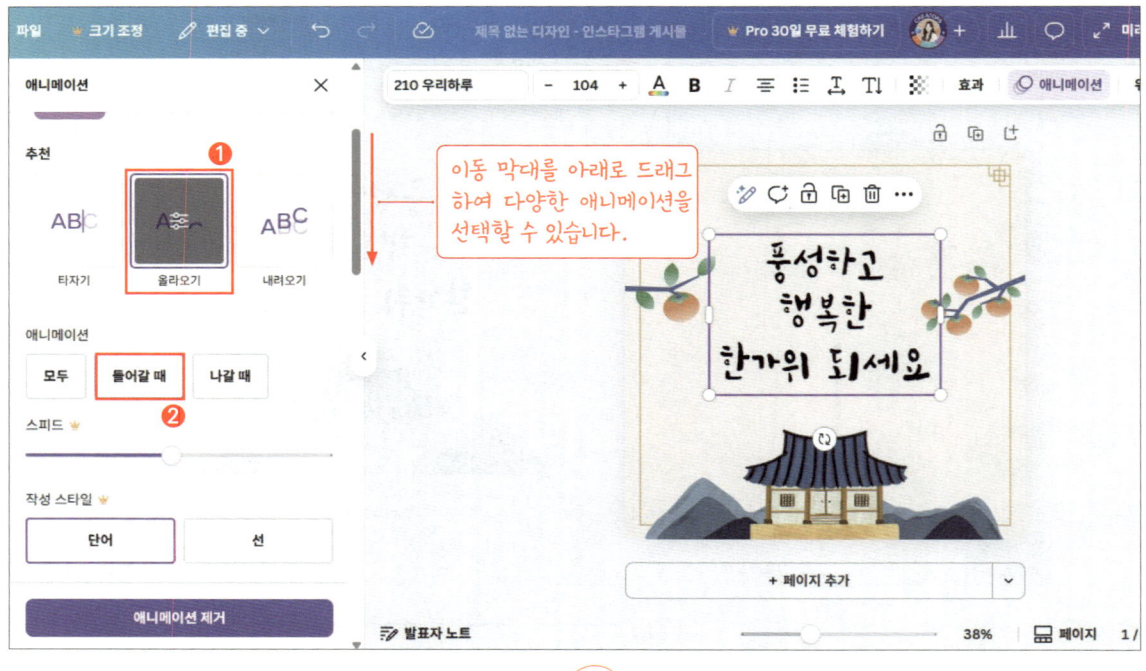

Tip
들어갈때 : 처음에는 안보이다가 나타나는 애니메이션
나갈 때 : 처음에는 보이다가 사라지는 애니메이션

12 같은 방법으로 다음과 같이 아래에 삽입된 그래픽 요소를 클릭 후 애니메이션 패널에서 '**떠오르기**' 와 '**들어갈 때**' 를 선택합니다.

44 | 처음이라도 괜찮아! 따라만 해도 완성되는 캔바 디자인

한스푼 더!

▶ **추가 효과**

- 애니메이션 패널 하단에 있는 [추가 효과]는 하나의 애니메이션을 적용 후 중복으로 적용할 수 있는 효과입니다. [회전], [깜박거리기], [펄스], [흔들흔들 움직이기]를 추가하여 다채로운 애니메이션 효과를 만들 수 있습니다.

▶ **애니메이션 제거**

- [애니메이션] 제거를 클릭하여 적용한 애니메이션을 삭제할 수 있습니다.

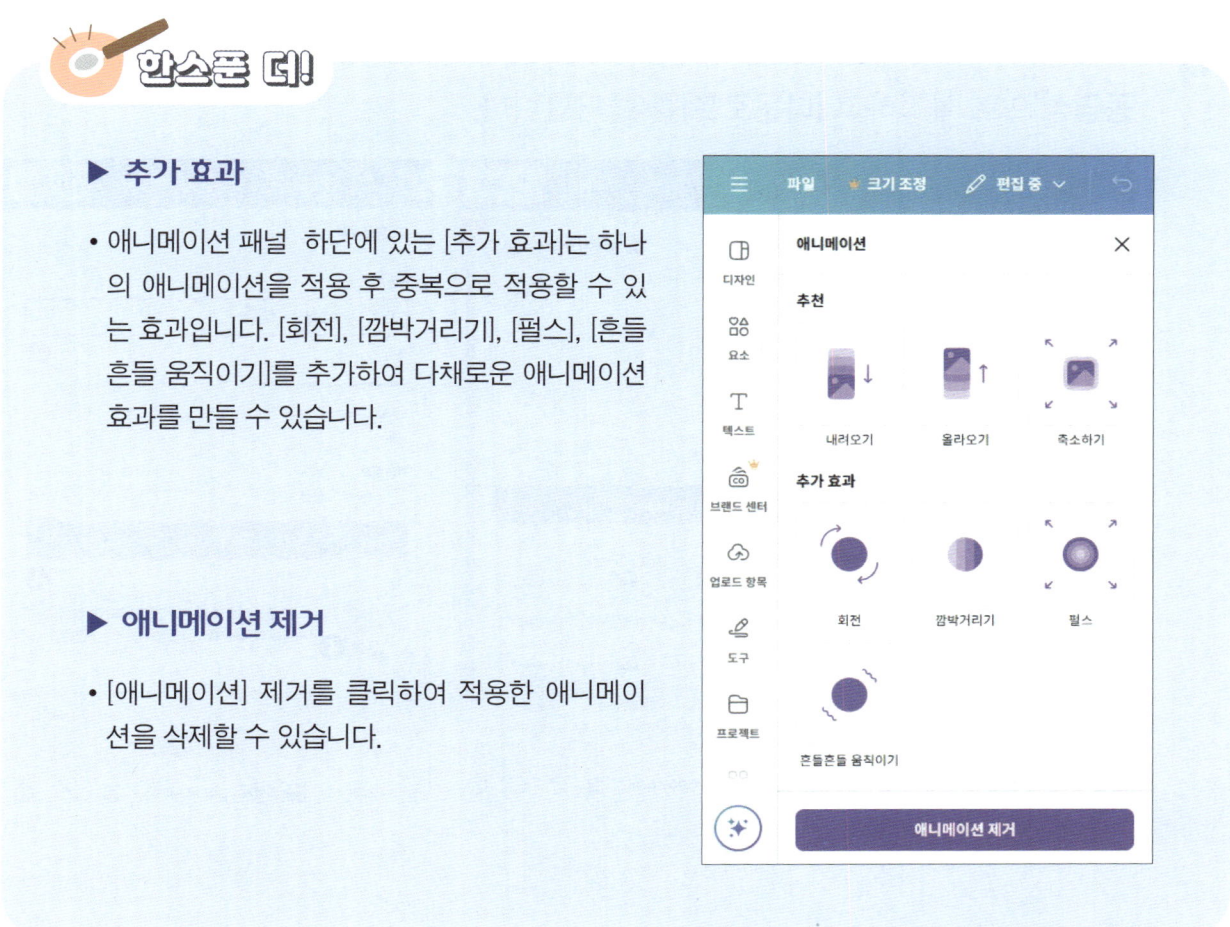

13 동영상을 재생하기 위해 편집 화면 하단의 🔡 [페이지]를 클릭합니다. ▶ [길이]를 클릭하여 나타난 ▶ (재생)을 클릭합니다.

14 완성된 디자인은 [공유]를 클릭하여 [다운로드]를 클릭합니다. 파일 형식은 'MP4 동영상'으로 설정하고 [다운로드]를 클릭합니다.

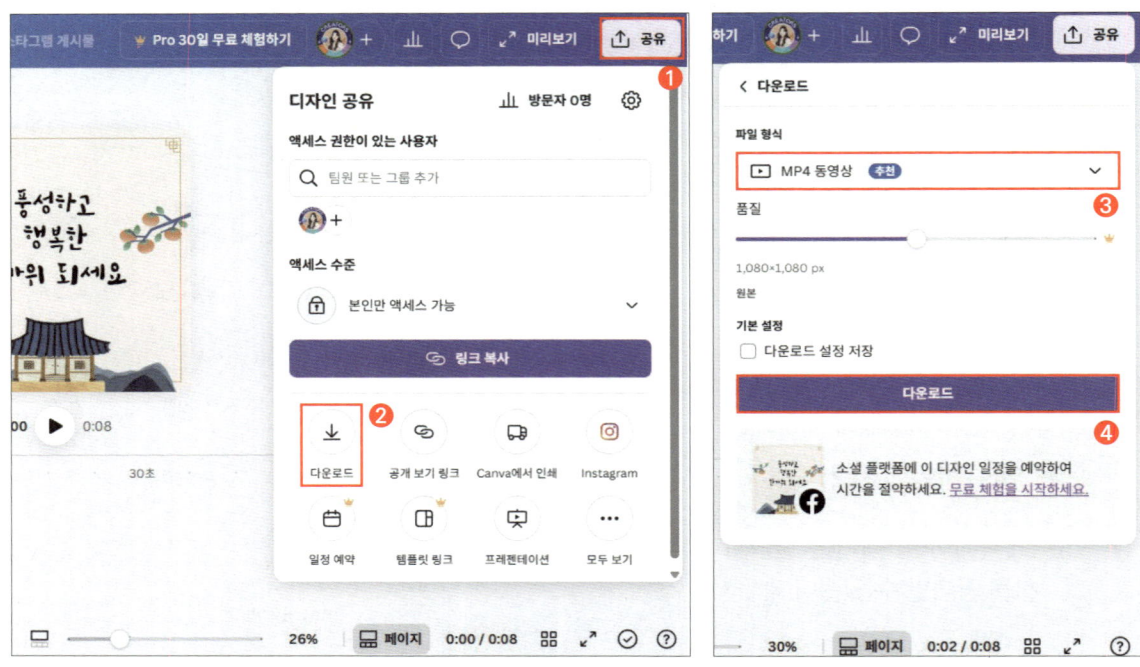

15 크롬 브라우저의 ⬇ (최근 다운로드 기록)을 클릭하면 다운로드 된 것을 확인할 수 있습니다.

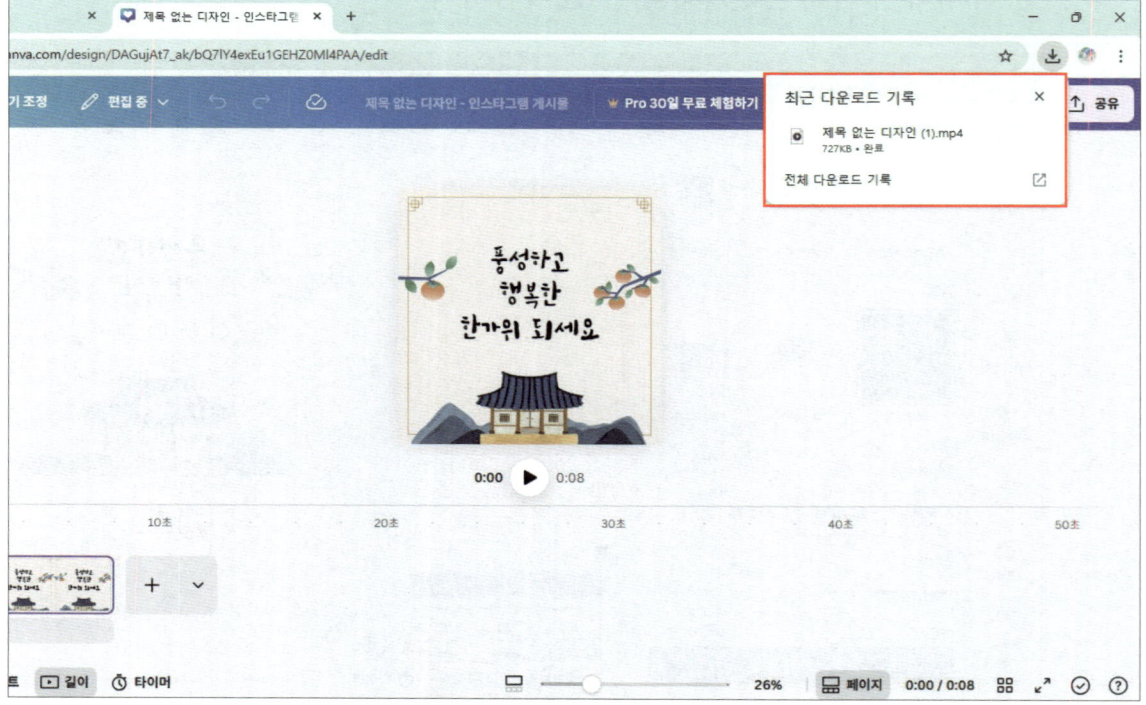

▶ 페이지 애니메이션으로 애니메이션 한 번에 적용하기

텍스트나 요소 각각에 애니메이션을 적용하지 않고 페이지 애니메이션을 사용하여 페이지 전체에 움직임 효과를 적용하는 것도 가능합니다.

01. 텍스트 또는 요소를 선택하고 애니메이션 패널의 [페이지] 탭에서 원하는 애니메이션을 선택합니다.

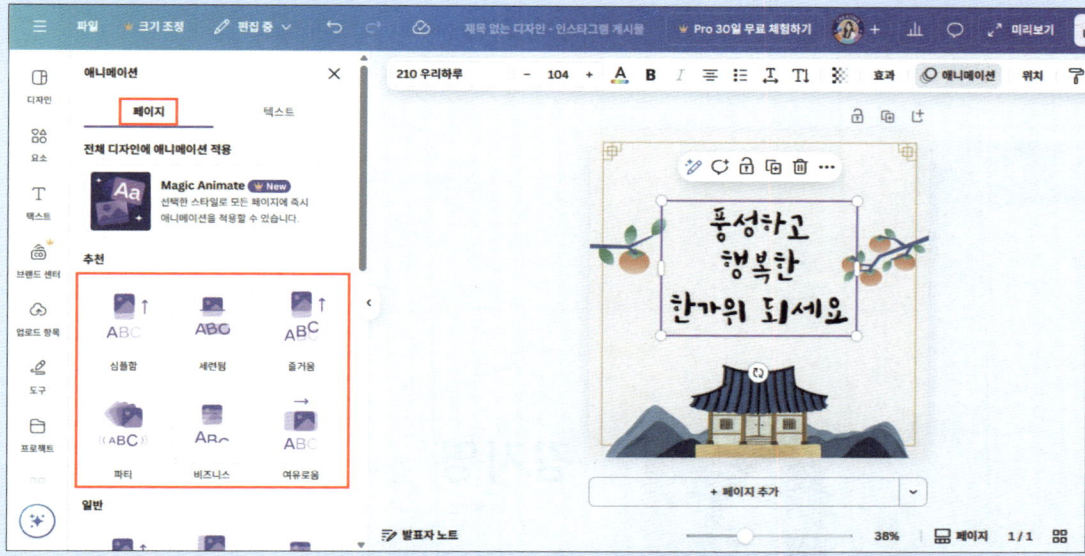

02. 페이지에 삽입한 모든 텍스트와 요소에 동일한 애니메이션이 적용됩니다. 만약 애니메이션을 제거하고 싶다면 [모든 애니메이션 제거]를 클릭합니다.

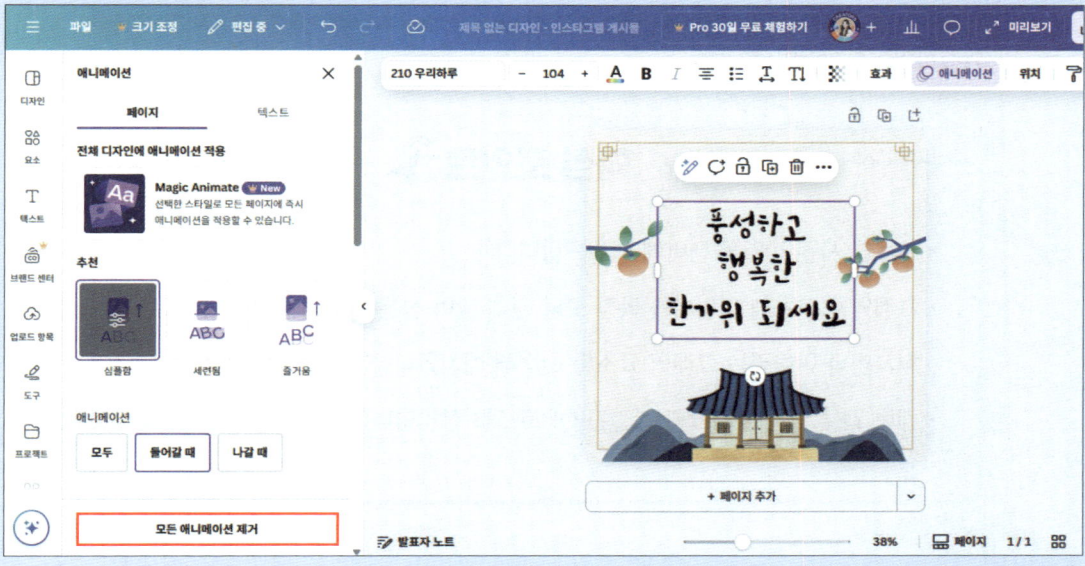

Chapter 3 디지털 명함 디자인하기

온라인으로 소통하는 기회가 많아지면서 디지털 명함의 활용도 점점 높아지고 있습니다. 메일에 첨부하거나 메신저로 간편하게 전달할 수 있어 실물 명함보다 더 빠르고 편리하게 나를 소개할 수 있는 방법이 됩니다. 이번 챕터에서는 캔바를 활용해 온라인으로 공유할 수 있는 나만의 디지털 명함을 만들어보겠습니다.

Preview

완성파일 : 디지털명함.jpg

핵심 포인트

- ▸ 프로필 사진 파일을 캔바에 업로드합니다.
- ▸ 프레임을 사용해 이미지를 특정 모양 안에 넣어 정돈된 느낌을 줍니다.
- ▸ 디자인과 어울리는 그래픽 요소를 선택해 배치합니다.
- ▸ 캔바 앱을 이용해 링크와 연결된 QR코드를 삽입합니다.

▶ **배경 디자인하기**

01 홈 화면에서 ➕ [만들기]를 클릭합니다. [디자인 만들기] 창의 검색란에 '**명함**'을 검색하여 [명함(가로형)]을 선택합니다.

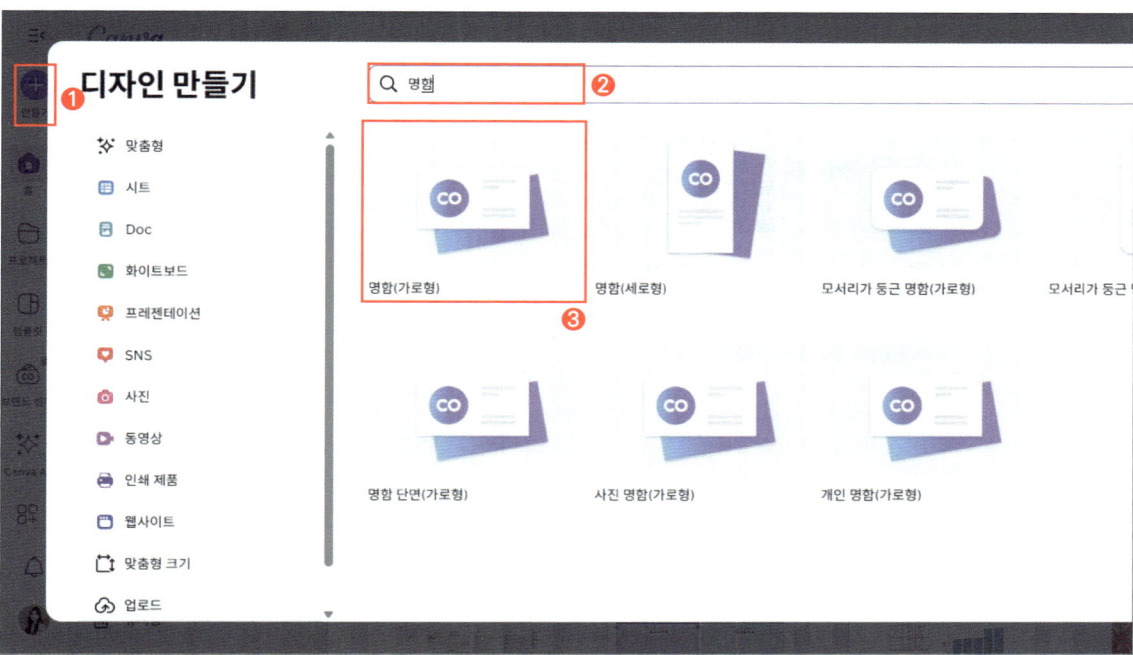

02 빈 페이지를 클릭한 후 편집 메뉴에서 🎨 (배경 색상)을 클릭합니다. 색상 패널에서 ➕ (새로운 색상 추가)를 클릭하여 '**밝은 회색(#F5F5F5)**'으로 설정합니다.

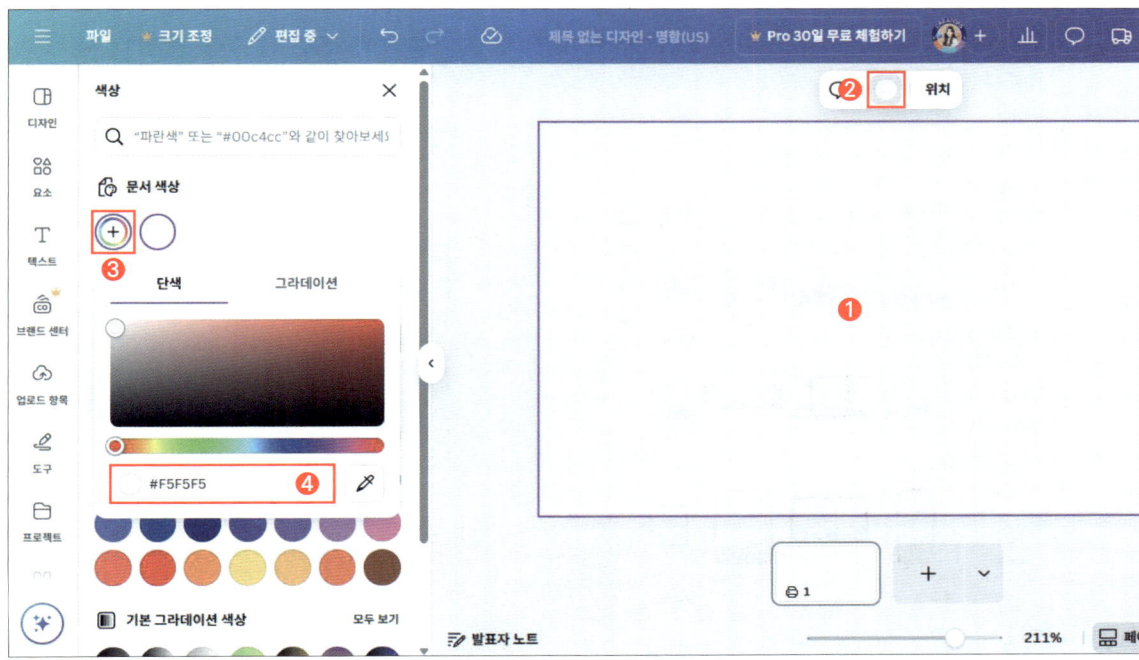

Part 02 따라하며 익히는 캔바 디자인 | **49**

▶ **프레임 삽입하기**

03 [요소]를 클릭하고 이동 막대를 아래로 드래그하여 [프레임]의 [모두 보기]를 클릭합니다.

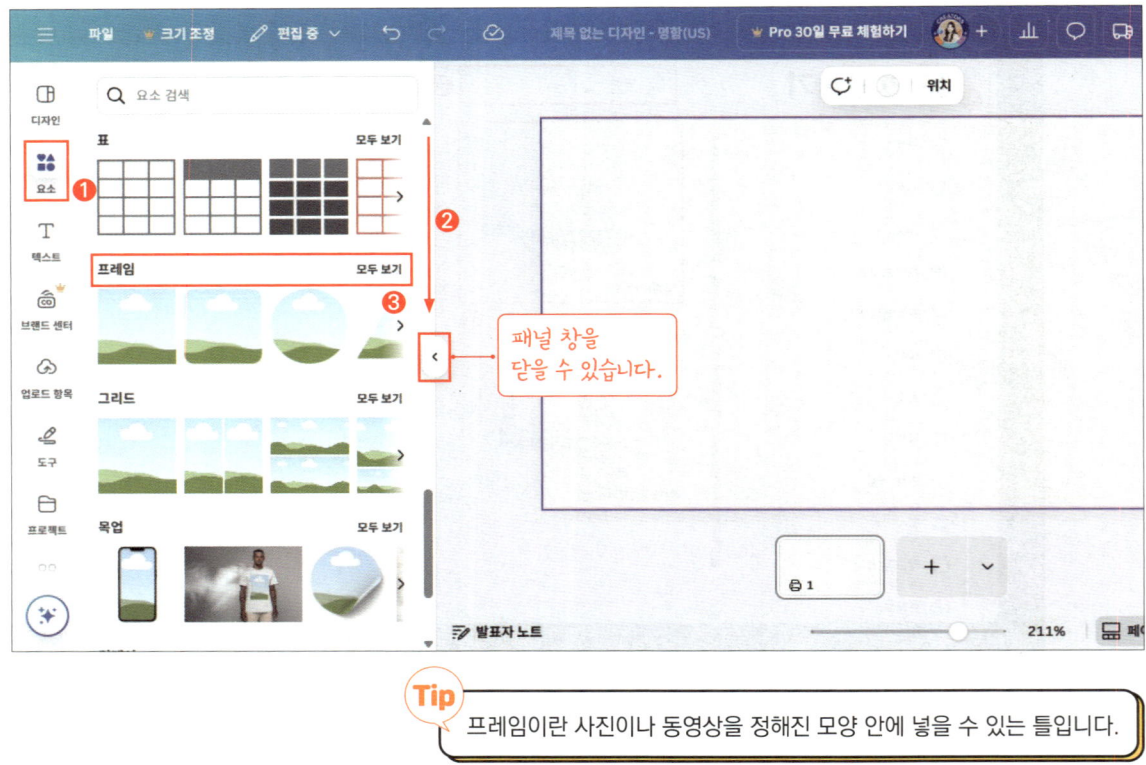

Tip 프레임이란 사진이나 동영상을 정해진 모양 안에 넣을 수 있는 틀입니다.

04 프레임 패널의 기본 도형에서 **원형 프레임**을 선택합니다. 삽입한 프레임 크기를 적당한 크기로 늘이고, 페이지 왼쪽에 배치합니다.

▶ **사진 업로드**

05 프레임에 넣을 사진을 업로드하기 위해 [업로드 항목]을 클릭한 다음 [파일 업로드]를 클릭합니다.

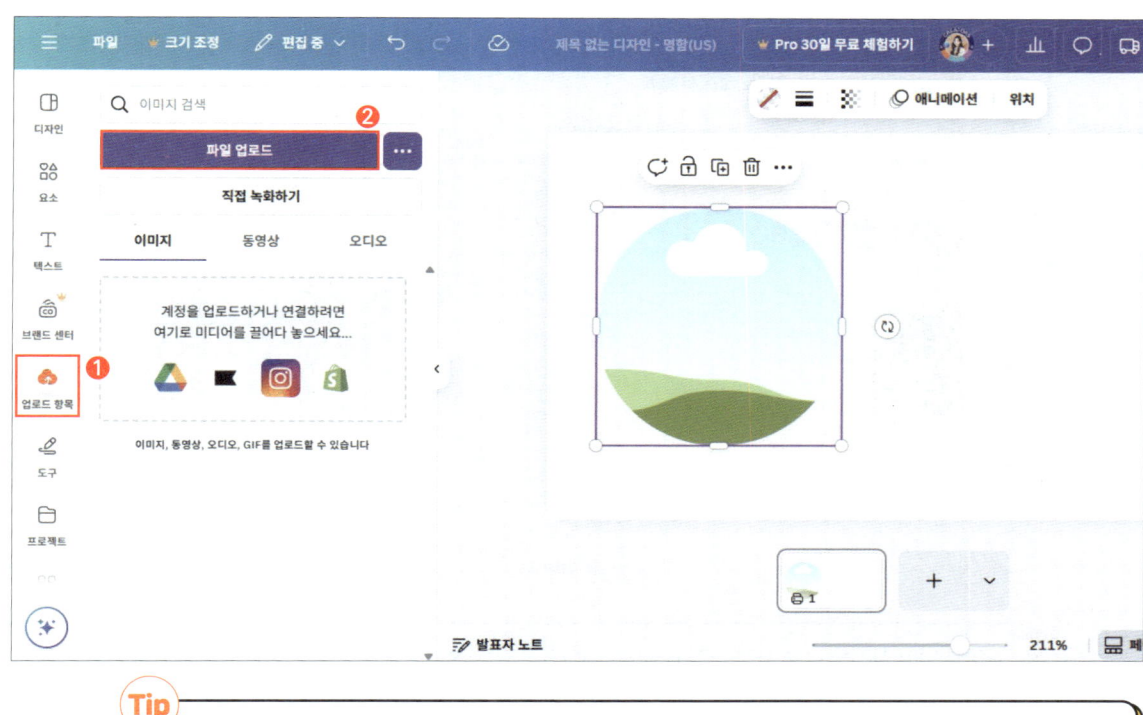

> **Tip** [직접 녹화하기]: 발표하는 모습을 녹화하거나 음성 해설을 녹음해 업로드할 수 있습니다. 다만 카메라나 마이크 접근 권한이 허용되어 있어야 하며, 사용하는 기기에 따라 기능이 제한될 수도 있습니다.

06 [열기] 대화상자의 [예제] 폴더에서 '**프로필.jpg**'를 **선택**한 후 [**열기**]를 클릭합니다.

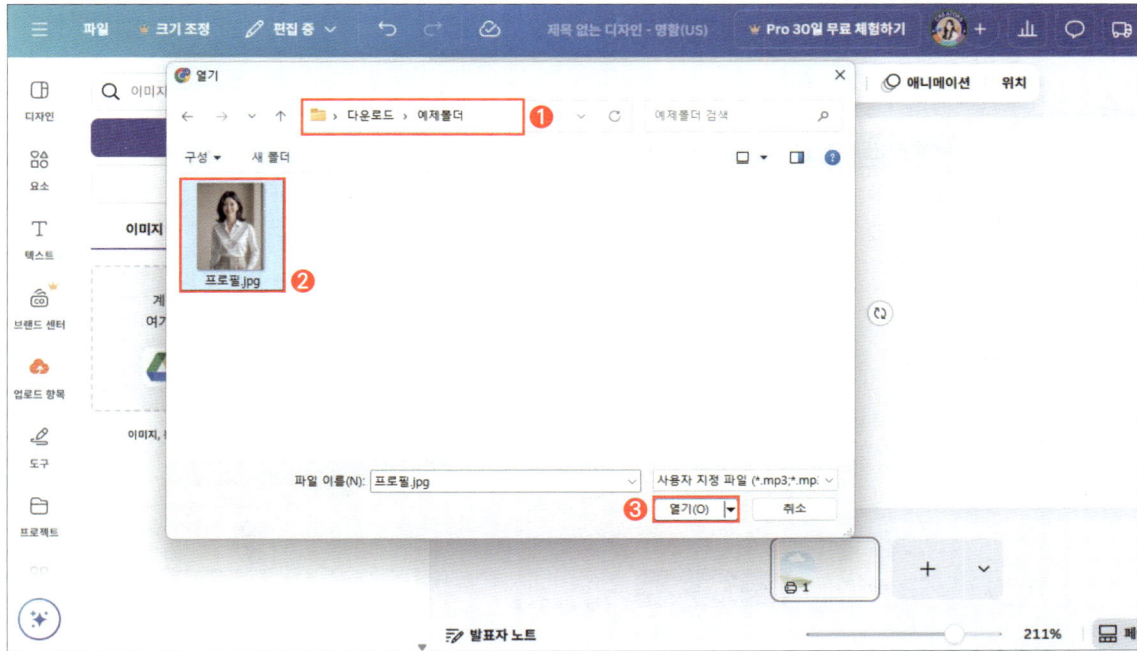

07 업로드된 사진을 프레임 위로 드래그하면 원형 프레임 형태에 맞게 사진이 들어갑니다.

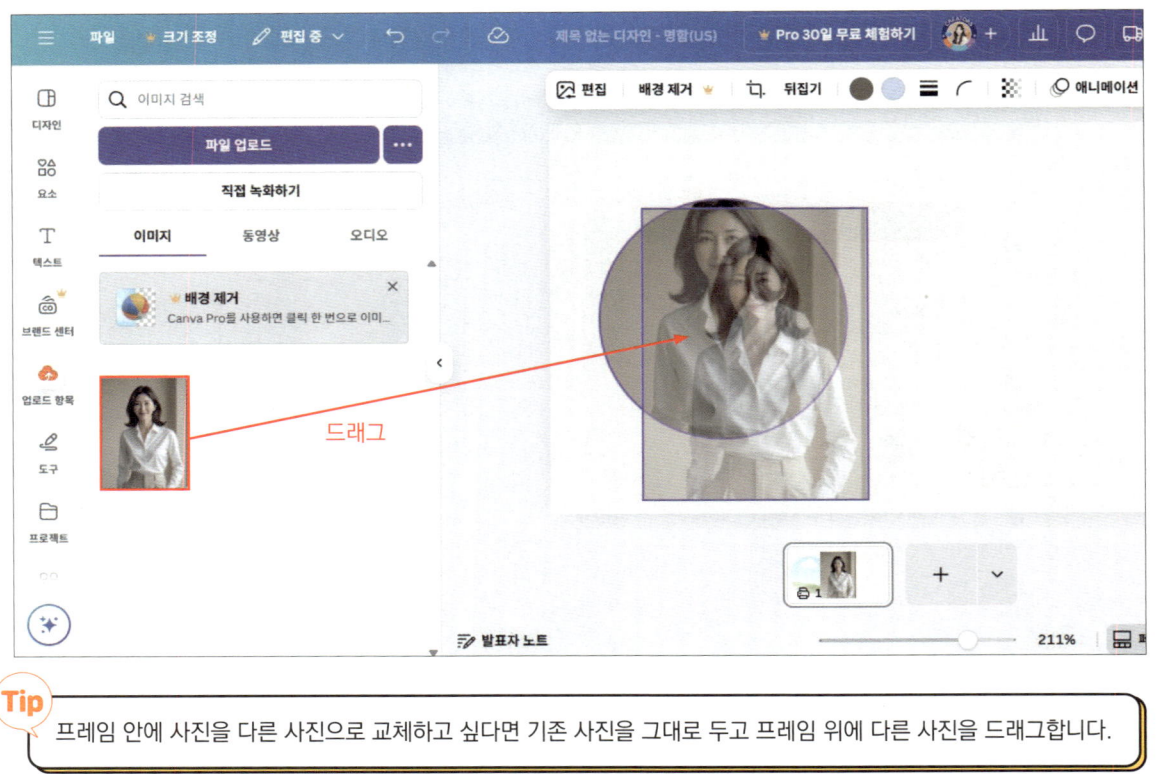

Tip 프레임 안에 사진을 다른 사진으로 교체하고 싶다면 기존 사진을 그대로 두고 프레임 위에 다른 사진을 드래그합니다.

08 프레임 안의 **사진을 더블 클릭**한 다음 사진의 크기와 위치를 조절한 후 화면 **빈 곳을 클릭**하여 사진 편집을 완료합니다.

09 프레임에 테두리를 넣기 위해 편집 메뉴에서 ≡(스트로크 스타일)을 클릭한 다음 '**실선**'을 선택하고 스트로크 굵기를 '**3**'으로 설정합니다.

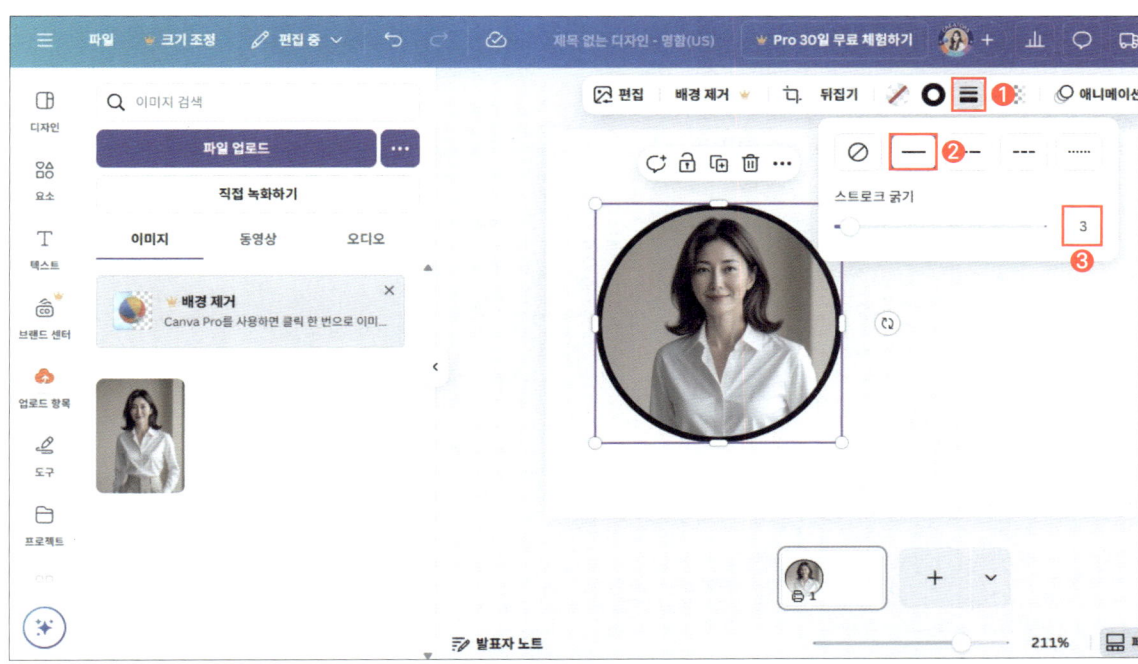

10 편집 메뉴에서 ○(스트로크 색상)을 클릭합니다. 색상 패널에서 ⊕(새로운 색상 추가)를 클릭한 다음 사진과 어울리는 '**주황색(#AB9F8F)**'을 적용합니다.

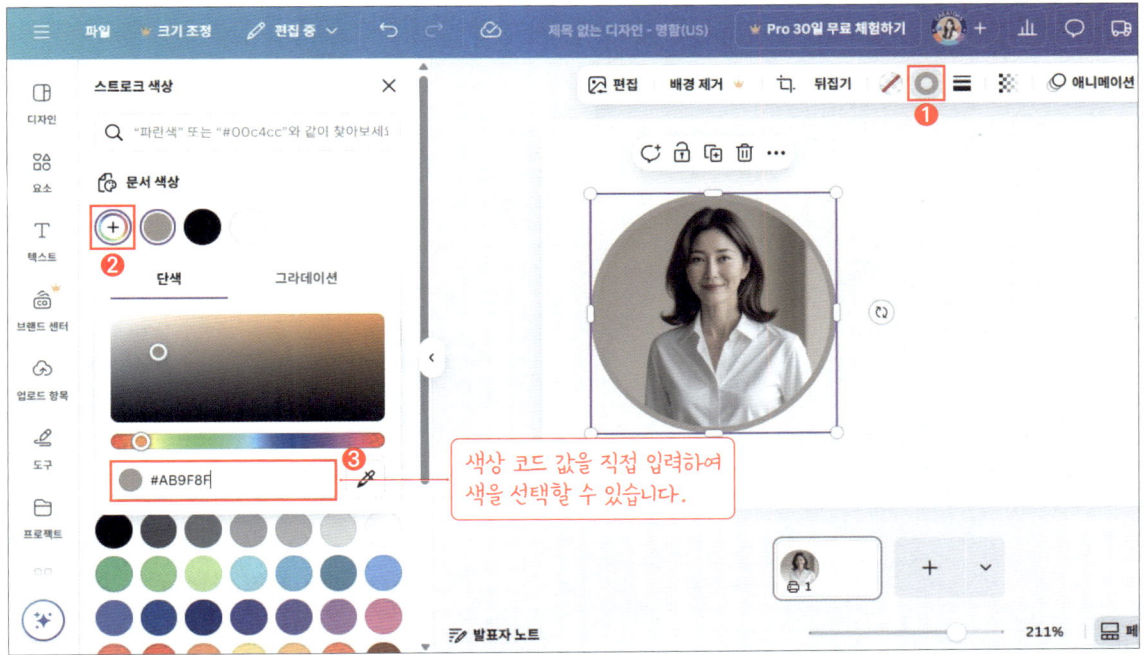

색상 코드 값을 직접 입력하여 색을 선택할 수 있습니다.

▶ 업로드 항목 삭제

업로드된 항목에서 …(더보기)를 클릭하여 [휴지통으로 이동]을 선택합니다.

▶ 사진 색상 선택하기

색상을 고르기 어려울 때는 색상 패널에 있는 사진 색상 기능을 활용해보세요. 사진 색상은 페이지에 삽입된 이미지에서 주요 색상을 자동으로 추출해 보여줍니다. 이 기능을 사용하면 사진과 어울리는 색상을 쉽게 선택할 수 있어, 전체적으로 조화롭고 균형 잡힌 디자인을 완성할 수 있습니다.

▶ **텍스트 삽입하기**

11 T [텍스트]를 클릭하여 [텍스트 상자 추가]를 클릭합니다. **본인의 이름을 입력**하고 텍스트 상자를 드래그하여 사진의 오른쪽에 배치합니다.

12 편집 메뉴에서 [글꼴]을 클릭한 다음 'nanum'을 입력하여 검색합니다. 'Nanum Gothic' 글꼴을 선택한 후 편집 메뉴에서 **B (굵게)**를 선택하고, 글꼴 크기는 '13'으로 설정합니다.

13 글자와 글자 사이의 간격을 조절하기 위해 편집 메뉴에서 (고급 설정)을 클릭하고 글자 간격을 '63'으로 설정합니다.

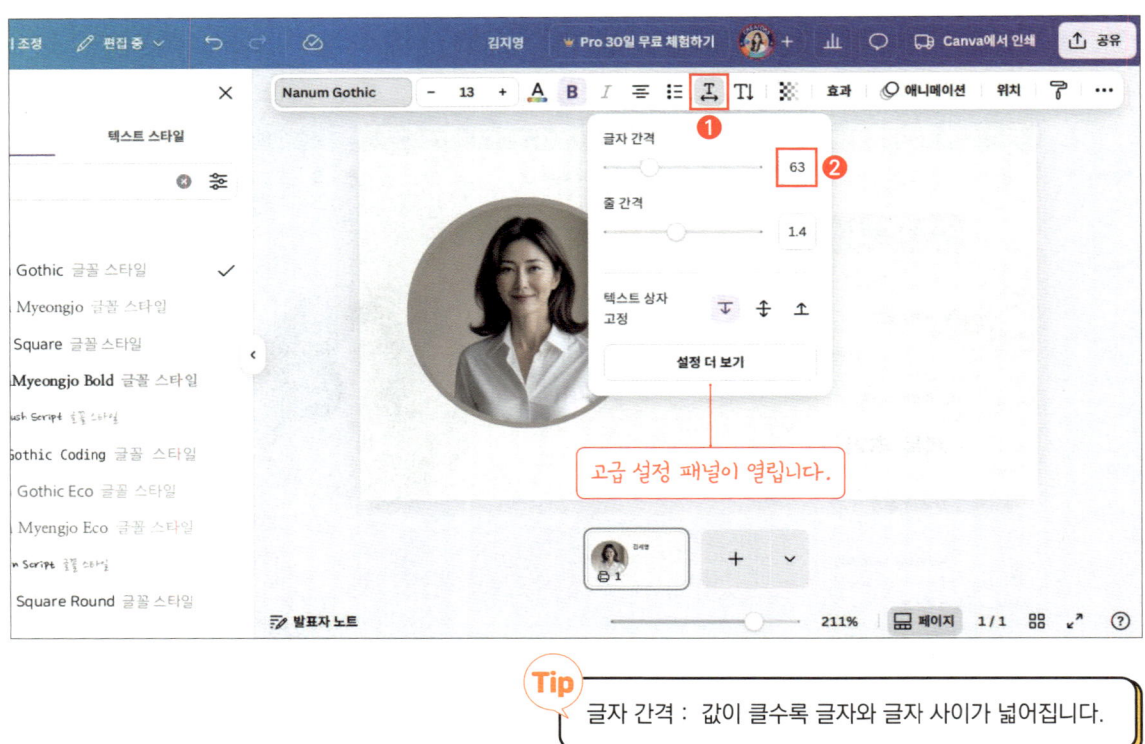

Tip 글자 간격 : 값이 클수록 글자와 글자 사이가 넓어집니다.

14 같은 방법으로 텍스트 상자를 추가하여 직함을 입력하고 글꼴 크기는 '8', **B** (굵게)를 클릭하여 굵게 설정된 것을 해제합니다.

▶ **선과 아이콘 삽입하기**

15 텍스트 상자를 이름 오른쪽에 배치하고 [요소]를 클릭합니다. 요소 패널에 프레임 모두보기 상태이면 ← (뒤로가기)를 클릭합니다.

16 요소 패널의 도형에서 '**실선**'을 클릭하여 실선을 삽입합니다. 편집 메뉴에서 ☰ (**스트로크 스타일**)을 클릭하여 스트로크 굵기를 '1'로 설정합니다.

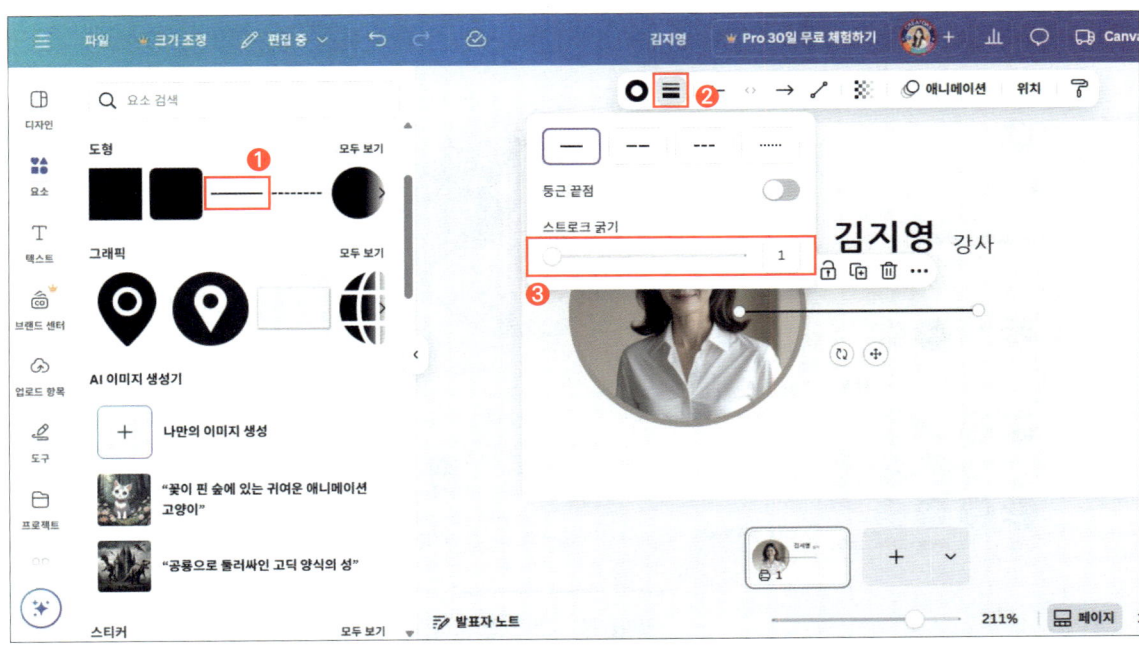

17 ⭕ (스트로크 색상)을 클릭하여 색상 패널에서 사진 색상 중 사진 테두리에 설정한 색상과 동일한 색상을 선택합니다.

18 이름 아래에 선을 배치시키고, Shift 를 누른 상태로 크기 조절 핸들을 드래그하여 길이를 늘립니다.

> **Tip** Shift 를 누르고 선 길이를 조절하면 15도씩 각도가 고정되어 수평이나 수직, 혹은 일정 각도로 맞출 때 유용합니다.

19 [요소]를 클릭하고 '**전화기 아이콘**'을 검색한 다음 [그래픽] 탭에서 **전화기 아이콘** 선택합니다. 페이지에 삽입된 전화기 아이콘의 크기를 줄여 선 아래쪽에 배치합니다.

20 전화기 아이콘을 선택하면 요소 패널에 전화기 아이콘과 유사한 스타일의 아이콘이 자동 추천에 표시됩니다. 자동 추천에서 [**전체 보기**]를 클릭합니다.

Tip 모든 요소에 자동 추천이 표시되는 것은 아니며, 일부 요소에서는 이 기능이 보이지 않을 수 있습니다.

21 이메일, 위치 아이콘을 페이지에 삽입한 후, 크기를 조절하고 다음과 같이 일렬로 나란히 배치합니다.

22 마우스를 드래그하여 세개의 아이콘을 모두 선택한 뒤 …(더보기)를 클릭하여 [고르게 띄우기]-[깔끔하게 정리]를 선택합니다.

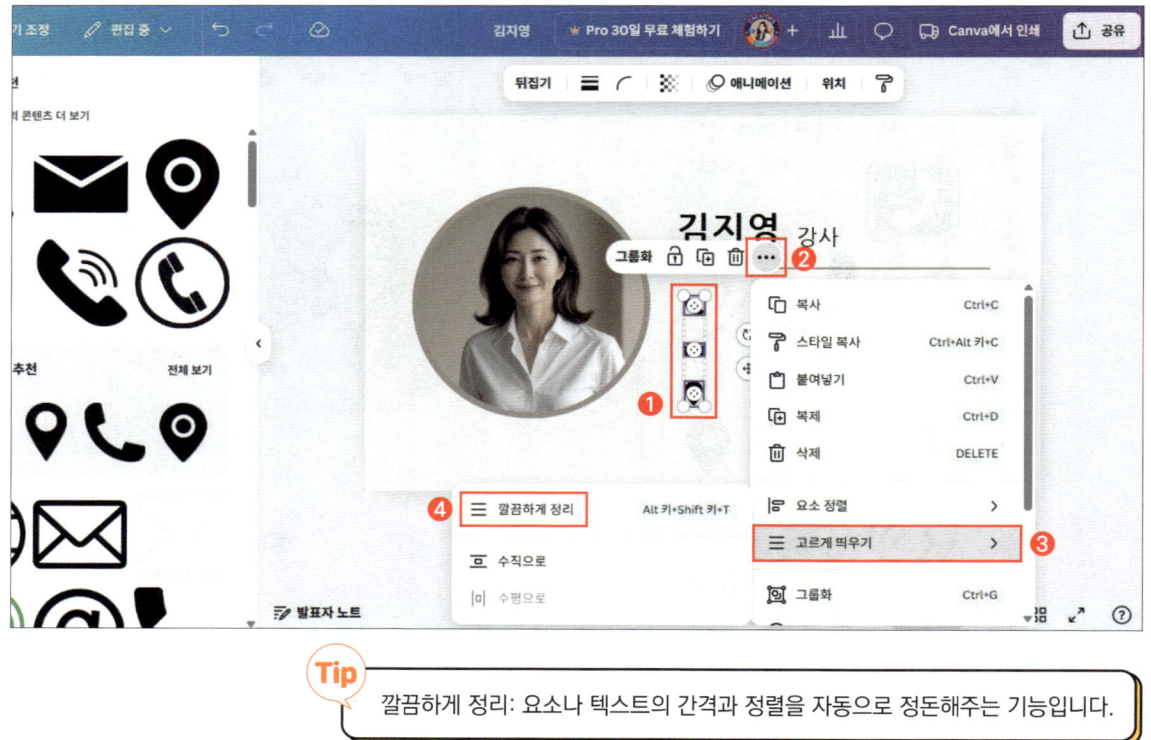

Tip 깔끔하게 정리: 요소나 텍스트의 간격과 정렬을 자동으로 정돈해주는 기능입니다.

▶ **텍스트 상자 복제하기**

23 세부 정보를 넣기 위해 직함을 넣은 **텍스트 상자를 선택**하고 (복제)를 클릭합니다.

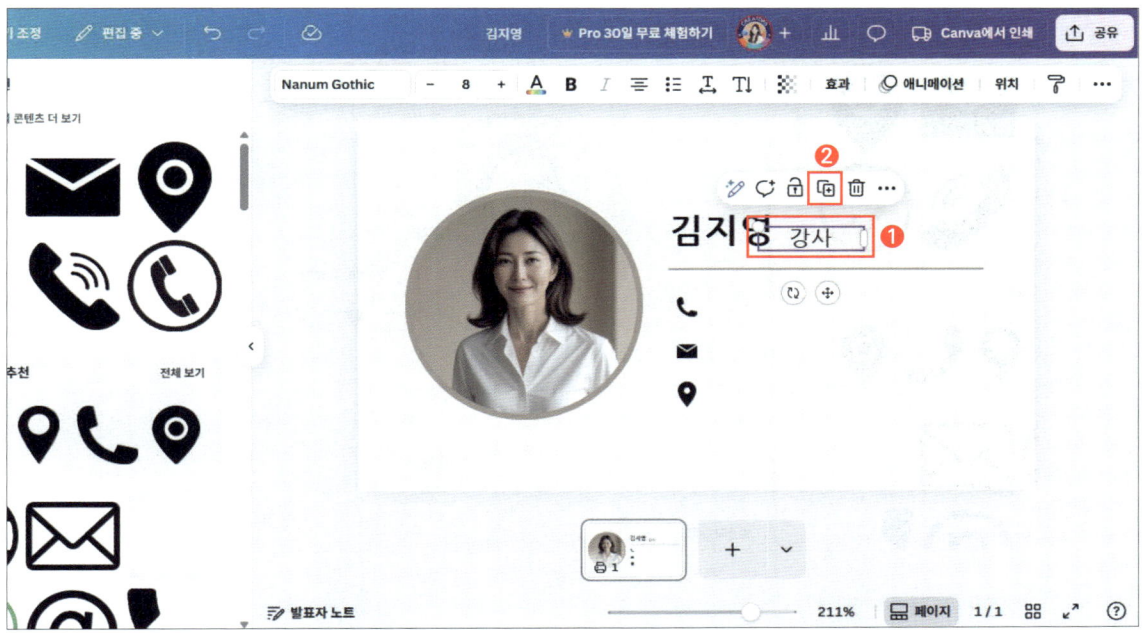

24 다음과 같이 복제한 텍스트를 배치하고 편집 메뉴에서 (정렬)을 클릭하여 텍스트를 왼쪽 정렬로 맞추고, 텍스트 상자의 크기를 가로로 길게 조정합니다.

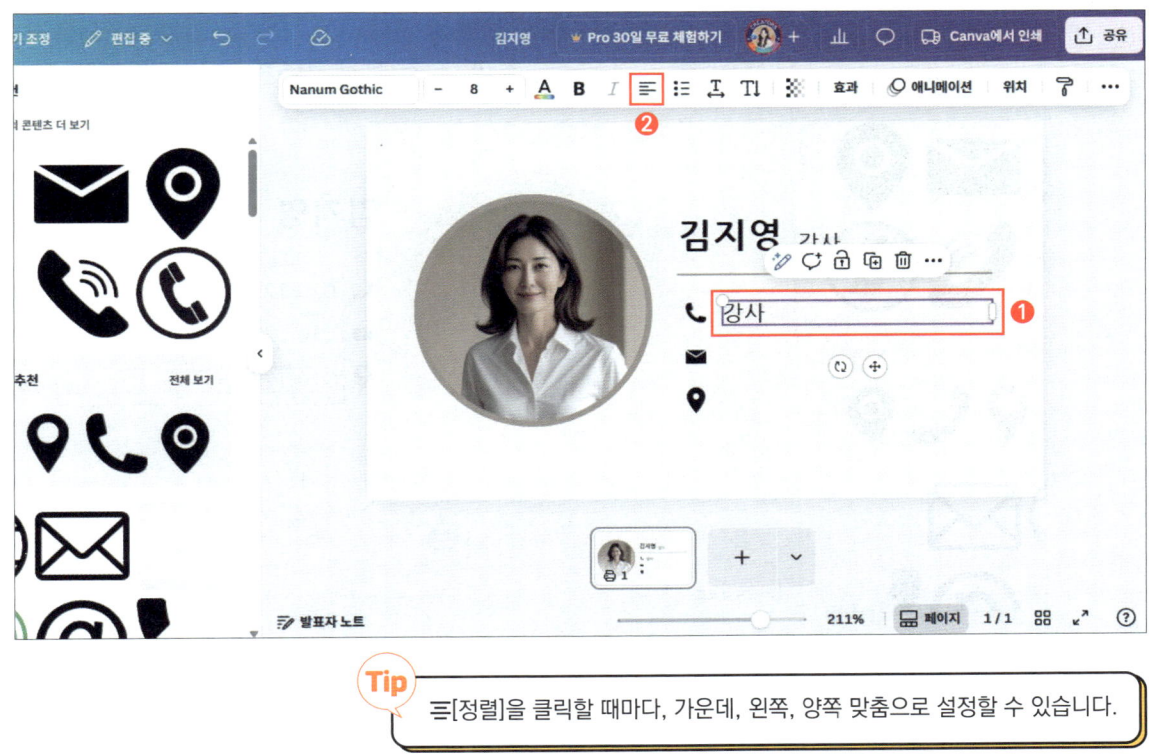

> **Tip** [정렬]을 클릭할 때마다, 가운데, 왼쪽, 양쪽 맞춤으로 설정할 수 있습니다.

25 연락처를 입력하고 편집 메뉴에서 (고급 설정)을 클릭하여 글자 간격을 '0'으로 설정합니다.

26 텍스트 상자를 선택한 뒤 (복제)를 두 번 클릭하여 이메일과 주소를 넣을 텍스트 상자를 복제한 후 다음과 같이 텍스트 상자의 위치를 일렬로 맞춥니다.

> **Tip** 텍스트를 복제할 때 단축키 Ctrl + D 를 사용하면 더 빠르고 쉽게 텍스트를 복제할 수 있습니다.

27 텍스트 상자에 본인의 이메일과 주소를 입력합니다. 안정적이고 정돈된 느낌을 주기 위해 페이지 하단에 선을 추가하겠습니다. 이름 아래 **선을 선택**한 다음 (**복제**)를 클릭합니다.

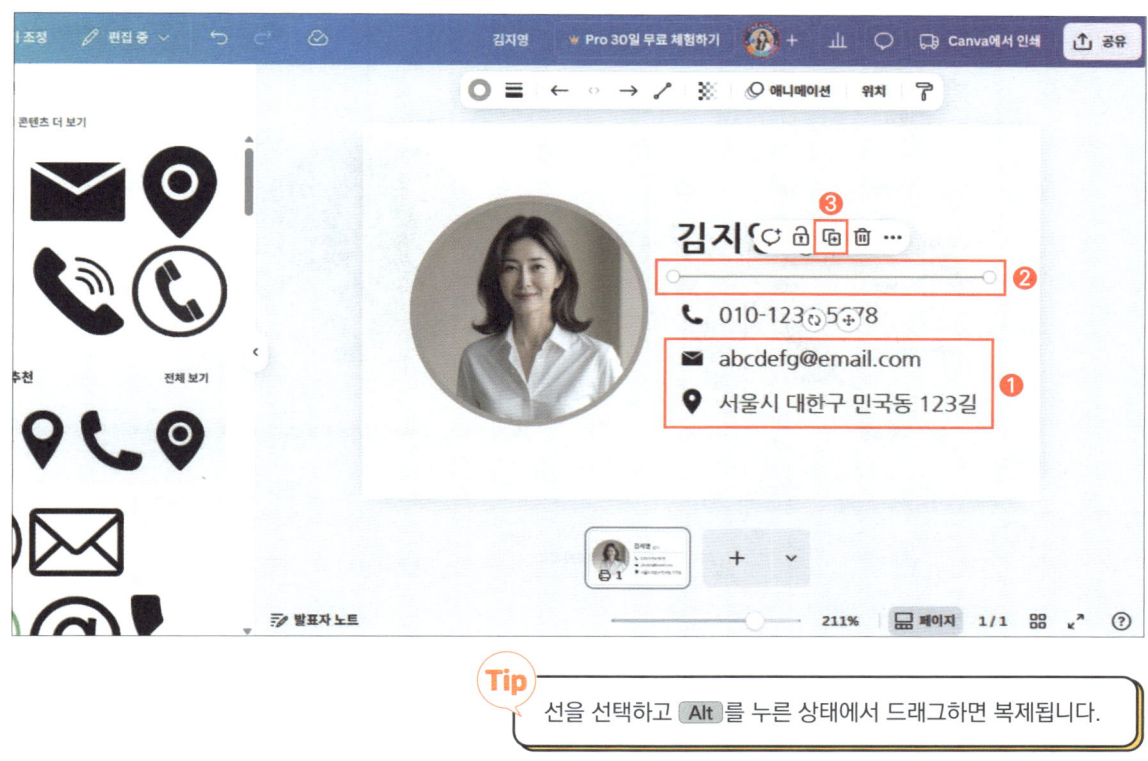

> **Tip** 선을 선택하고 Alt 를 누른 상태에서 드래그하면 복제됩니다.

28 복제된 선을 Shift 를 누른 상태로 길이를 페이지에 맞게 조절하고 다음과 같이 배치합니다. 선 굵기를 '10'으로 설정한 다음, [← **자동 추천**]을 클릭합니다.

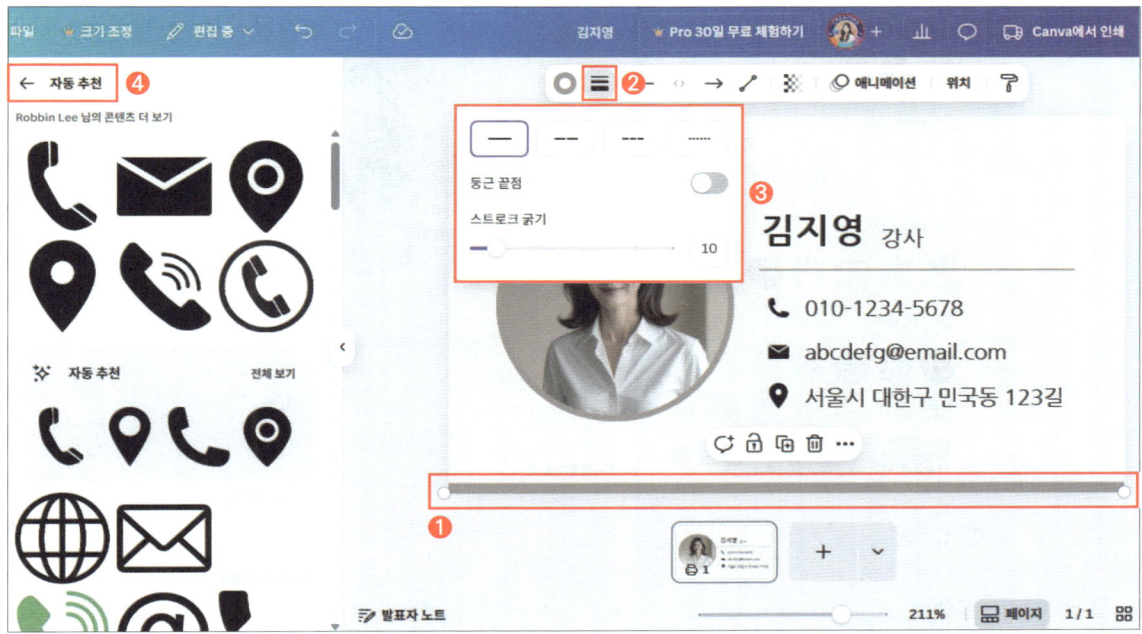

29 부드러운 이미지를 더하기 위해 요소 패널에서 '**나뭇잎 라인**'을 검색한 후 [**그래픽**] **탭**에서 **원하는 요소**를 **선택**합니다.

30 나뭇잎 요소를 왼쪽 상단에 배치하고 ●(색상)을 클릭해 원하는 색을 선택합니다. ⟳ (회전) 핸들을 드래그하여 **각도를 조정한 후** [**복제**]를 클릭합니다.

31 복제한 요소는 오른쪽 하단에 일부가 보이도록 드래그하여 이동시켜 다음과 같이 완성합니다.

▶ QR 코드 삽입하기

32 명함에 QR 코드를 추가하기 위해 ⊞ [앱]을 클릭하여 'QR'을 검색한 뒤 [QR code] 앱을 클릭합니다.

> **Tip** 캔바 앱은 다른 플랫폼과 제휴해 추가된 기능과 서비스를 말합니다. 구글 드라이브, 유튜브 같은 서비스부터 다양한 AI 플랫폼까지 연동되어 캔바에서 바로 사용할 수 있습니다. 앱에 따라 일부는 무료로 사용할 수 있지만, 일부 기능은 유료로 제공되는 경우도 있습니다.

33 앱을 처음 실행시키면 선택한 앱에 대한 정보 패널이 나타납니다. **[열기]**를 클릭합니다.

> **Tip** 앱에 대한 정보 패널은 앱을 처음 실행할 때만 나타납니다.

34 URL 입력란에 연결할 **링크 주소(https://icoxpublish.com)**를 입력하고 **[코드 생성]**을 클릭합니다.

> **Tip** 유튜브, 인스타그램, 페이스북 등의 본인의 SNS 계정이 있다면, 해당 계정의 URL을 입력해 QR코드와 연결 할 수도 있습니다.

35 QR코드가 페이지에 삽입되면 크기를 줄이고 드래그하여 구분선 오른쪽 끝에 배치하여 완성합니다.

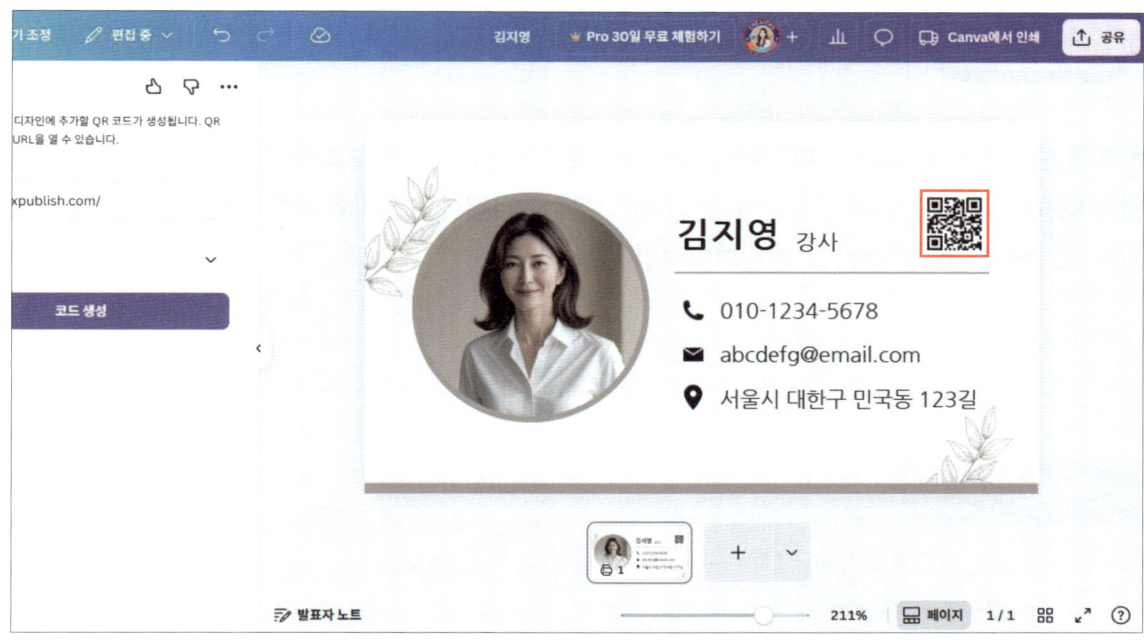

36 디자인이 완성되었다면 오른쪽 상단에 [공유]를 클릭하여 [다운로드]를 클릭합니다. 파일 형식은 'PNG'로 설정하고 [다운로드]를 클릭하여 저장합니다.

Chapter 4 카페 포스터 디자인하기

카페를 홍보할 때 포스터는 눈에 띄는 홍보 수단 중 하나입니다. 메뉴 소개, 신제품 안내, 시즌 이벤트 등 다양한 내용을 담을 수 있어 활용도가 높습니다. 이번 챕터에서는 캔바의 사진을 활용해 카페 분위기에 어울리는 포스터를 만드는 방법을 함께 따라해보겠습니다.

Preview

완성파일 : 카페포스터.jpg

핵심 포인트

- 도형을 활용해 레이아웃을 구성하거나 디자인 포인트를 만듭니다.
- 도형에 스트로크(테두리)를 적용해 선을 만들어 디자인에 활용합니다.
- 텍스트에 굵게, 기울임 등 글꼴 스타일을 적용합니다.

01 홈 화면에서 ➕ [만들기]를 클릭합니다. 디자인 만들기의 검색란에서 '**포스터**'를 검색한 후 [**포스터(세로형 A3)**]을 클릭합니다.

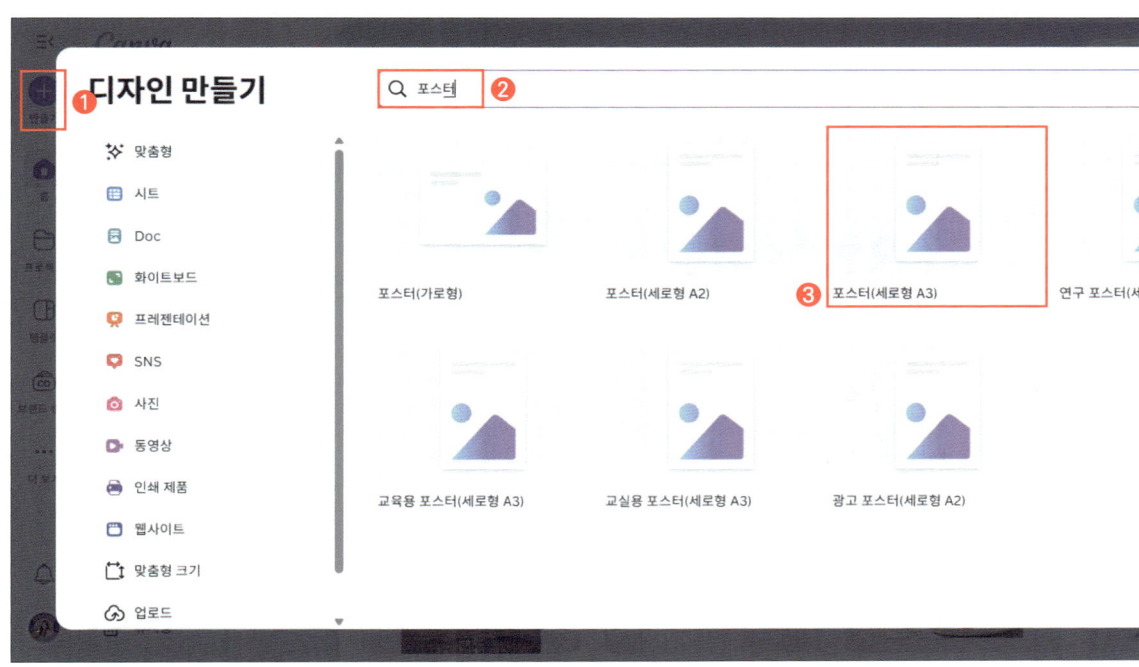

02 디자인에 필요한 사진을 추가하기 위해 [요소]를 클릭하여 '**커피**'를 검색한 뒤 [**사진**] 탭을 클릭합니다.

03 포스터에 맞는 세로 크기의 사진을 찾기 위해 요소 검색란에 ☷ (**필터**)를 클릭한 다음 비율에서 '**세로형**'을 선택합니다. 페이지의 **빈 곳을 클릭**하여 필터 창을 닫습니다.

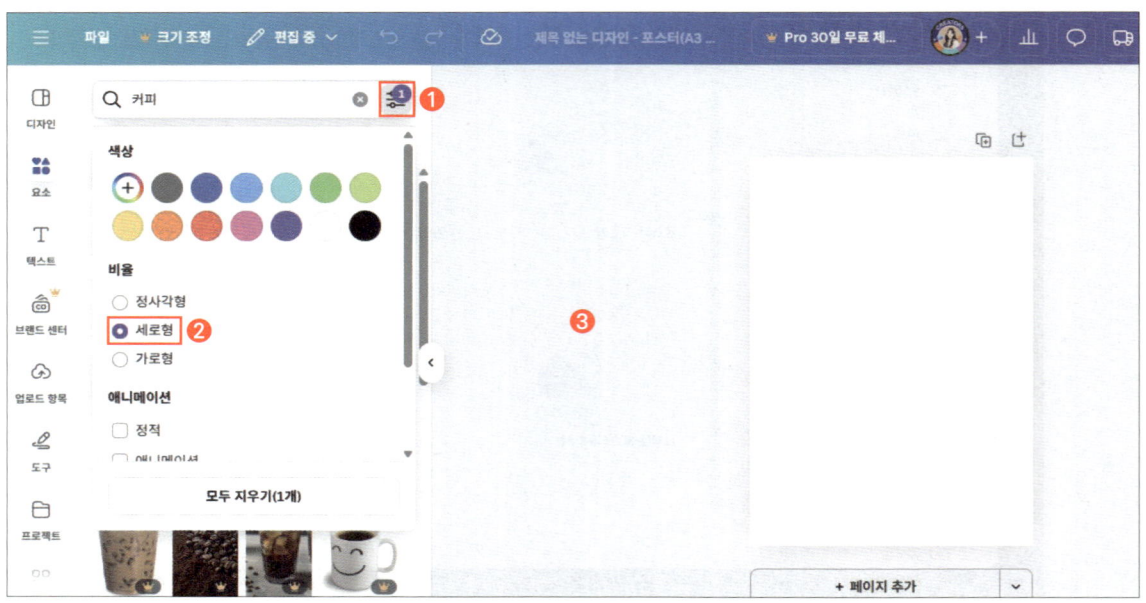

04 사진 비율이 세로형 사진만 표시되면 마음에 드는 **사진을 클릭하여** 페이지에 추가합니다. 페이지에 삽입된 사진을 선택한 다음 … (**더 보기**)를 클릭하여 [**이미지를 배경으로 설정**]을 선택합니다.

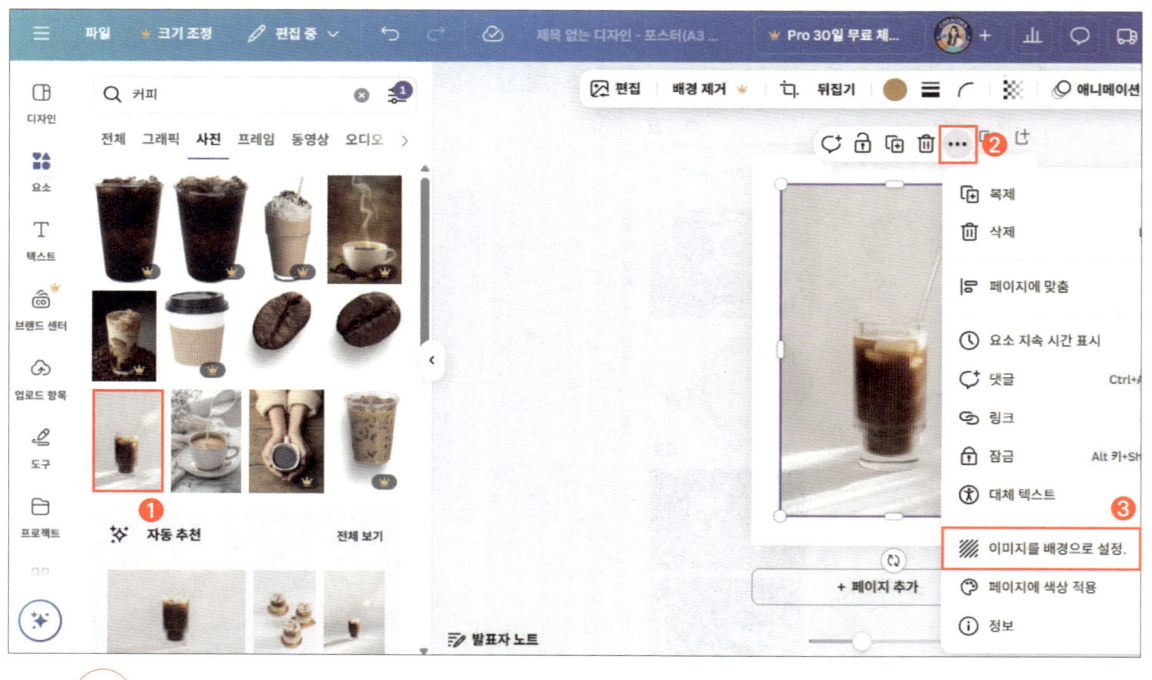

> **Tip** 포스터에 사용할 사진은 텍스트가 잘 보일 수 있도록 배경이 넓고 심플한 이미지를 선택하는 것이 좋습니다.

▶ 도형 삽입하기

05 아치 모양 도형을 삽입하기 위해 요소 검색란에 ⊗ (지우기)를 클릭한 다음 도형의 [모두 보기]를 클릭합니다.

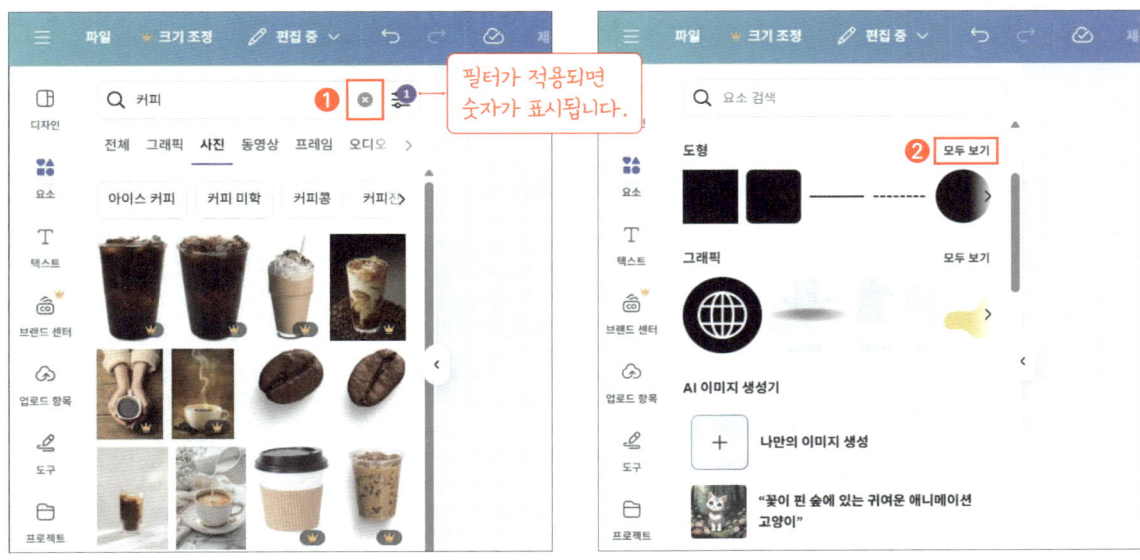

06 다음과 같이 아치 모양 도형을 페이지에 추가합니다. 도형의 모서리 핸들을 드래그하여 크기를 늘린 후, 하단 변에 있는 핸들을 아래로 드래그해 페이지 밖까지 길이를 조절합니다.

Tip 아치 모양 도형은 모서리 핸들을 드래그하면 비율을 유지한 채 크기 조절이 가능하고, 면의 긴 핸들을 움직이면 길이나 너비만 조절할 수도 있습니다.

07 편집 메뉴에서 ≡ (스트로크 스타일)을 클릭하여 '**실선**'을 선택하고, 굵기를 '**3**'으로 설정합니다.

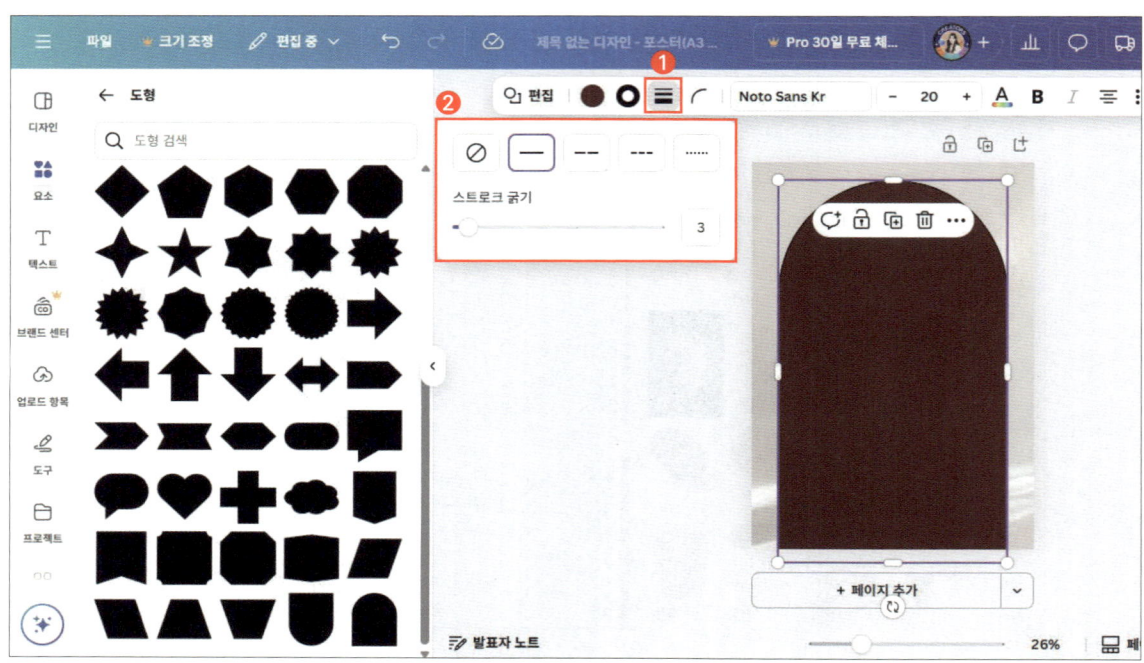

08 ● (색상)을 클릭한 다음 ⊘ (**색상 없음**)를 선택해 아치 도형의 면 색을 투명하게 만듭니다.

09 ○(스트로크 색상)을 클릭하고 색상 패널에서 '**흰색(#FFFFFF)**'을 선택하여 테두리 색을 설정하고, **화면 크기를 40%로 확대**합니다.

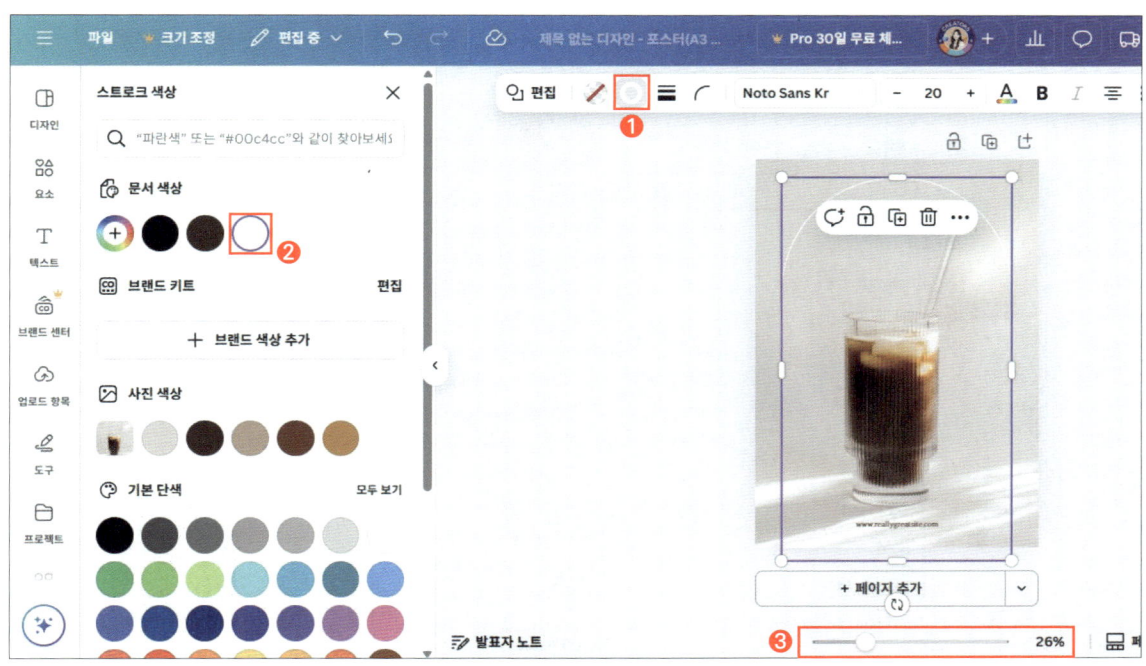

10 T[텍스트]-[텍스트 상자 추가]를 클릭한 후 'Ice Americano'를 입력합니다. 편집 메뉴에서 글꼴 크기는 '**32**'로 설정로 설정하고 페이지 상단에 배치합니다.

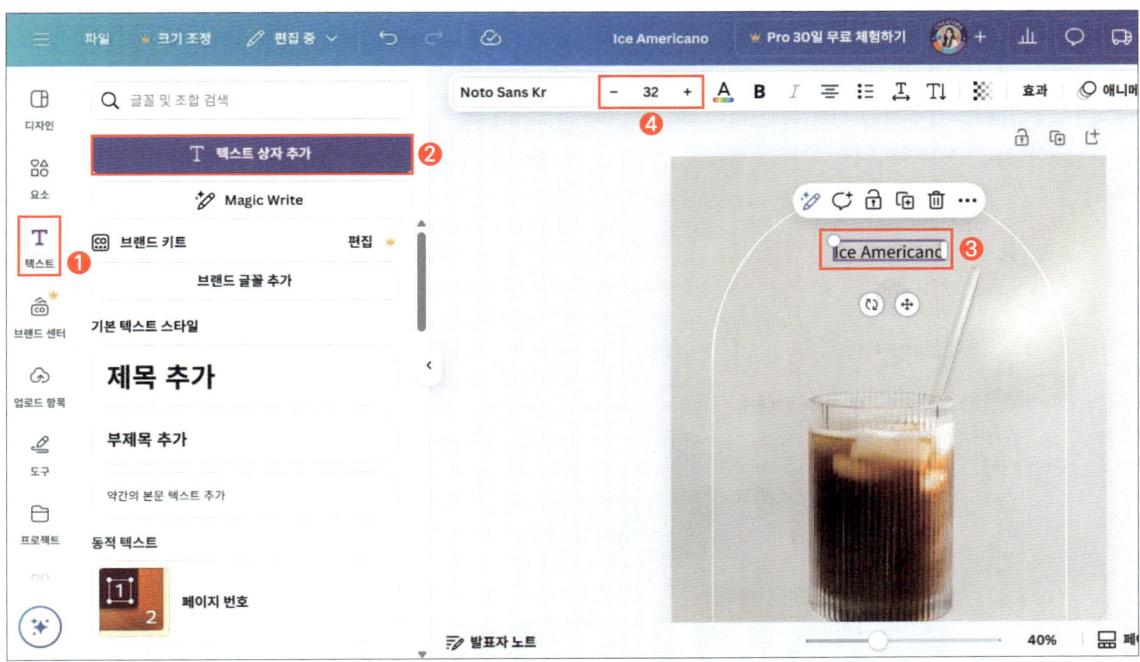

11 편집 메뉴에서 글꼴을 클릭해 검색란에 'Arita Buri'를 검색한 후 >를 클릭하여 글꼴 옵션을 펼친 다음 'Light'를 선택합니다.

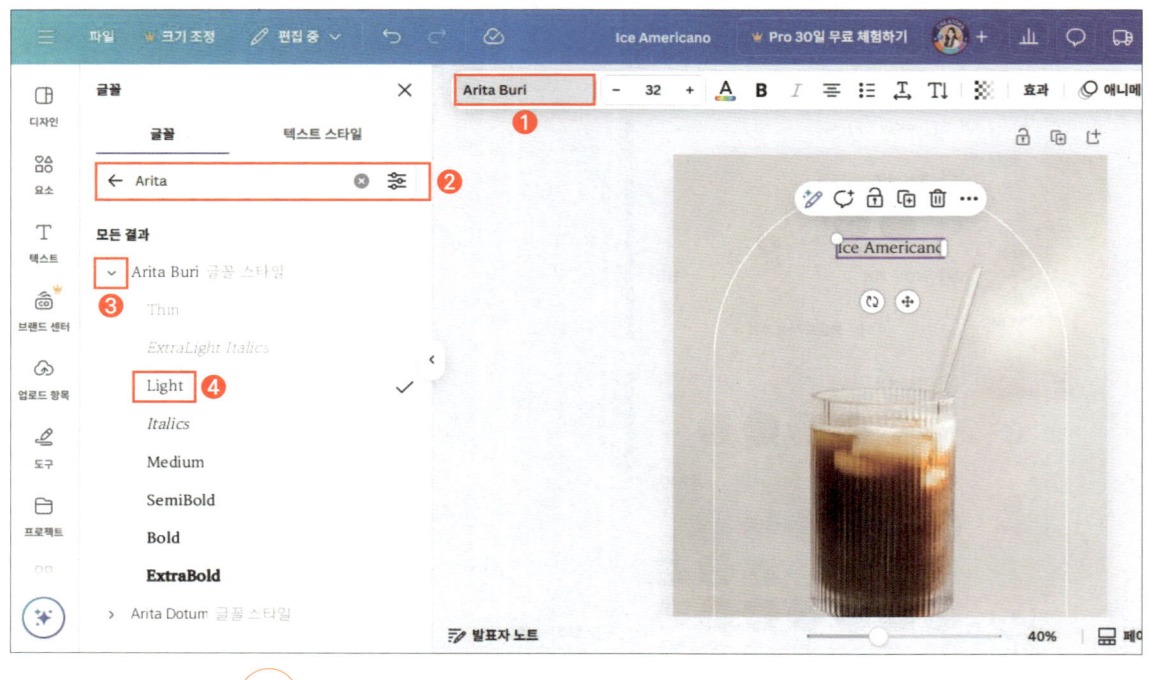

> **Tip** [텍스트 스타일] 탭에서는 브랜드 키트에 글꼴을 추가(캔바Pro만 가능)하거나 글꼴 크기를 제목, 부제목 등 본문에 맞게 적용할 수 있습니다.

12 A (텍스트 색상)을 클릭해 색상 패널의 사진 색상에서 **'저체도 주황색(#C3A58B)'**를 선택합니다.

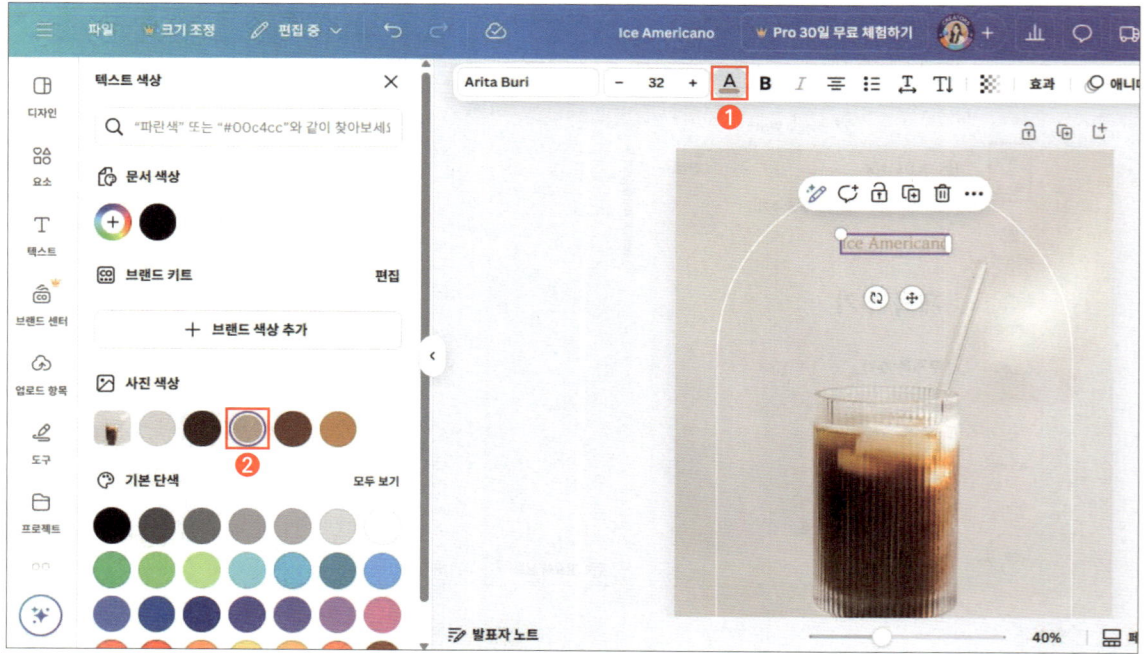

74 | 처음이라도 괜찮아! 따라만 해도 완성되는 캔바 디자인

13 같은 방법으로 **텍스트 상자를 삽입**하여 '아이스 아메리카노'를 입력합니다. 글꼴 크기를 '49'로 설정하고 페이지의 상단에 배치합니다.

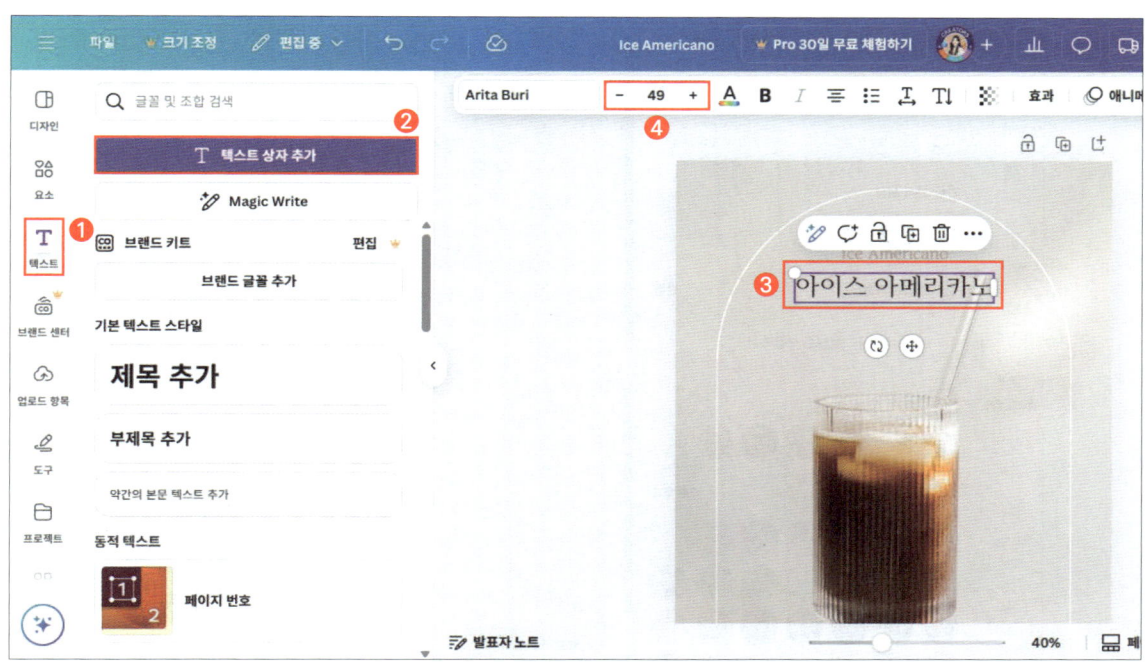

14 편집 메뉴에서 글꼴을 클릭합니다. 글꼴 패널에서 Arita Buri 글꼴의 >를 클릭한 후 'Medium'을 선택합니다.

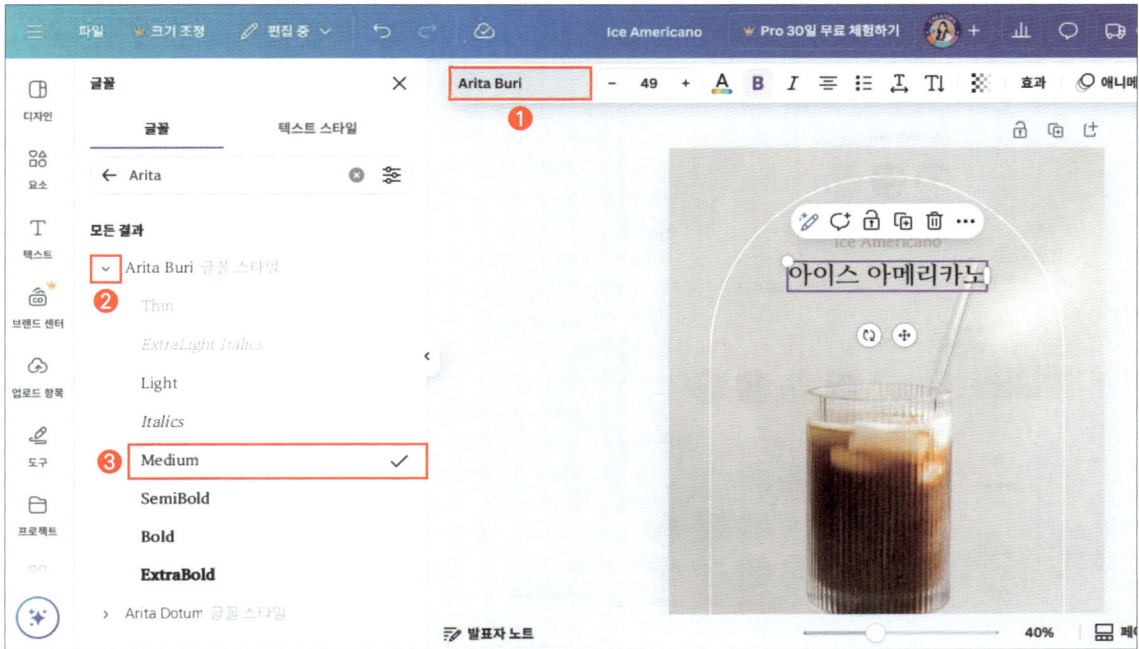

15 (텍스트 색상)을 클릭한 다음 사진 색상에서 '**어두운 갈색(#512C1B)**'을 선택합니다. (복제)를 클릭하여 텍스트 상자를 복제합니다.

16 복제된 텍스트의 내용을 '**1,500원**'으로 변경한 후 글꼴 크기는 '**85**', **B** (**굵게**), *I* (**기울임꼴**)을 적용합니다.

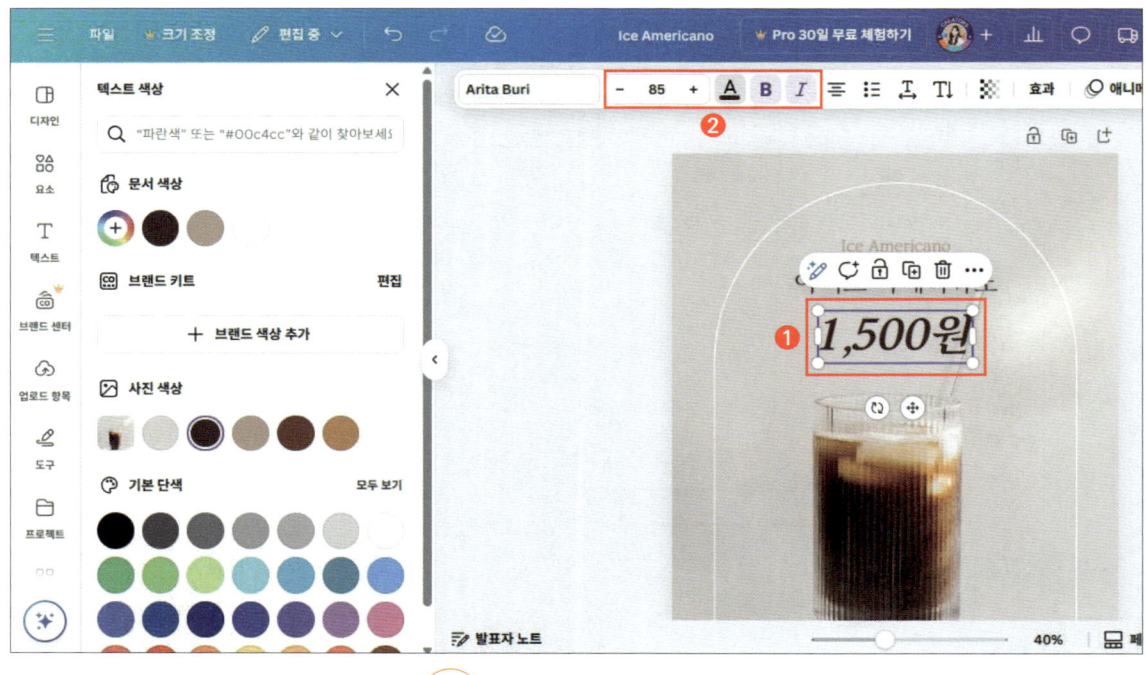

> **Tip** 선택한 글꼴에 따라 *I* (기울임꼴)이 활성화 되지 않을 수도 있습니다.

17 다음과 같이 별모양 도형과 텍스트를 삽입합니다. 텍스트와 별모양 도형을 모두 선택한 다음 ⟳ **(회전)** 핸들을 드래그하여 동시에 회전시킵니다.

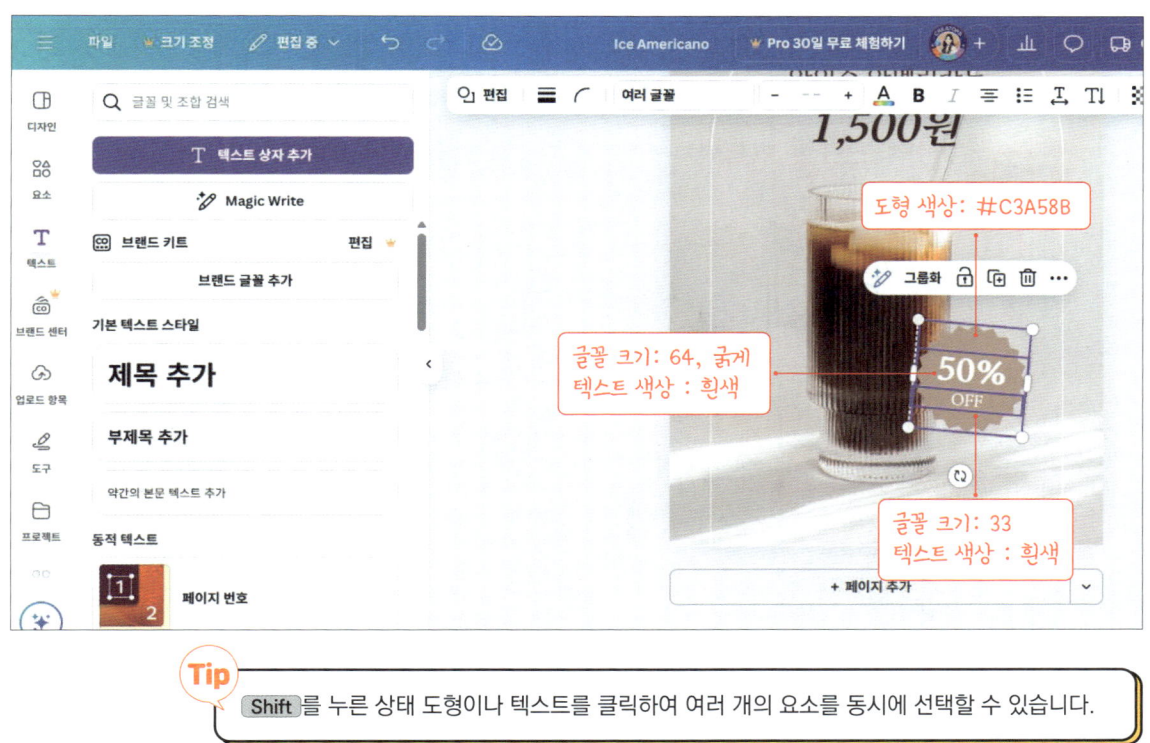

> **Tip** `Shift`를 누른 상태 도형이나 텍스트를 클릭하여 여러 개의 요소를 동시에 선택할 수 있습니다.

18 텍스트 상자를 페이지 하단에 배치하고 'www.reallygreatsite.com'을 입력합니다. 글꼴 크기는 '22', 글꼴 색은 '어두운 갈색(#512C1B)'을 선택합니다.

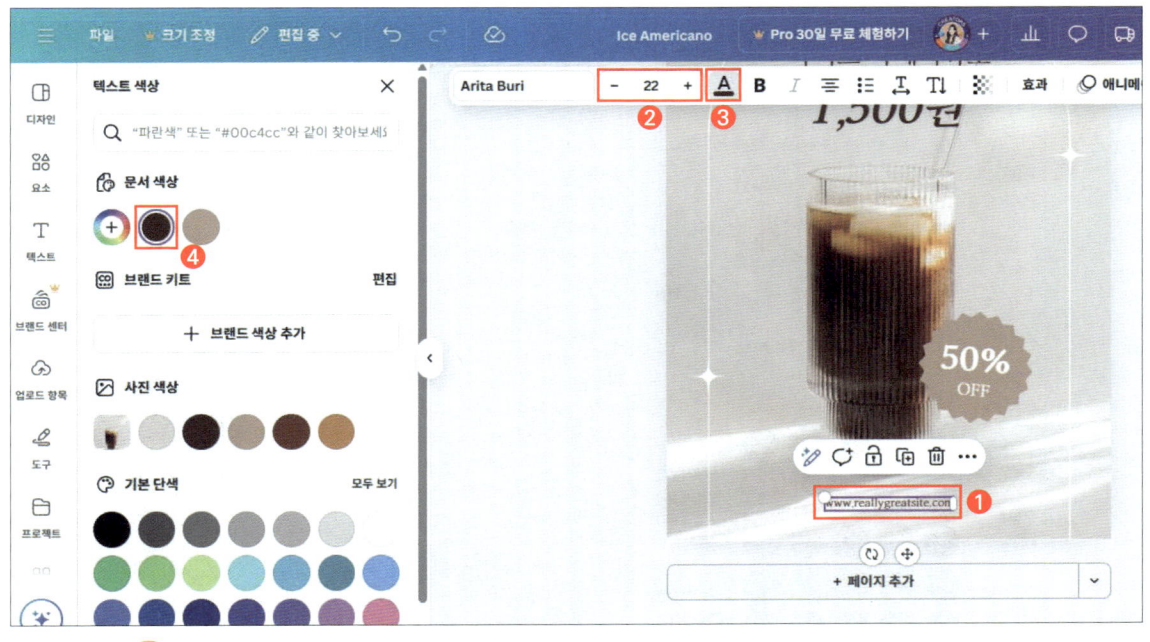

> **Tip** 여기에 입력한 사이트 주소는 예시입니다. 자신 운영하는 사업장의 홈페이지주소로 변경해 입력하세요.

19 [요소]를 클릭하여 **'별'**을 검색한 후 [그래픽] 탭에서 끝이 뾰족한 별 이미지를 클릭해 페이지에 추가합니다.

20 별 이미지의 크기를 줄인 후 흰색 선에 맞게 위치를 조정합니다. 편집 메뉴에서 ●(색상)을 클릭하여 **'하얀색(#FFFFFF)'**을 선택한 뒤 복제합니다.

21 복제된 별 이미지를 드래그해 맞은편 라인 상단에 다음과 같이 배치하여 완성합니다.

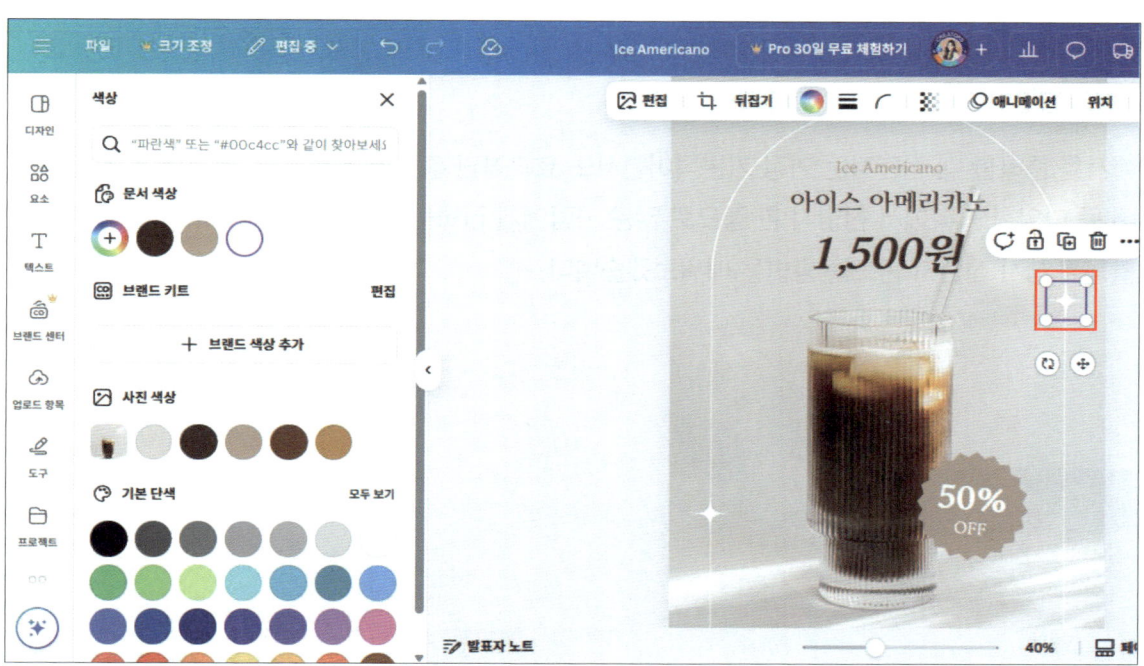

▶ Canva에서 인쇄

포스터, 전단지 등 인쇄 주문이 가능한 디자인 유형에서는 [Canva에서 인쇄]가 활성화됩니다. 이 버튼을 클릭하면 크기, 용지 유형, 인쇄 마감, 수량 등을 설정해서 바로 인쇄 주문이 가능하며 캔바에서 만든 디자인을 그대로 인쇄물로 받아볼 수 있어서 편리합니다.

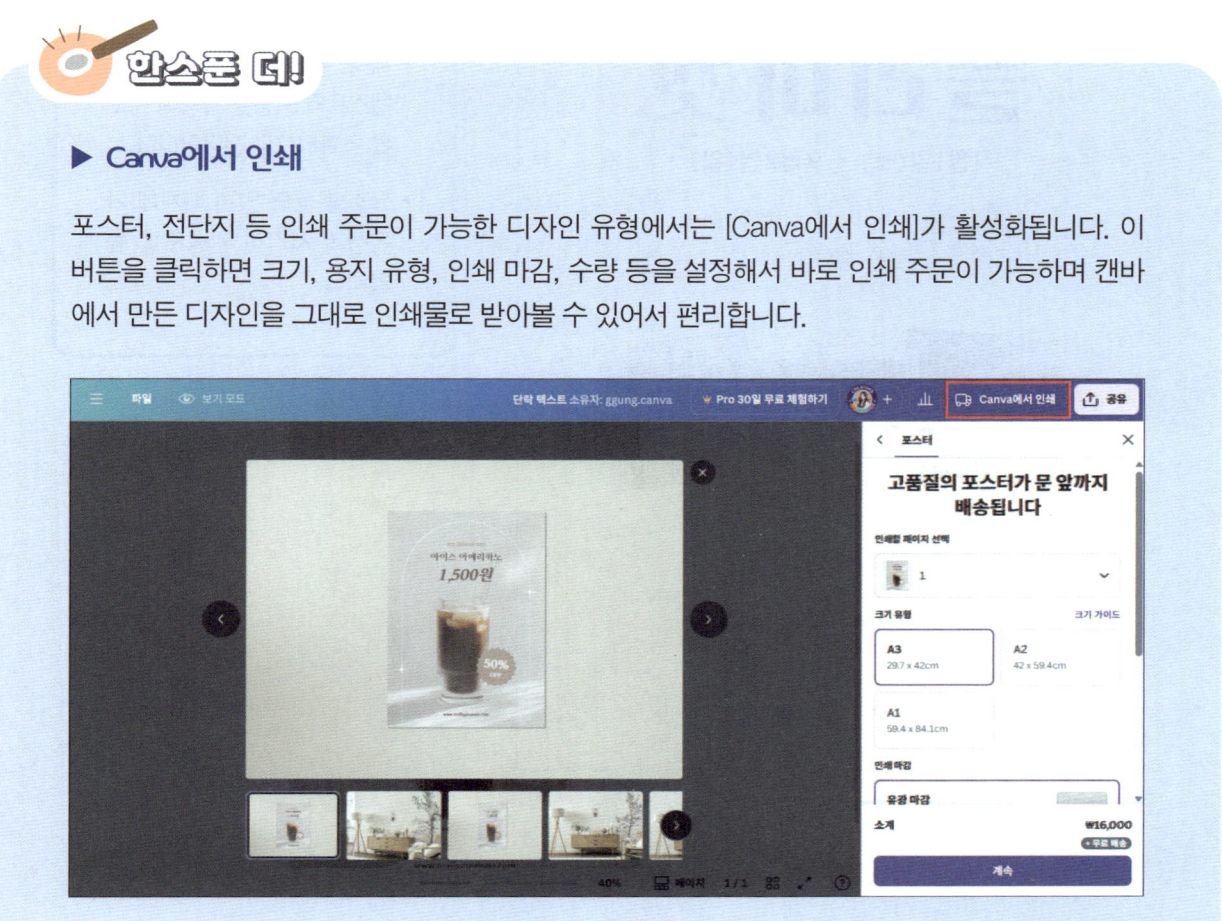

Chapter 5
행사 전단지 디자인하기

행사를 준비할 때 전단지는 가장 기본적이면서도 효과적인 홍보 방법입니다. 바자회나 작은 행사, 모임 안내 등 다양한 상황에서 전단지 한 장으로 많은 사람에게 정보를 알릴 수 있습니다. 이번 챕터에서는 캔바를 활용해 행사 전단지 만드는 방법을 배워보겠습니다.

Preview

핵심 포인트

- 레이어 개념을 파악하고 순서를 조정합니다.
- 제목, 부제목, 안내 문구 등 텍스트와 도형을 활용해 정보를 효과적으로 전달합니다.
- 요소를 균형 있게 배치해 가독성과 시각적 완성도를 높입니다.

완성파일 : 행사전단지.jpg

01 홈 화면에서 ➕ [만들기]를 클릭합니다. [디자인 만들기]에서 검색란에 '**전단지**'를 검색한 후 [**전단지(세로형)**]을 클릭합니다.

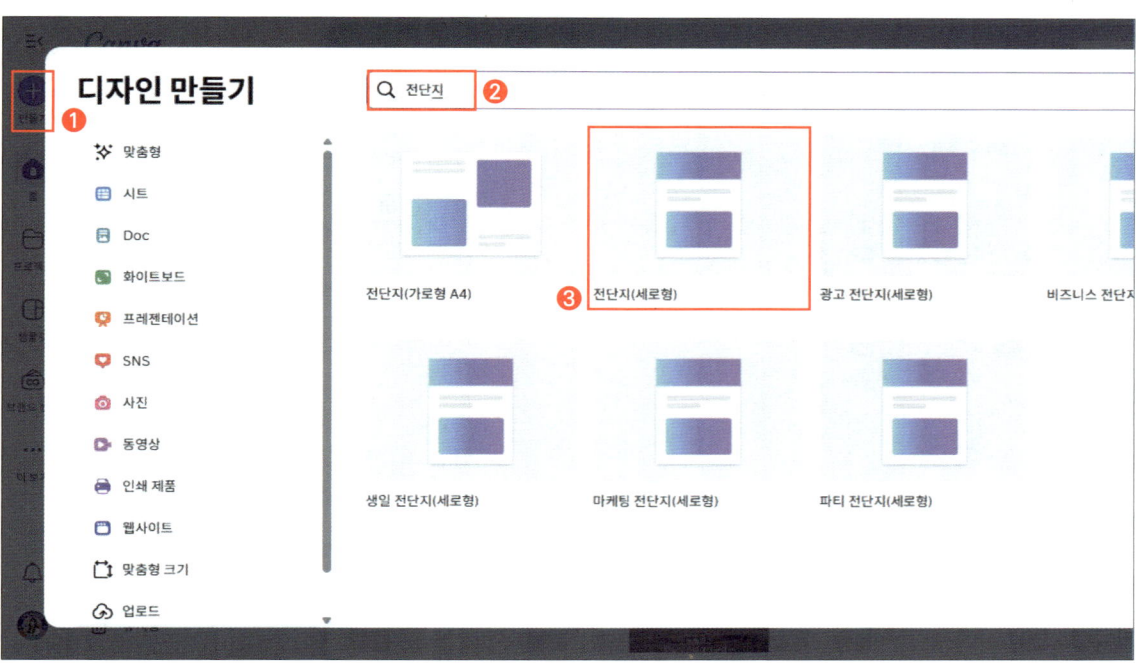

02 ✦ [요소]를 클릭한 후 '**수채화 배경**'을 검색합니다. [사진] 탭에서 원하는 배경 이미지를 클릭합니다.

03 페이지에 삽입된 수채화 배경 이미지에서 **마우스 오른쪽 버튼**을 클릭한 다음 [**이미지를 배경으로 설정**]을 클릭합니다.

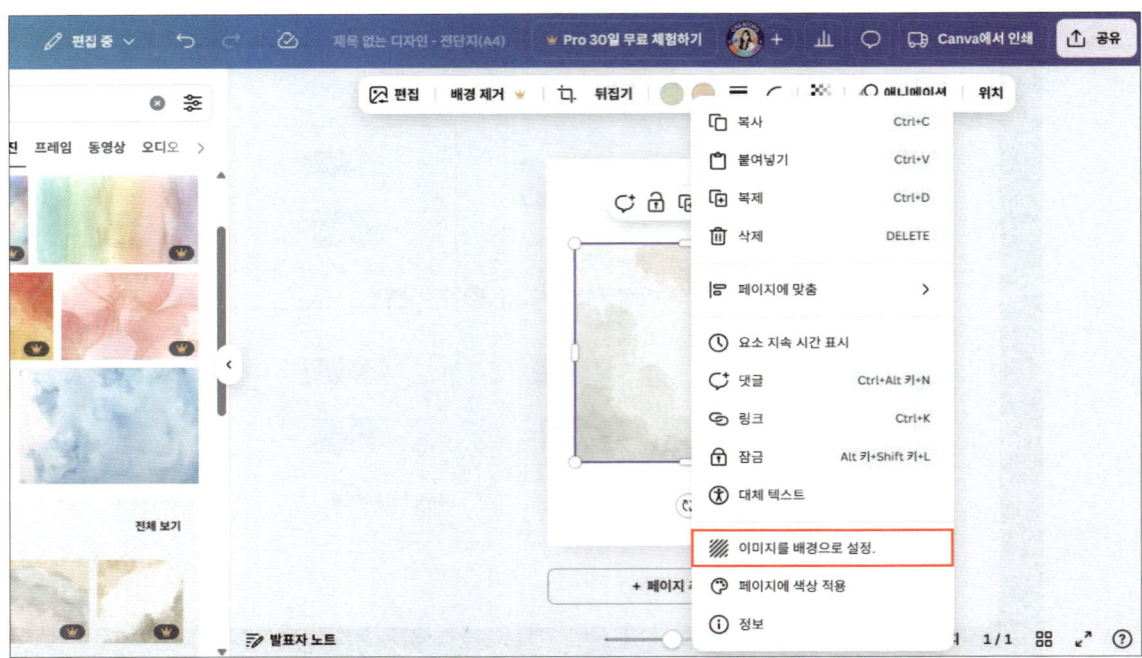

04 배경 이미지의 투명도를 설정하기 위해 배경 이미지를 선택하고 편집 메뉴에서 ▨ (**투명도**) 클릭하여 '70'으로 조정합니다.

05 텍스트 상자를 추가하여 다음과 같이 **제목과 부제목**을 입력하고, 텍스트 서식을 설정합니다.

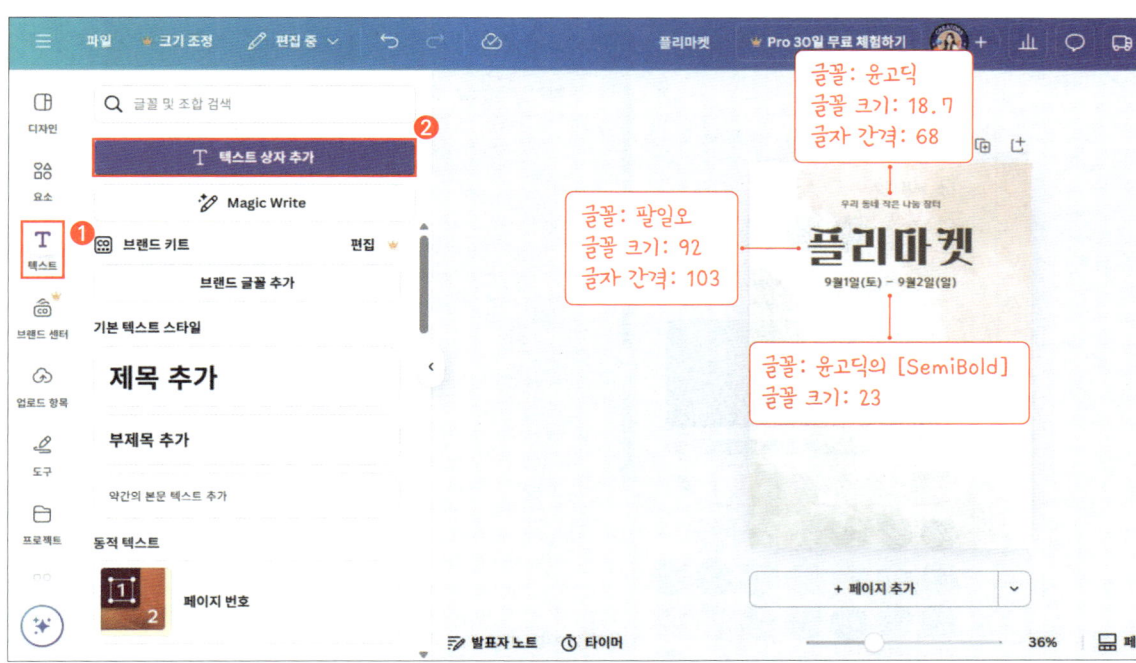

06 부제목을 선택한 다음 편집 메뉴에서 [효과]를 클릭합니다. 효과 패널에서 도형의 [곡선]을 클릭하고 곡선 값을 '19'로 설정하여 볼록한 모양을 만듭니다.

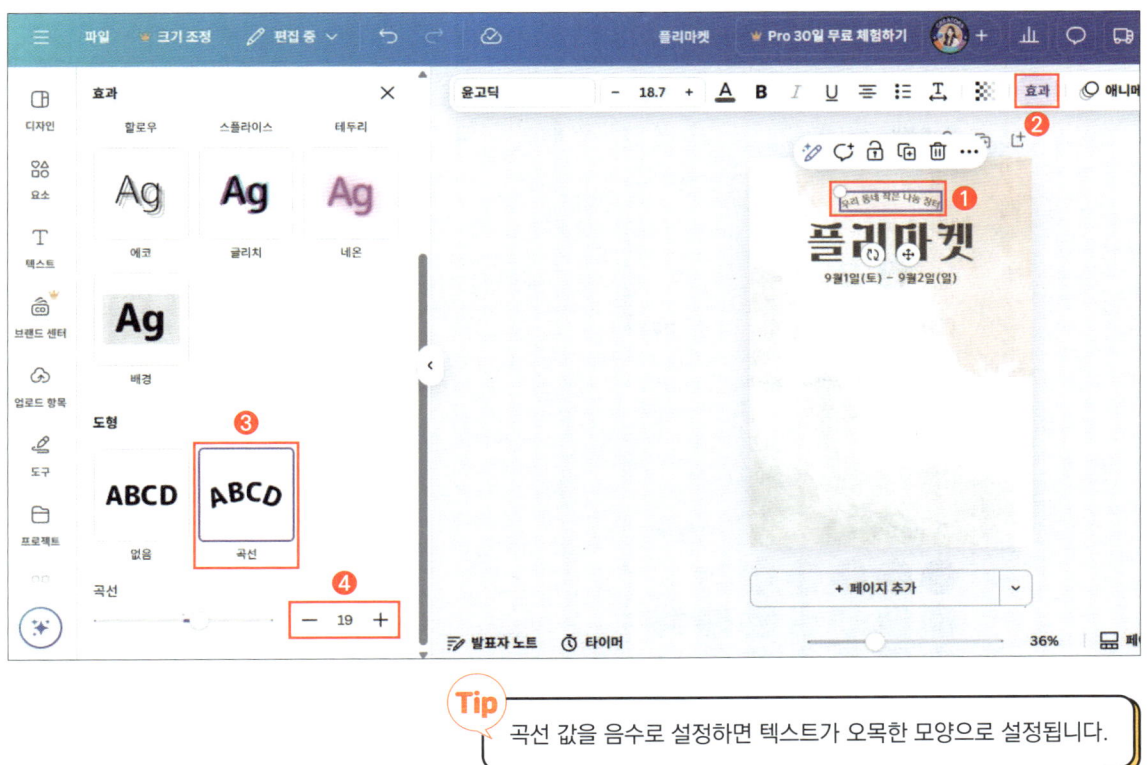

> **Tip** 곡선 값을 음수로 설정하면 텍스트가 오목한 모양으로 설정됩니다.

07 [요소]를 클릭하여 둥근 사각형 도형을 삽입합니다. 편집 메뉴에서 ●(색상)을 클릭하여 '#CDD0CA'를 입력해 색상을 변경합니다.

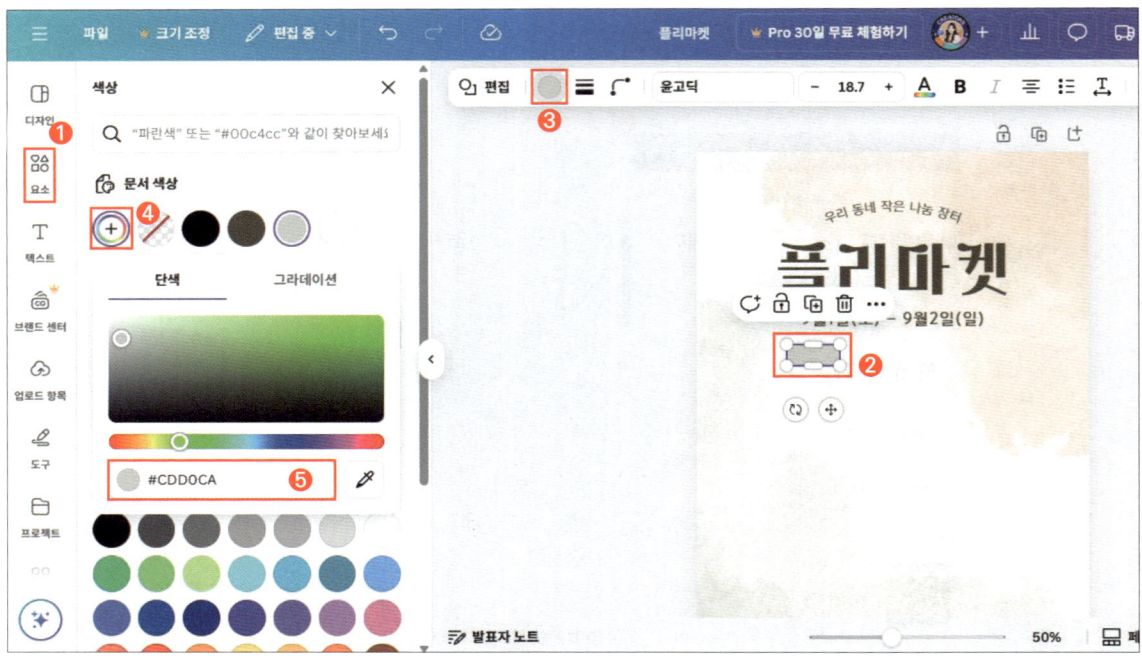

08 도형을 더블클릭하여 '**시간**'을 입력하고 편집 메뉴에서 글꼴 크기는 '16', 텍스트 색상은 제목과 같은 색상으로 설정합니다.

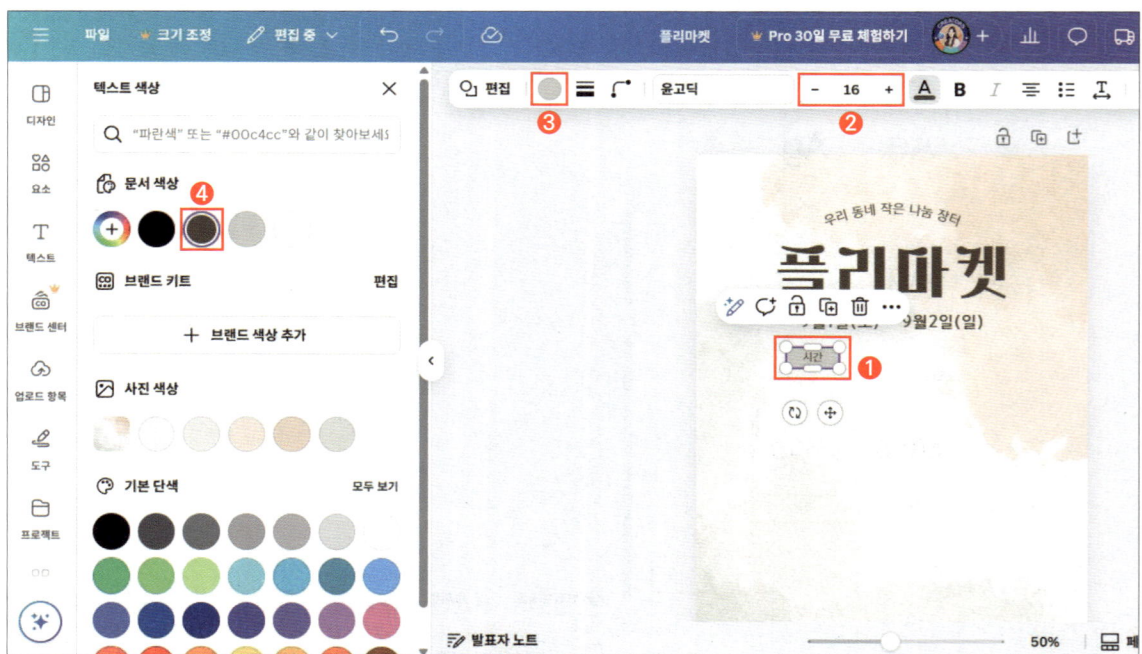

09 같은 방법으로 도형과 텍스트 상자를 추가하여 다음과 같이 내용을 입력하고 글꼴 크기는 '**20.5**', 정렬은 '**왼쪽 정렬**'로 설정합니다.

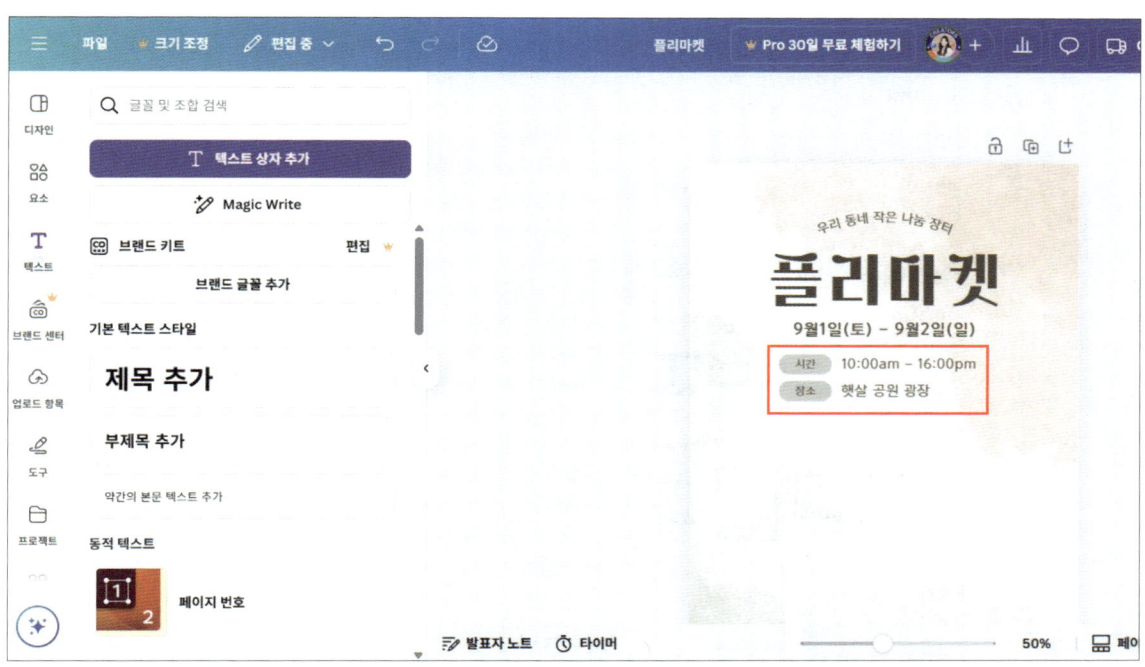

10 이번에는 사진을 넣을 수 있도록 프레임을 추가하겠습니다. [**요소**]를 클릭하고 프레임에서 [**모두 보기**]를 클릭합니다.

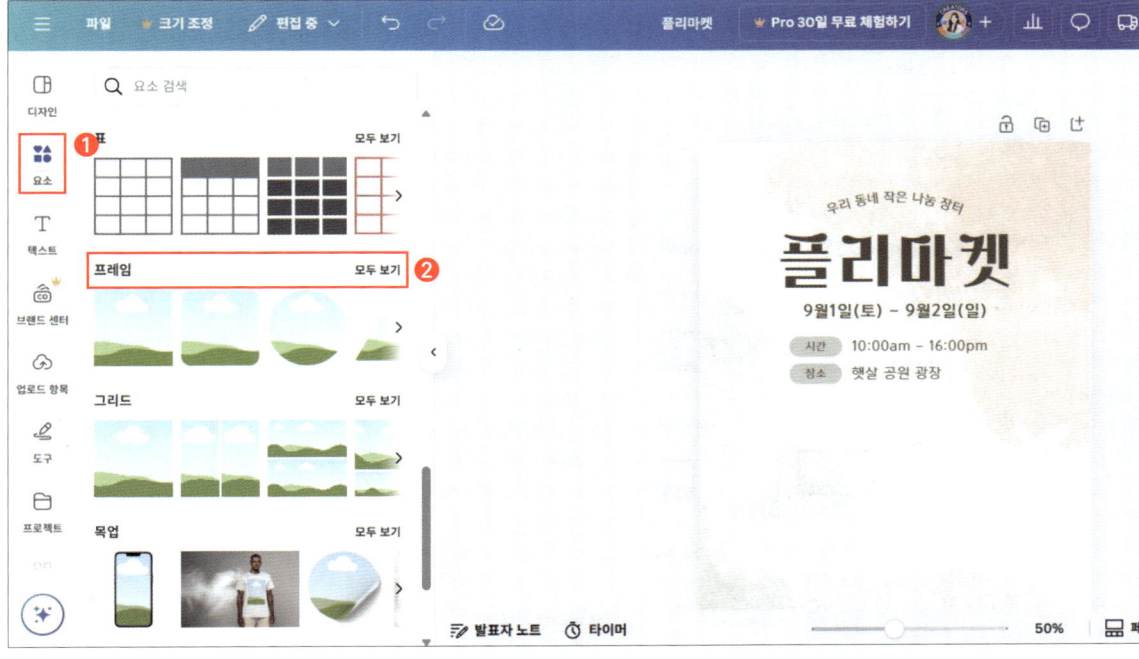

11 [영화 및 사진]에서 폴라로이드 모양의 프레임을 선택합니다. 크기를 적당히 조절하고 회전 핸들을 움직여 각도를 기울입니다.

12 플라로이드 프레임을 두 개 더 추가하여 위치와 각도를 서로 다르게 배치한 다음 가운데 프레임을 선택합니다.

13 편집 메뉴에서 [위치]를 클릭합니다. 위치 패널의 [레이어] 탭에서 이동 막대를 아래로 이동한 후 선택 되어있는 **프레임**을 한 **단계 위로 드래그**하여 순서를 변경합니다.

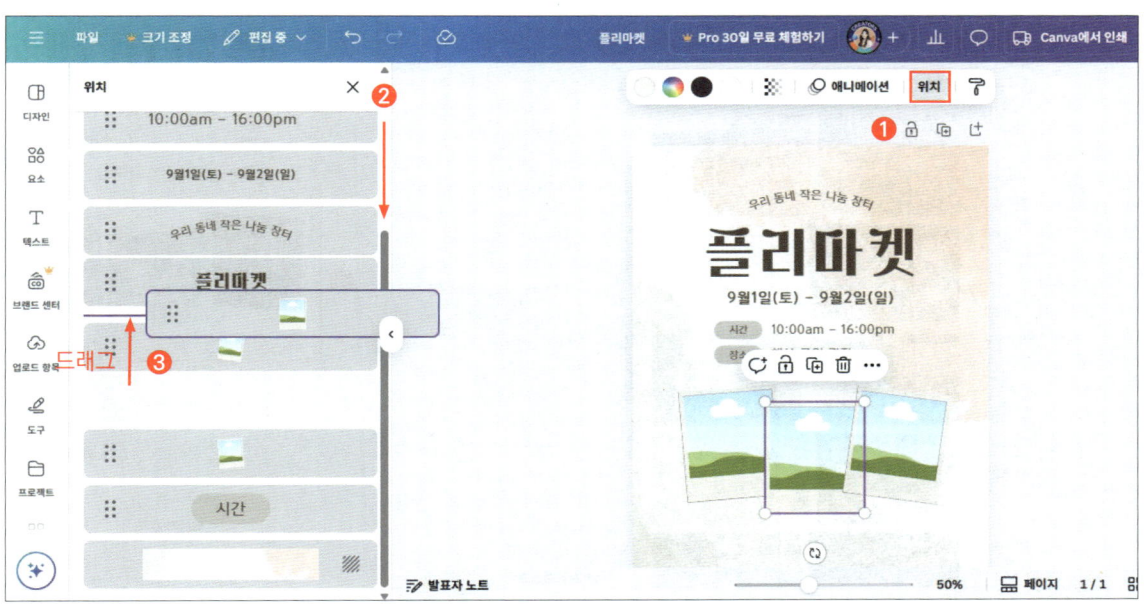

캔바 디자인을 할 때 꼭 이해해야 하는 것이 바로 '레이어' 개념입니다. 레이어는 텍스트나 요소 들이 어떤 순서로 쌓여 있는지를 나타냅니다. 요소나 텍스트를 선택하고 편집 메뉴에서 [위치]를 클릭하면 위치 패널에서 레이어 메뉴를 확인할 수 있습니다. 단축키 Alt + 1 을 누르면 빠르게 위치 패널을 열 수 있습니다.

레이어 목록에서는 배경이 맨 아래에, 그 위로 페이지에 추가된 텍스트와 요소들이 쌓인 순서대로 표시됩니다. 순서를 바꾸고 싶을 때는 레이어 목록에서 원하는 항목을 드래그하여 위치를 조정하면 됩니다. 각 요소나 텍스트의 [더 보기]를 클릭해 편집할 수도 있습니다.

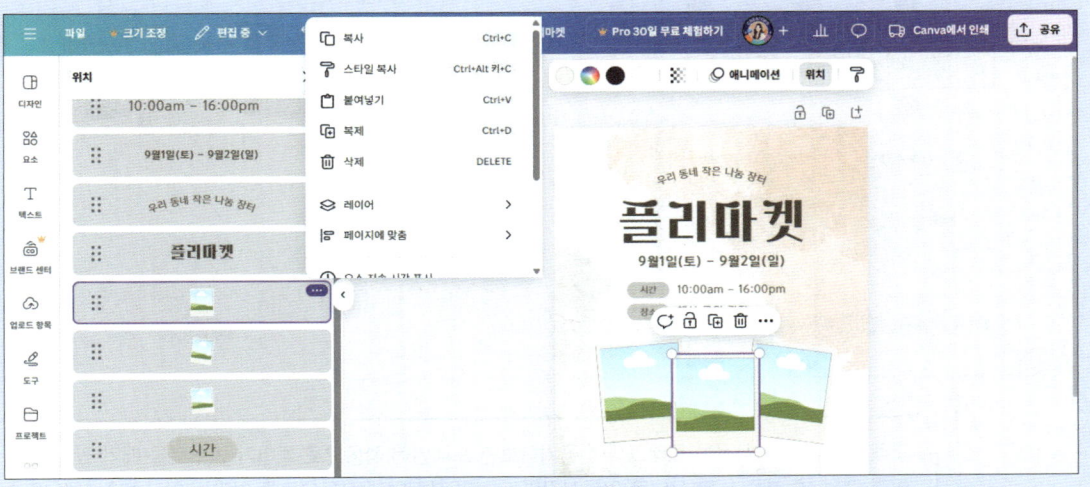

14 [요소]를 클릭하고 '플리마켓'을 검색합니다. [사진] 탭에서 원하는 사진을 드래그하여 프레임에 넣습니다.

15 다시 '종이 테이프'를 검색하여 [그래픽] 탭에서 원하는 이미지를 삽입하고, **크기와 각도**를 조절합니다. 자연스러운 표현을 위해 ▩(**투명도**)를 클릭해 '77'로 조절합니다.

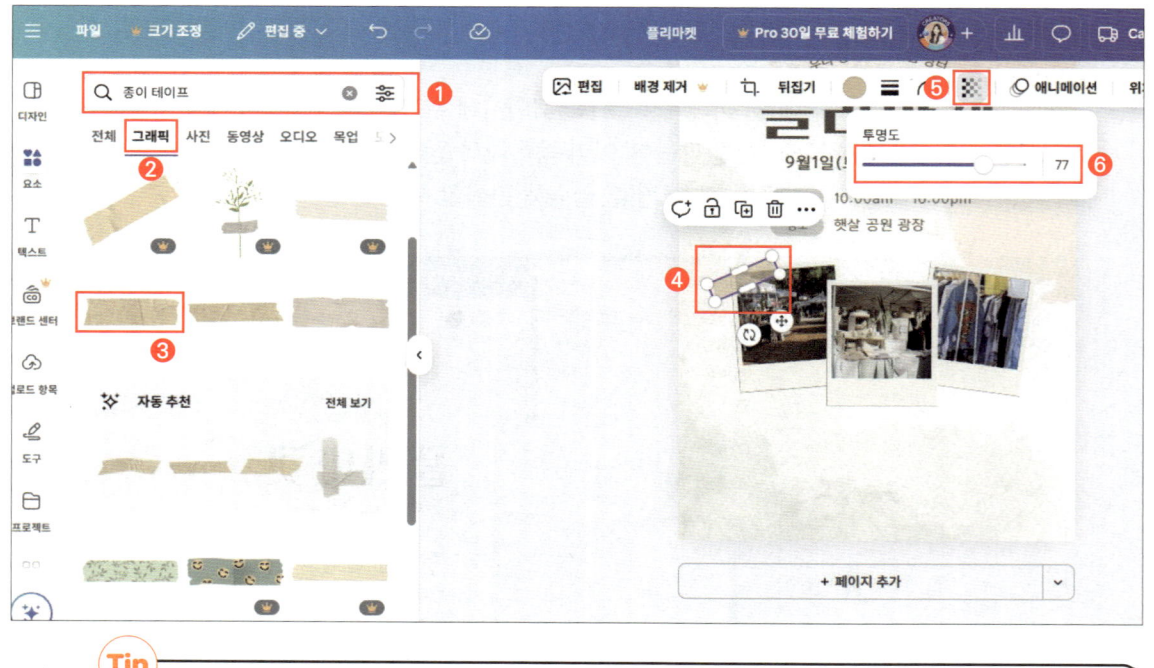

> **Tip** 그래픽 이미지나 사진을 드래그하여 옮기다보면 프레임에 자동으로 들어가 번거로울 때가 있습니다.
> 이럴 때는 Ctrl 를 누른 상태로 이동시키면 요소가 프레임에 자동으로 들어가는 것을 방지할 수 있습니다.

16 요소 패널에서 **'핀'을 검색**하여 프레임 위에 추가하고, 다음과 같이 실선과 텍스트를 삽입하여 행사 전단지를 완성합니다.

17 완성된 디자인은 [**공유**]-[**다운로드**]를 클릭한 뒤 인쇄를 위해 파일 형식에서 [**PDF 인쇄**]를 선택하여 다운로드 합니다.

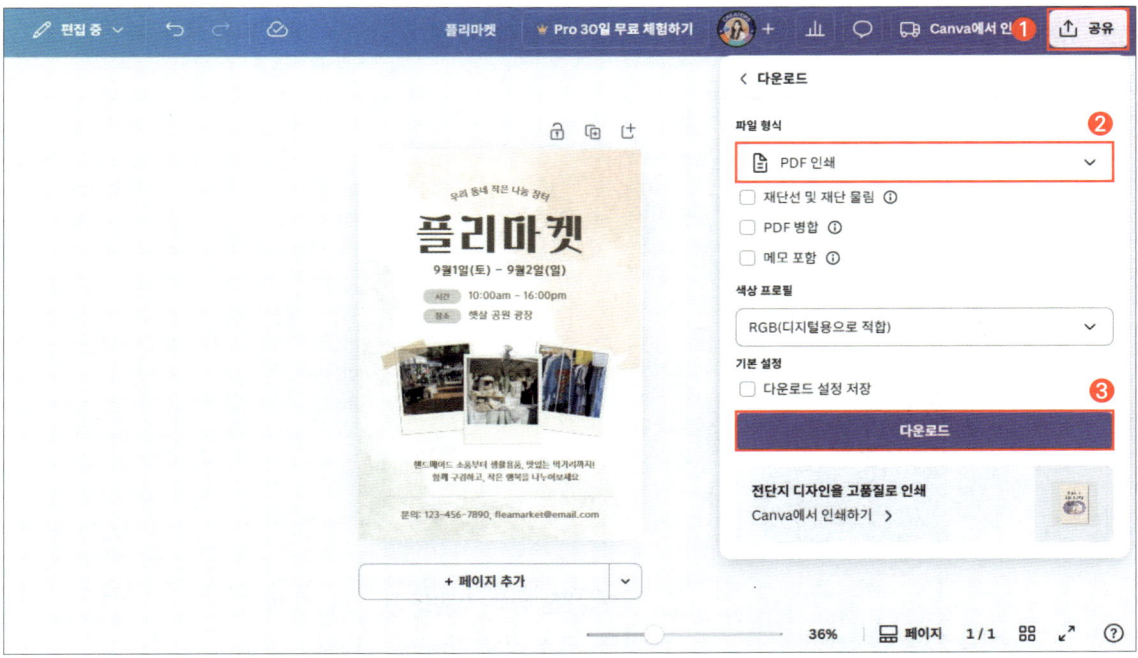

혼자해보기

01. 사진과 그래픽 요소, 텍스트를 사용하여 스마트폰 배경화면 이미지를 만들어보세요.

완성파일: 가을 단풍 스마트폰 배경.jpg

배경사진 검색 키워드	주황색 수채화 배경
그래픽 요소 검색 키워드	가을 단풍 수채화, 하트 라인
텍스트 서식	210 우리하루, #B98043

02. 사진과 도형을 활용하여 네일샵 홍보 전단지를 만들어보세요.

완성 파일: 네일샵 홍보 전단지.jpg

배경사진 검색 키워드	그림자 배경
사진 요소 검색 키워드	네일
텍스트 서식	TAN Pearl #8A624E / 210 소월 #8A624E

처음이라도 괜찮아!
따라만 해도 완성되는 캔바 디자인

PART 03

누구나 쉽게 완성하는 SNS 콘텐츠 디자인

Chapter 01.   눈에 띄는 SNS 프로필 이미지 만들기
Chapter 02.   시선을 끄는 블로그 썸네일 만들기
Chapter 03.   알고 보면 쉬운 카드뉴스 만들기
Chapter 04.   감성 숏폼 동영상 만들기

Chapter 1 눈에 띄는 SNS 프로필 이미지 만들기

SNS에서 프로필 이미지는 첫인상을 결정짓는 중요한 요소입니다. 깔끔하고 개성있는 이미지는 신뢰와 관심을 끌어냅니다. 이 챕터에서는 캔바의 사진 편집 기능을 활용해 나만의 프로필 이미지를 만드는 방법을 알아보겠습니다.

Preview

완성파일 : SNS프로필.jpg

핵심 포인트

- 프로필에 어울리는 색상 이미지를 선택해 배경으로 설정합니다.
- 캔바 앱을 활용해 프로필 사진의 배경을 제거합니다.
- 이미지 편집 기능을 활용해 그림자 효과를 적용합니다.

01 캔바 홈 화면에서 ⊕ [만들기]를 클릭합니다. [디자인 만들기]의 **[맞춤형 크기]**를 클릭하고 **가로와 세로를 각각 '800'**으로 입력한 후 [새 디자인 만들기]를 클릭합니다.

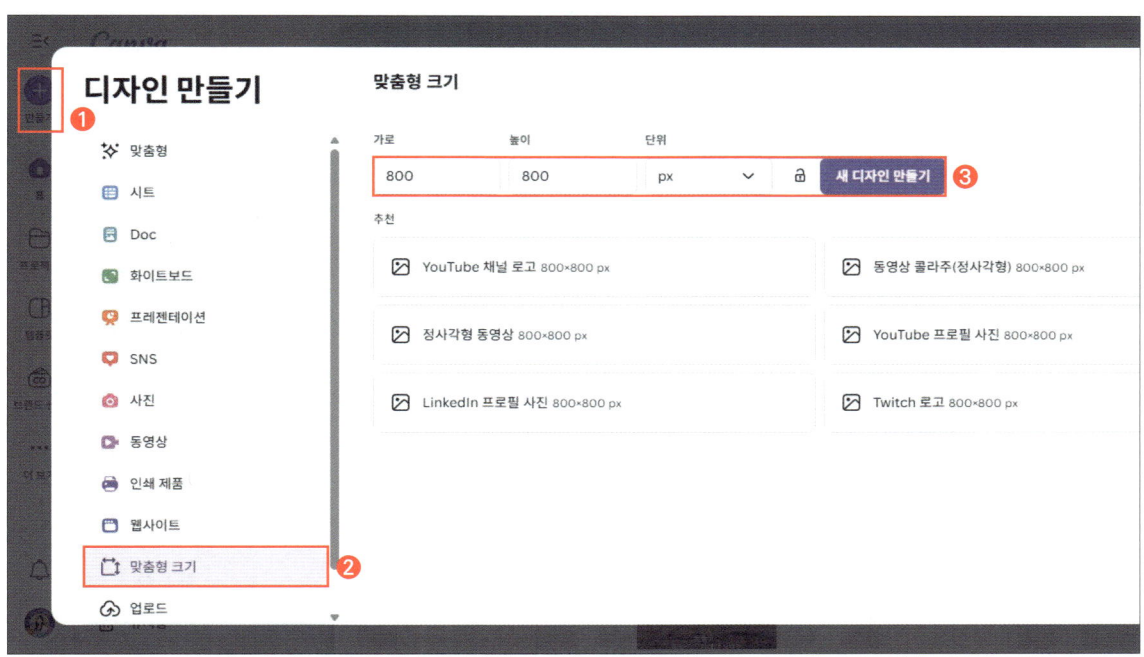

02 [요소]를 클릭하여 **'주황색 배경'**을 검색하여 **[사진]** 탭에서 마음에 드는 이미지를 클릭합니다. 페이지에 삽입된 이미지에서 **마우스 오른쪽 버튼**을 클릭하여 **[이미지를 배경으로 설정]**을 선택합니다.

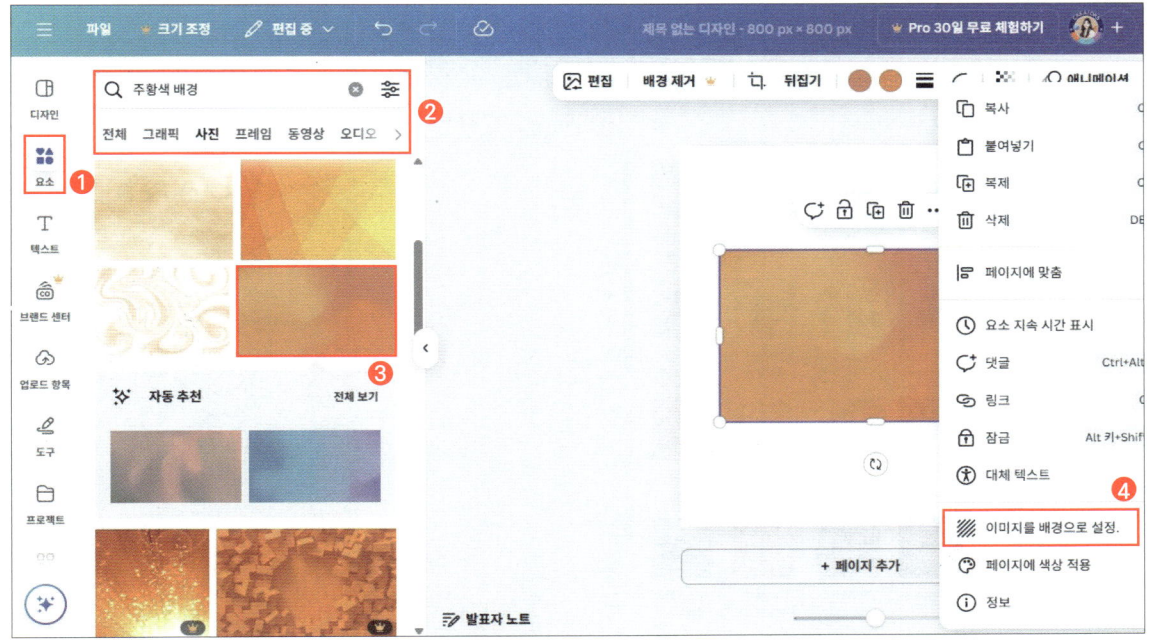

> **Tip** 검색란에 '원하는 색상 + 배경' 형식으로 검색을 하면 원하는 색상의 배경 사진이 검색됩니다.

03 업로드한 프로필 이미지를 삽입하기 위해 ⊙ [업로드 항목]를 클릭한 다음 프로필 사진을 클릭하여 페이지에 추가합니다.

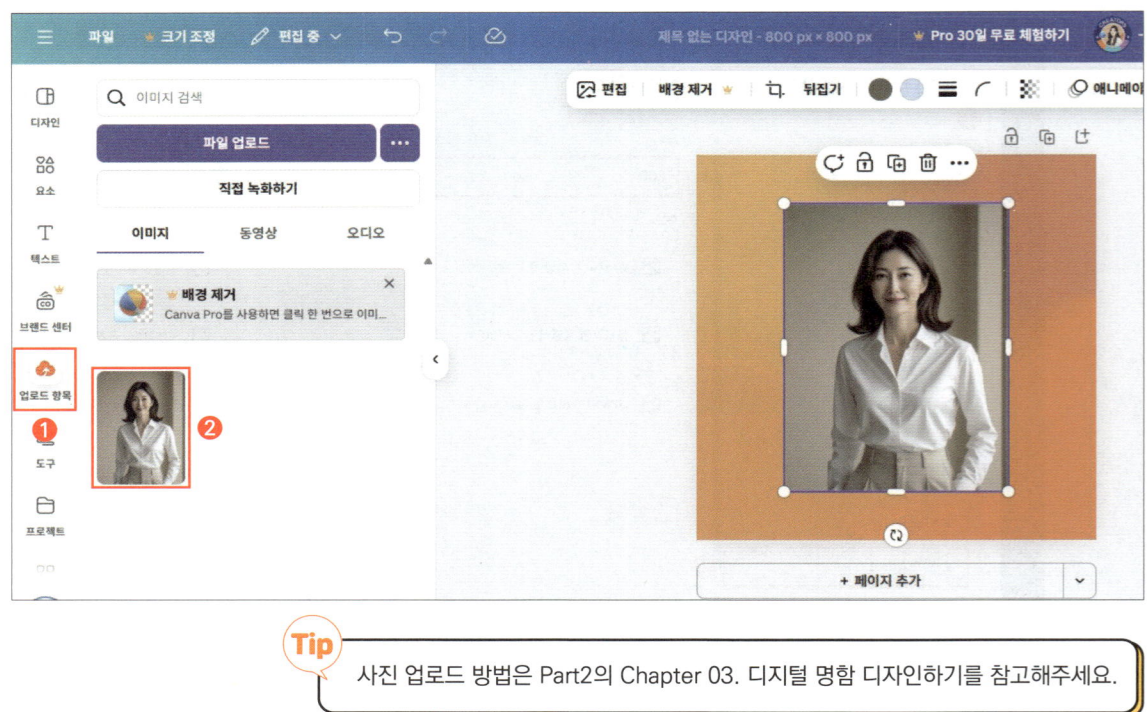

> **Tip** 사진 업로드 방법은 Part2의 Chapter 03. 디지털 명함 디자인하기를 참고해주세요.

▶ **이미지 배경 제거하기**

04 이미지 배경을 지우기 위해 ⊙ [앱]을 클릭합니다. 검색란에 'background'를 입력한 후 검색 결과에서 [Background Cleaner]를 선택합니다.

> **Tip** Canva Pro(유료) 사용자는 캔바의 [배경 제거] 기능으로 사진의 배경을 지울 수 있습니다.

05 선택한 앱을 사용하기 위해 **[열기]**를 클릭한 다음 **[Erase background]**를 클릭해 배경을 제거합니다. Background Cleaner 앱은 하루에 10개의 크레딧을 제공합니다.

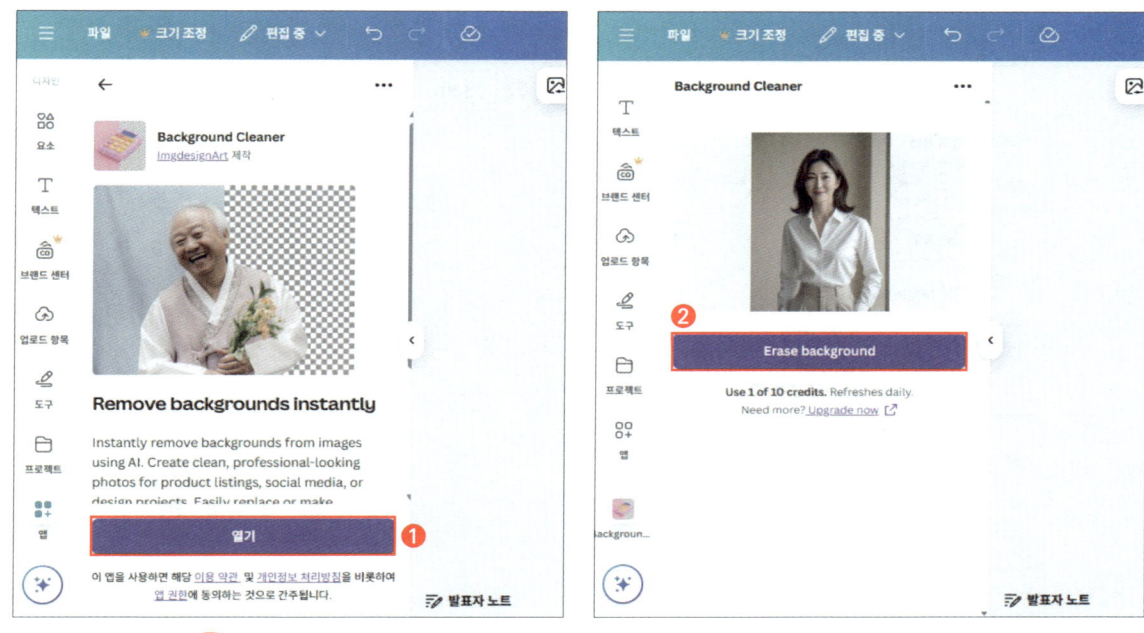

Tip Background Cleaner 앱으로 이미지를 제거하면 1크레딧이 차감됩니다. 크레딧은 매일 새롭게 제공되지만, 크레딧의 개수는 변경될 수 있으며, 앱이 유료로 전환될 수도 있습니다.

06 배경이 제거된 사진의 모서리에 있는 핸들을 드래그해 페이지에 맞게 크기를 조절하고, 사진의 위치를 페이지 중앙에 오도록 조절합니다.

면의 핸들을 움직이면 이미지 자르기가 가능합니다.

Tip SNS마다 프로필 이미지가 보이는 방식이 다릅니다. 하나의 이미지를 여러 플랫폼에서 쓰고 싶다면 먼저 정사각형으로 디자인 한 뒤 중요한 요소(얼굴, 로고 등)를 가운데 배치하는 것이 좋습니다.

07 사진의 밝기를 조절하기 위해 편집 메뉴에서 **[편집]**을 클릭한 다음 이미지 패널에서 ☼(**조정**)을 선택합니다.

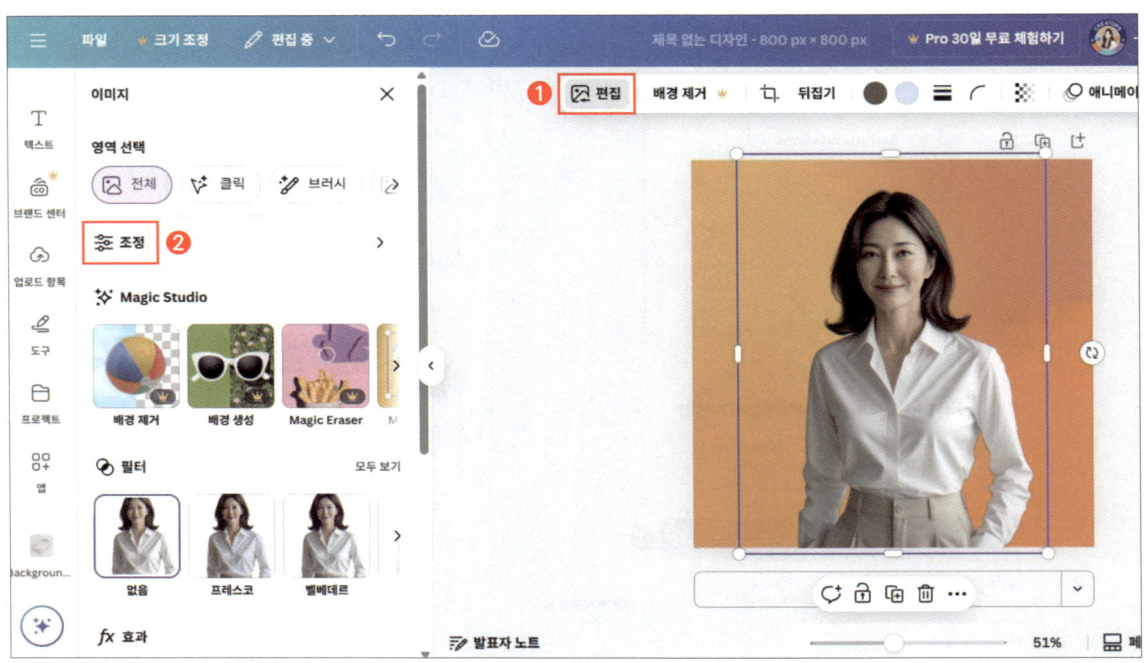

08 조명의 밝기는 '11', 하이라이트는 '13'으로 설정해 사진을 밝게 보정합니다. [← 조정]을 클릭하면 이전 화면으로 돌아갑니다.

> **Tip** 사진이 어둡거나 탁해 보일 때 [조정] 기능에서 밝기, 대비, 하이라이트, 생동감 등을 적절히 조절하면 밝고 또렷하고 사진으로 연출할 수 있습니다.

09 그림자를 설정하기 위해 이미지 패널에서 fx 효과의 [**그림자**]를 클릭한 다음 [**글로우**]를 클릭합니다.

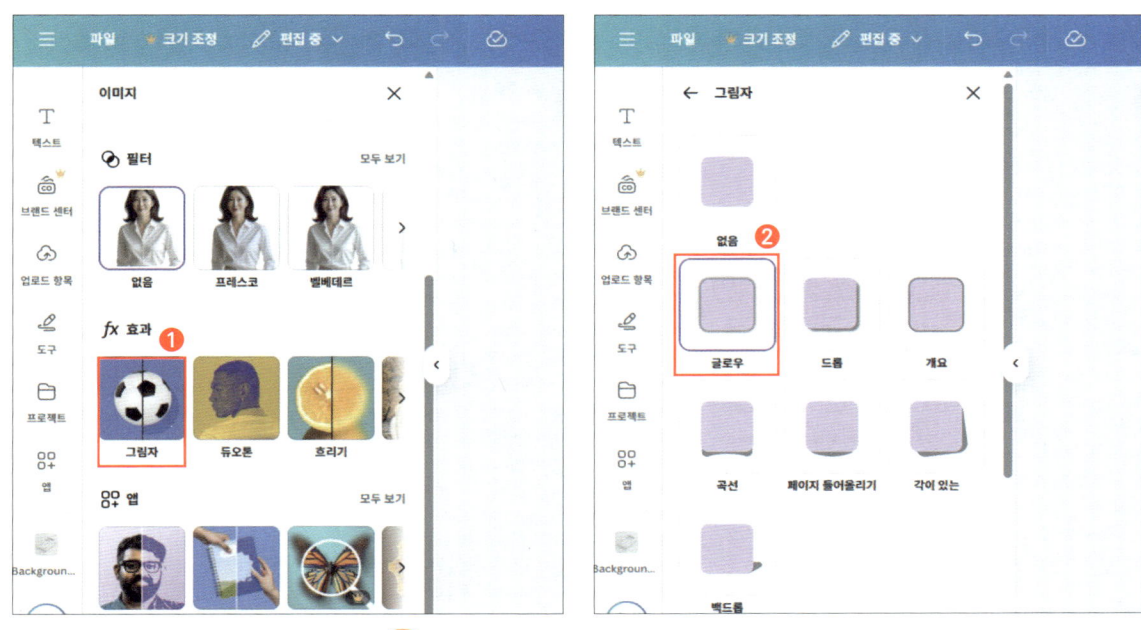

> **Tip** 연출하고 싶은 분위기에 따라서 그림자 효과를 다르게 적용할 수 있습니다.

10 글로우의 크기는 '15', 흐림 정도는 '30', 색상은 '**흰색(#FFFFFF)**', 강도는 '17'로 설정합니다.

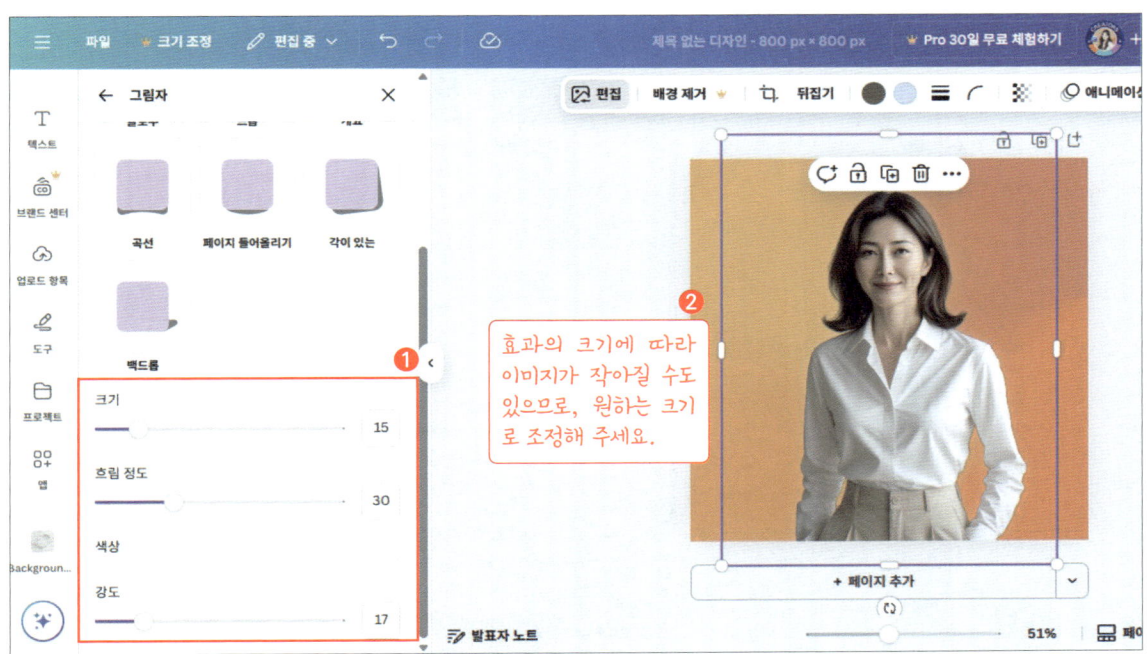

효과의 크기에 따라 이미지가 작아질 수도 있으므로, 원하는 크기로 조정해 주세요.

> **Tip** 글로우 효과는 인물 주변에 부드럽게 퍼지는 빛이 생겨 따뜻하고 은은한 느낌을 줍니다. 배경과 자연스럽게 어우러지면서도 인물이 살짝 돋보이도록 강조하는 데 효과적입니다. 친근하고 부드러운 인상을 원할 때 잘 어울립니다.

11 이번에는 그림자 패널의 **[드롭]**을 선택합니다. 드롭의 흐림 정도는 '23', 앵글은 '62', 거리는 '31', 색상은 '**검정(#000000)**', 강도는 '27'로 설정합니다.

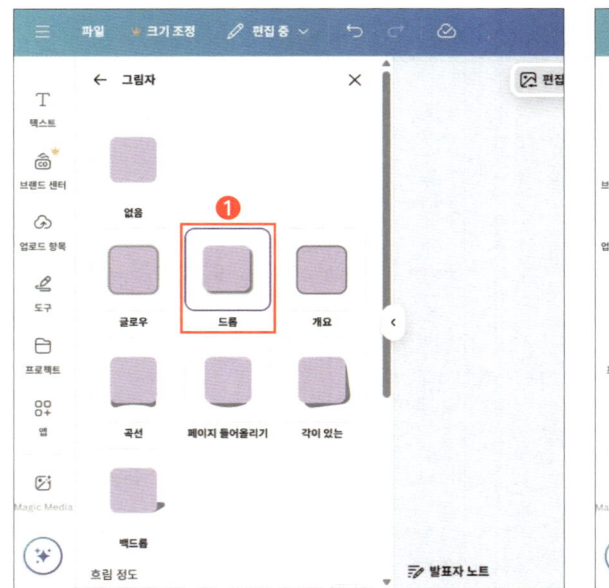

> **Tip** 드롭 효과를 적용하면 인물 뒤로 그림자가 생겨 이미지에 입체감과 깊이감을 더합니다. 사진이 배경 위에 살짝 떠 있는 것처럼 보여, 이미지가 더 또렷하게 구분됩니다.

12 같은 방법으로 **[개요]**를 선택한 다음 개요의 크기는 '20', 색상은 '**흰색(#FFFFFF)**', 강도는 '100'으로 설정합니다.

> **Tip** 개요 효과를 적용하면 인물 외곽에 선명한 테두리가 생겨 더욱 강조되는 느낌을 줍니다. 배경 색과 구분이 확실하게 되기 때문에 인물에 시선을 집중시키기 좋습니다.

13 [공유]-[다운로드]를 클릭하고 파일 형식은 'PNG'로 선택한 뒤 [다운로드]를 클릭하여 다운로드합니다. 편집화면 왼쪽 상단의 ☰ (메뉴 열기)를 클릭합니다.

▶ 캔바 프로필 적용하기

14 하단의 프로필 이미지를 클릭해 계정 관리 메뉴를 열고 [설정]을 선택합니다.

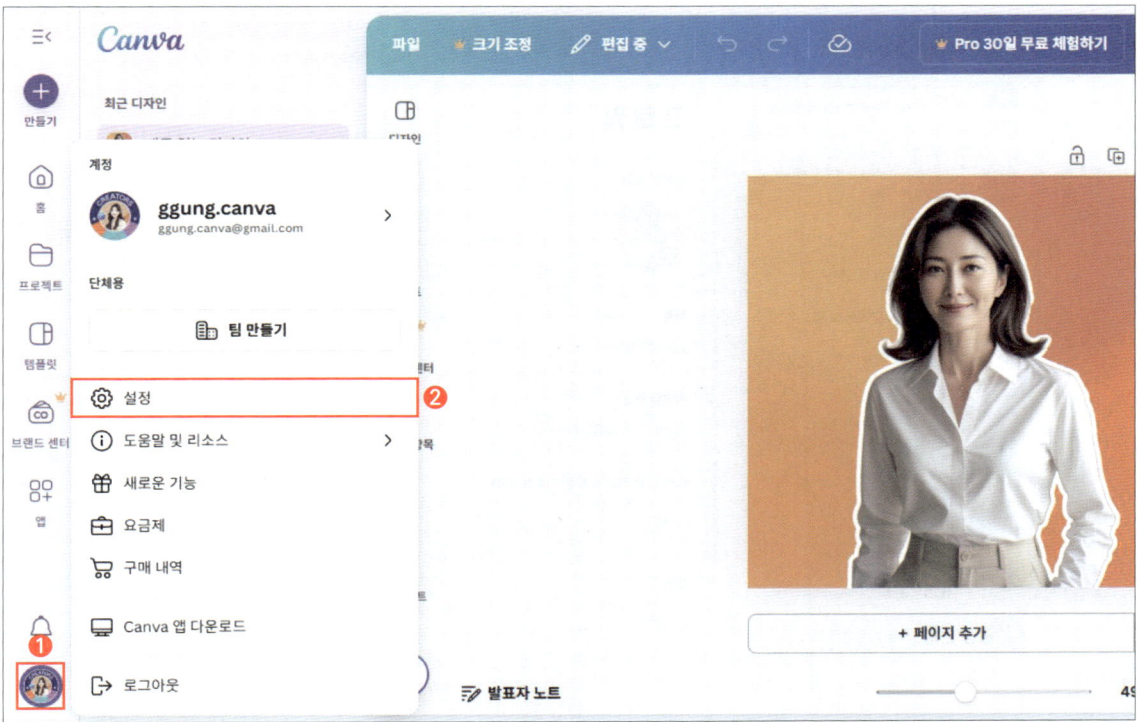

15 프로필에서 [사진변경]을 클릭합니다. 다운로드 폴더에서 프로필 이미지를 선택하고 [열기]를 클릭합니다.

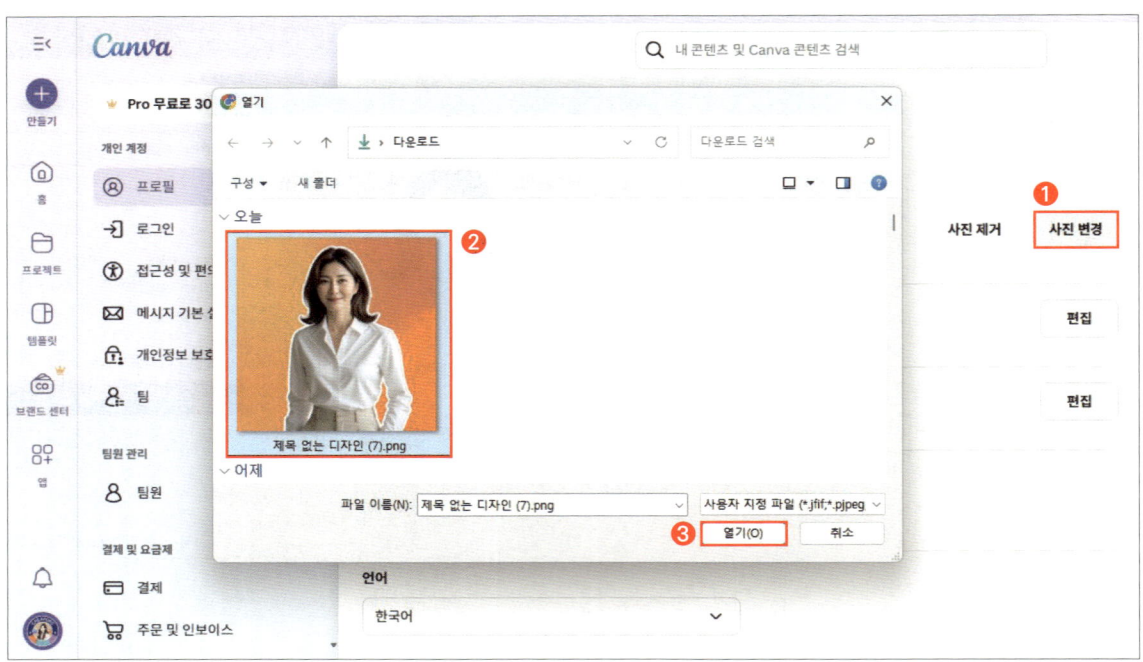

16 캔바 프로필 사진이 다음과 같이 변경된 것을 확인할 수 있습니다.

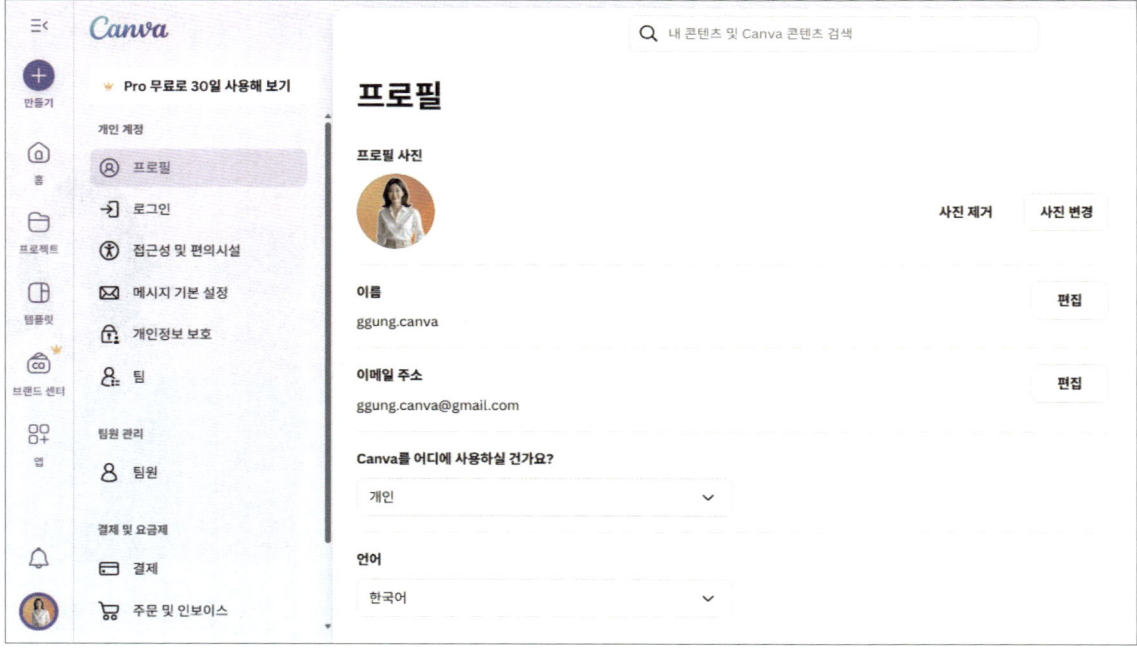

캔바에서는 그림자 효과 외에도 이미지에 다양한 효과를 적용할 수 있는 편집 기능을 제공합니다.

▶ 필터

이미지의 분위기와 색감을 간편하게 바꿀 수 있으며, 강도 조절도 가능합니다.

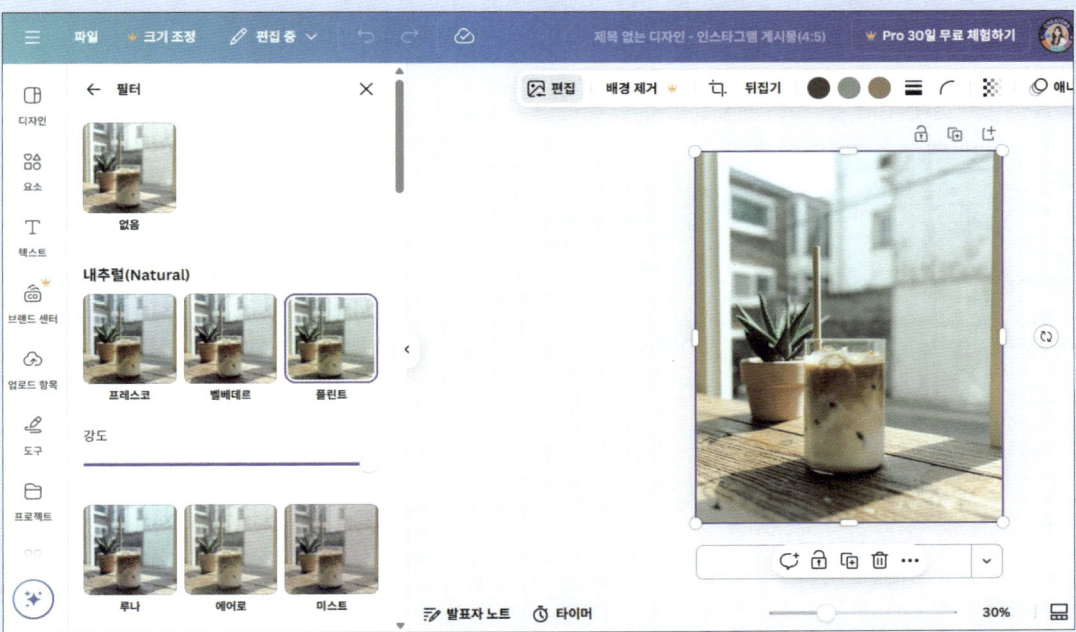

▶ 듀오톤

이미지에 원하는 색상을 입혀 감각적이고 통일감 있는 분위기를 연출할 수 있습니다. [맞춤화]를 클릭해 원하는 색상으로 직접 조정할 수도 있습니다.

▶ 흐리기

전체 이미지나 원하는 부분을 부드럽게 흐리게 만들 수 있습니다. [브러시] 탭을 클릭해 이미지의 특정 부분만 흐리게 하거나, [전체 이미지] 탭에서 전체에 흐림 효과를 적용할 수 있습니다.

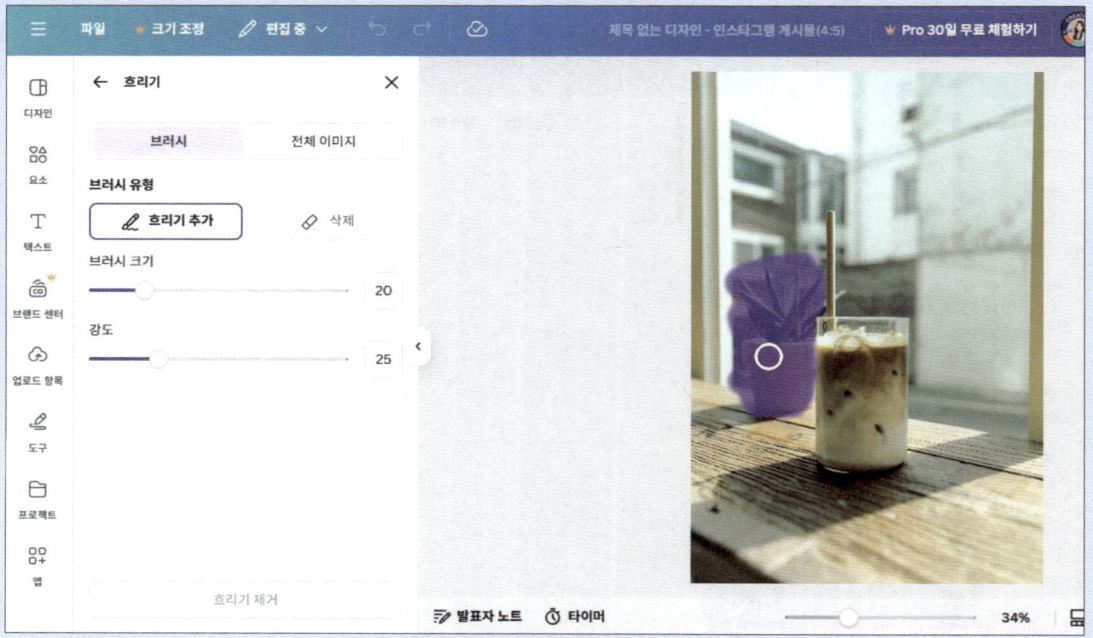

▶ 자동초점

이미지에서 인물이나 사물을 자동으로 강조하고 배경은 자연스럽게 흐리게 합니다. [강도 흐리기]를 조절하거나 [중심 위치]를 움직여 초점이 맞는 영역을 자유롭게 설정할 수 있습니다.

▶ 캔바 단축키 활용하기

캔바로 디자인 작업을 할 때 단축키를 알고 잘 활용하면 작업 속도를 크게 높일 수 있습니다.
(윈도우에서의 단축키입니다)

● 기본 단축키

실행 취소: Ctrl + Z	원 추가: C
다시 실행: Ctrl + Y	요소나 텍스트 복제: Ctrl + D
모두 선택: Ctrl + A	사이드바 표시 또는 숨기기: Ctrl + /
텍스트 추가: T	링크 삽입: Ctrl + K
직사각형 추가: R	빈 페이지 추가: Ctrl + Enter
선 추가: L	빈 페이지 삭제: Ctrl + Backspace

● 텍스트 단축키

글꼴 메뉴 열기: Shift + Ctrl + F	밑줄: Ctrl + U
찾기 및 대체: Ctrl + F	텍스트 스타일 복사: Alt + Ctrl + C
굵은 텍스트: Ctrl + B	텍스트 스타일 붙여넣기: Alt + Ctrl + V
기울인 텍스트: Ctrl + I	

● 요소 단축키

선택한 요소 삭제: Backspace + Delete	요소 뒤로 정렬: Ctrl + [
요소 그룹화: Ctrl + G	요소 맨 앞으로 정렬: Alt + Ctrl +]
요소 그룹화 해제: Ctrl + Shift + G	요소 맨 뒤로 정렬: Alt + Ctrl + [
요소 잠금: Alt + Shift + L	요소 정돈: Alt + Shift + T
요소 앞으로 정렬: Ctrl +]	다음/이전 요소 선택: Tab 또는 Shift + Tab

Chapter 2 시선을 끄는 블로그 썸네일 만들기

블로그에서 썸네일은 콘텐츠를 대표하는 간판과 같습니다. 검색 결과가 노출 될 때, 가장 먼저 보고 클릭 여부를 결정하는 중요한 요소입니다. 사람들의 시선을 끌기 위해서 내용이 한눈에 전달되고 호기심을 자극하는 썸네일이 효과적입니다. 이 챕터에서는 사진과 텍스트를 조합해 썸네일을 만드는 방법을 알아보겠습니다.

Preview

완성파일 : 블로그썸네일.jpg

핵심 포인트

- 수치를 입력해 요소의 크기를 조정합니다.
- 정렬 도구를 활용해 요소를 배치합니다.
- 굵고 시선을 끄는 글꼴을 적용해 메시지가 효과적으로 전달되도록 합니다.

01 캔바 홈 화면에서 ⊕ [만들기]를 클릭합니다. '정사각형'을 검색하고 [인스타그램 게시물(정사각형)]을 클릭합니다.

02 [요소]를 클릭하여 '여행'을 검색한 후 [사진] 탭에서 원하는 이미지를 페이지에 추가합니다. 추가된 이미지에서 **마우스 오른쪽 버튼**을 클릭하여 [이미지를 배경으로 설정]을 클릭합니다.

03 같은 방법으로 원 도형을 페이지에 추가하고, 도형의 색상은 '**흰색(#FFFFFF)**', 투명도는 '**74**'로 조정합니다.

04 편집 메뉴에서 ···(더 보기)-[위치]를 클릭합니다. 위치 패널의 고급에서 🔒(비율)을 클릭해 가로와 세로 비율을 고정한 후 너비에 '**890**'을 입력합니다.

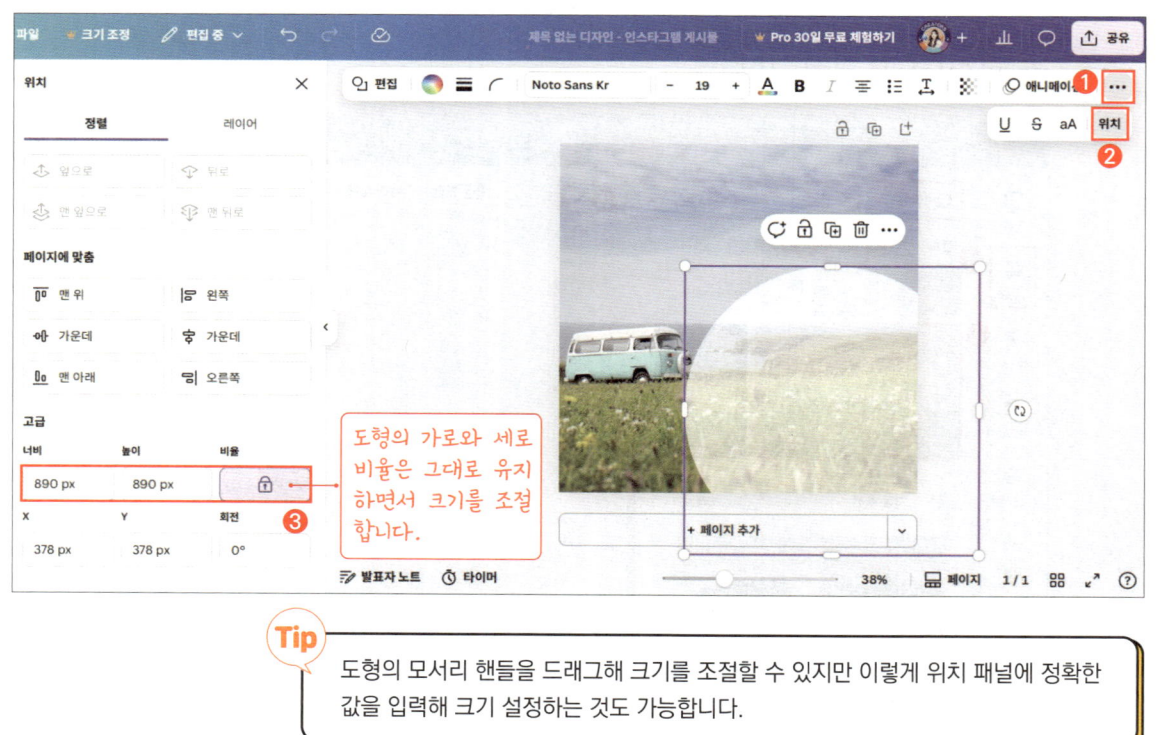

Tip 도형의 모서리 핸들을 드래그해 크기를 조절할 수 있지만 이렇게 위치 패널에 정확한 값을 입력해 크기 설정하는 것도 가능합니다.

05 페이지에 맞춤에서 [가운데], 세로 [가운데]를 클릭해 원 도형을 페이지 중앙에 정렬한 후 [복제]를 클릭합니다.

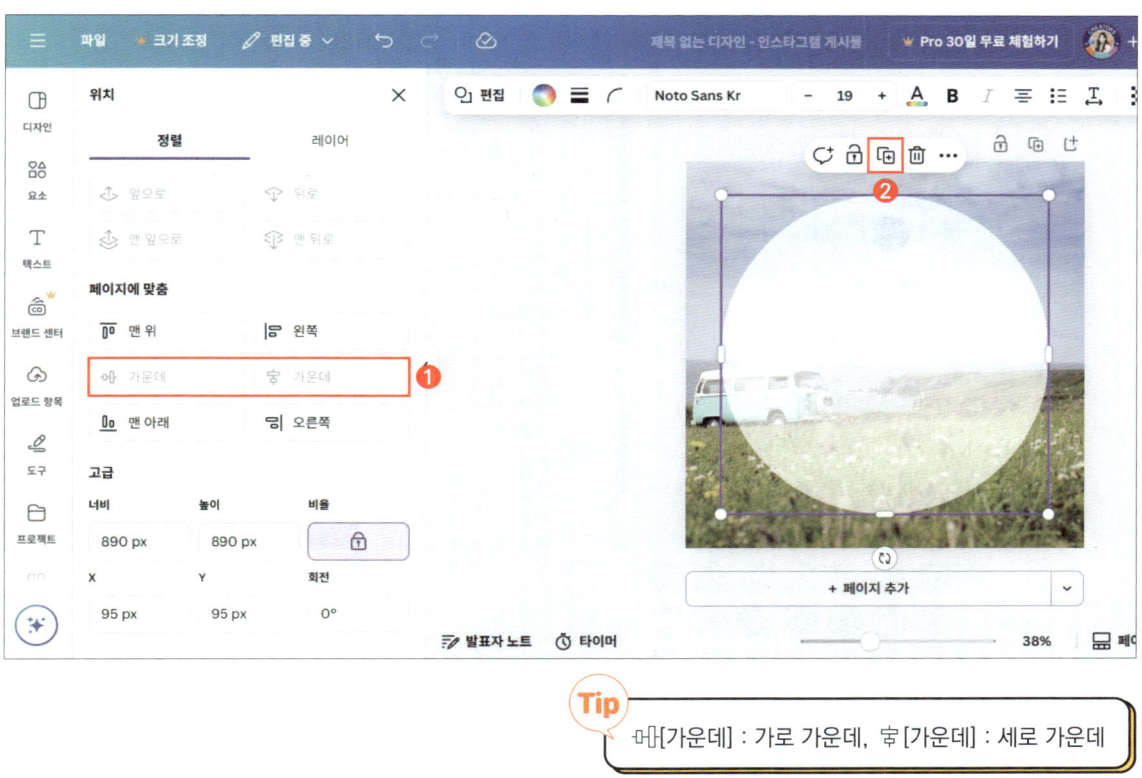

Tip [가운데] : 가로 가운데, [가운데] : 세로 가운데

06 복제한 원 도형의 너비를 '930'으로 설정하고, 페이지 맞춤의 [가운데], [가운데]를 클릭해 페이지 정가운데에 배치합니다.

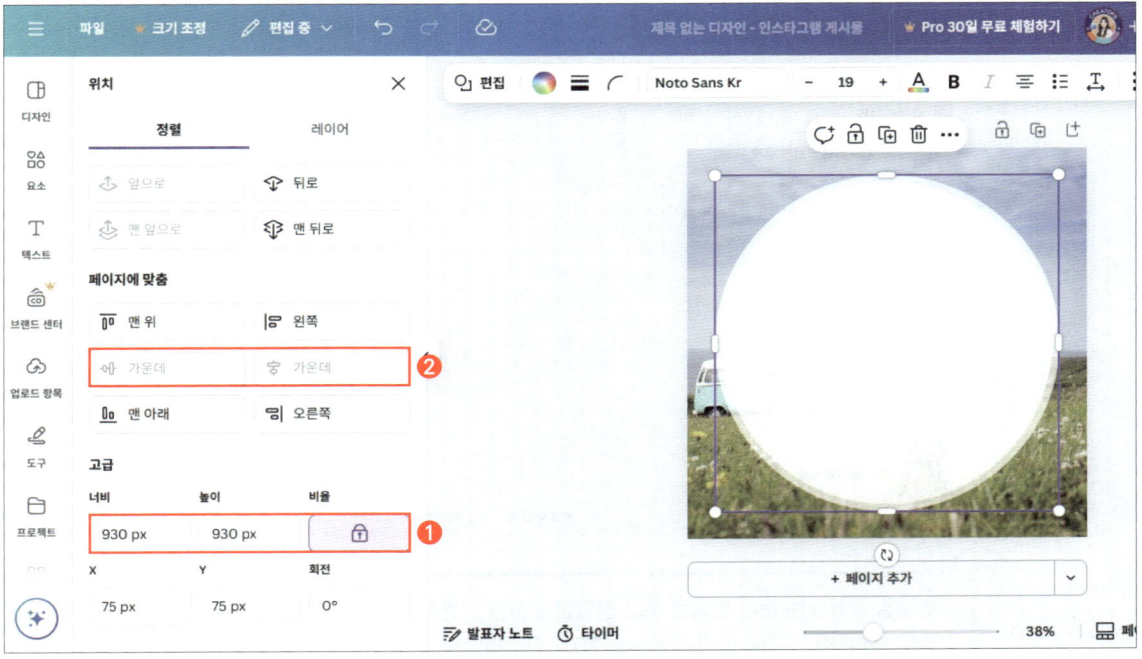

07 ●(색상)을 클릭해 '**색상 없음**'을 선택하고 스트로크 스타일은 '**실선**', 스트로크 색상은 '**흰색(#FFFFFF)**'을 선택합니다.

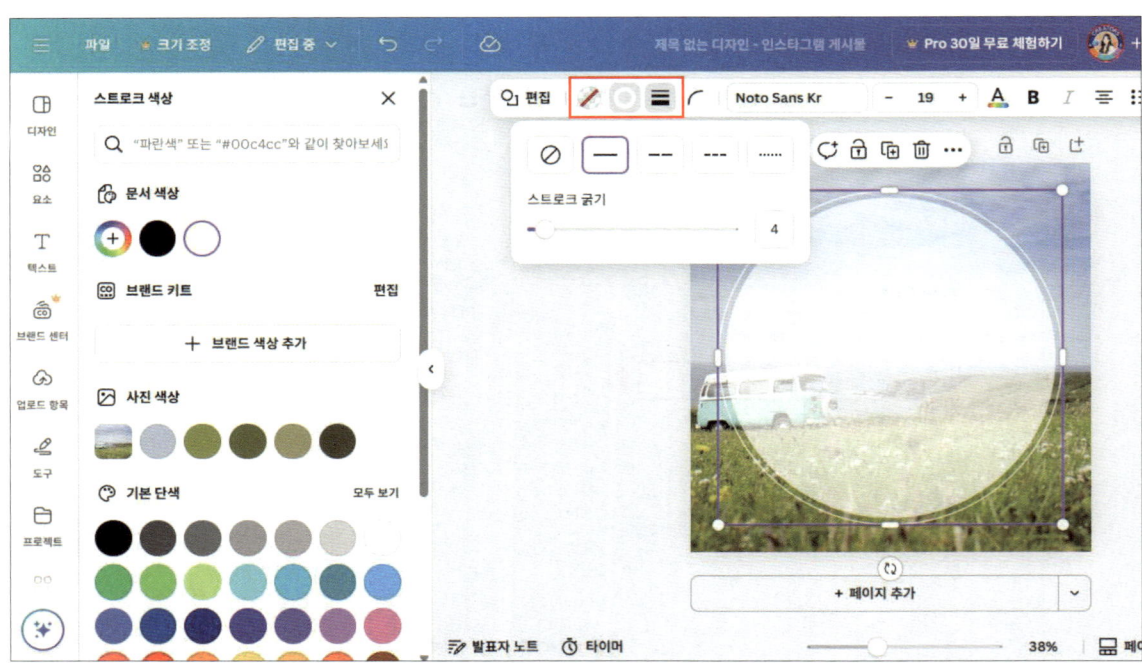

08 다음과 같이 텍스트를 삽입하고 보조 제목과 주제목을 입력하고 텍스트 스타일을 설정합니다.

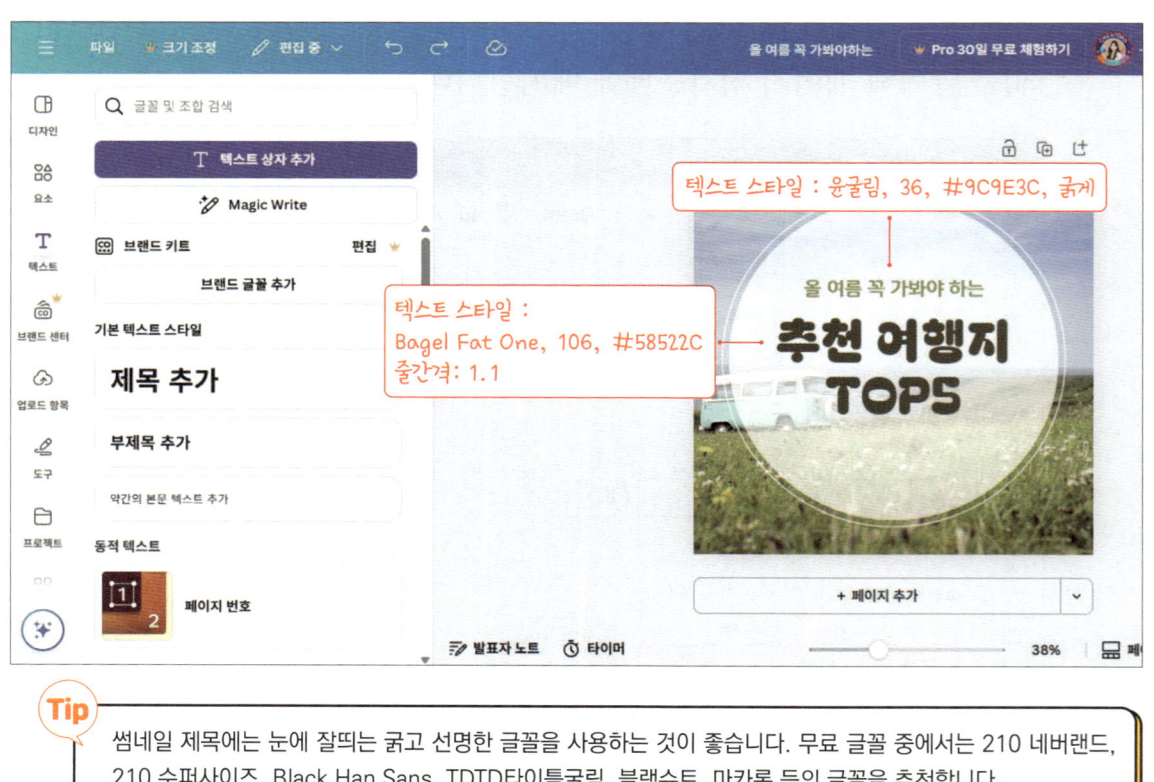

> **Tip** 썸네일 제목에는 눈에 잘띄는 굵고 선명한 글꼴을 사용하는 것이 좋습니다. 무료 글꼴 중에서는 210 네버랜드, 210 수퍼사이즈, Black Han Sans, TDTD타이틀굴림, 블랙슈트, 마카롱 등의 글꼴을 추천합니다.

09 모서리가 둥근 도형을 삽입합니다. 도형의 면색은 **'색상 없음'** 테두리는 **'실선'**, 테두리 색은 **'갈색(#58522C)'**으로 설정합니다. 내용을 입력하고 텍스트 스타일을 설정하여 완성합니다.

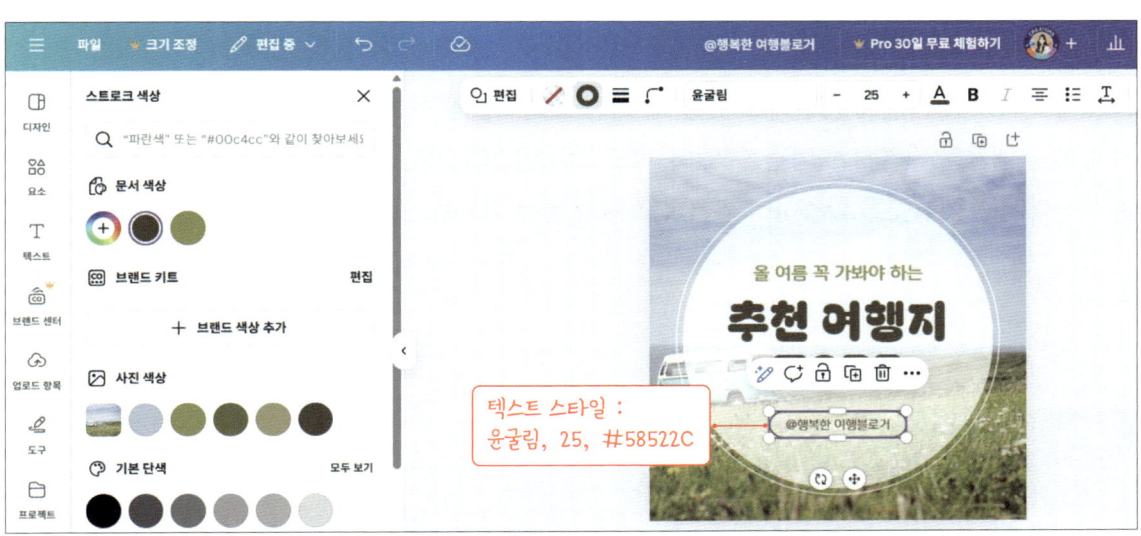

▶ 눈금자 및 가이드 표시

가로 가이드와 세로 가이드를 화면에 표시하면 요소를 페이지에 정렬할 때 기준선 역할을 해줍니다.

01. [파일]-[설정]-[눈금자 및 가이드 표시]을 순서대로 클릭합니다.

02. 세로 눈금자에서 마우스 포인터를 위치 시킨 후 오른쪽으로 드래그하면 세로 가이드 선이 나탑니다. 가로 눈금자에서도 같은 방식으로 가이드 선을 추가 할 수 있습니다.

Chapter 3 알고 보면 쉬운 카드뉴스 만들기

SNS에서 정보를 한눈에 전달하고 싶을 때 가장 효과적인 콘텐츠가 바로 카드뉴스입니다. 여러 장의 이미지에 핵심 내용을 간결하게 담을 수 있어, 블로그나 인스타그램, 페이스북 등 어디서나 활용도가 높습니다. 이 섹션에서는 템플릿을 활용하여 깔끔하고 읽기 좋은 카드뉴스를 제작하는 방법을 소개하겠습니다.

Preview

완성파일 : 카드뉴스 만들기.jpg

핵심 포인트

- 페이지를 삭제하거나 복제하여 카드뉴스를 구성합니다.
- 페이지를 드래그해 순서를 조정합니다.
- 행동 문구(Call to Action)를 넣어 콘텐츠의 효과를 높입니다.

01 캔바 홈 화면에서 ⊕ [만들기]를 클릭한 다음 소셜미디어(SNS)의 [인스타그램 게시물(4:5)]를 선택합니다.

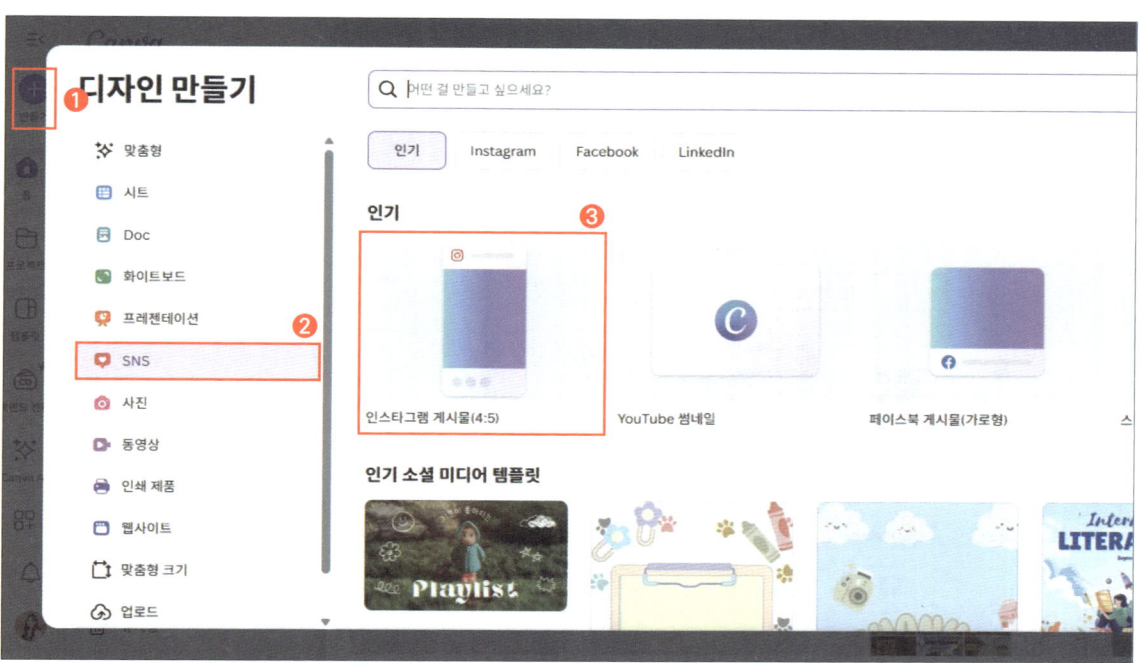

02 디자인 검색란에 '**크림색 카드뉴스**'를 검색합니다. 검색된 템플릿 디자인에 마음에 드는 템플릿을 선택합니다.

> **Tip** 카드뉴스는 영어로 carousel(캐러셀)이라고 합니다. 템플릿을 검색할 때 'carousel'로 검색하면 더 다양한 스타일의 카드뉴스 템플릿을 찾아볼 수 있습니다.

03 선택한 템플릿 정보 화면에서 **[모든 3개 페이지에 적용]**을 클릭하면 템플릿이 페이지 수에 맞게 적용됩니다.

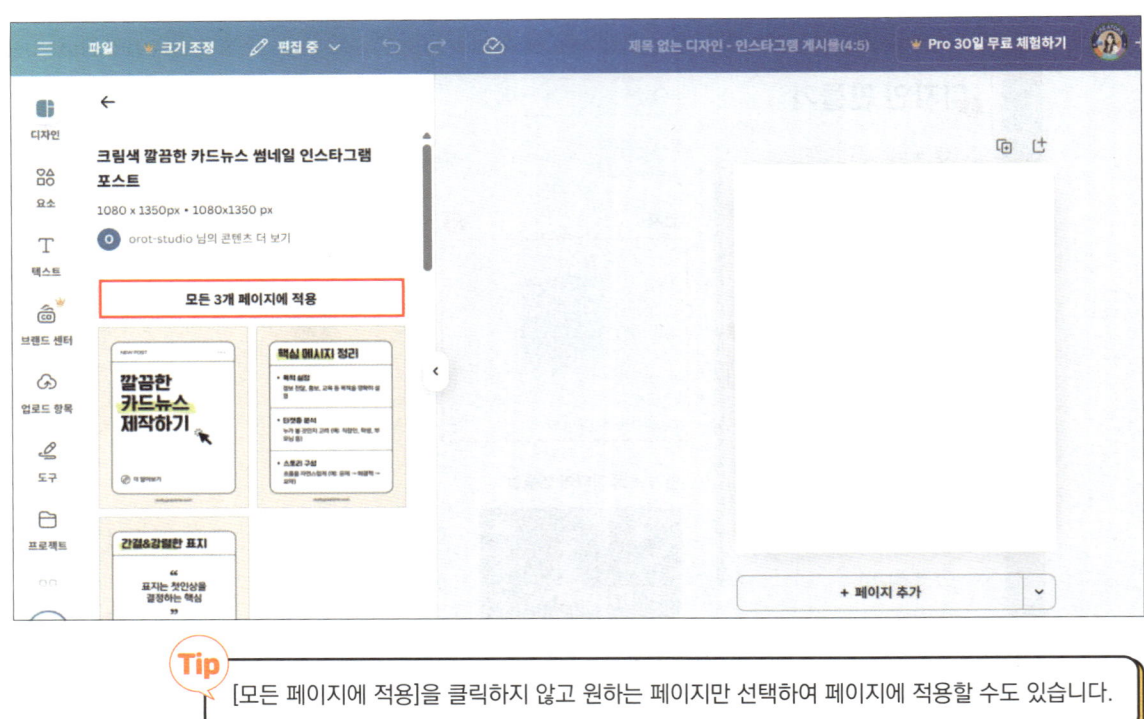

> **Tip** [모든 페이지에 적용]을 클릭하지 않고 원하는 페이지만 선택하여 페이지에 적용할 수도 있습니다.

04 스크롤바를 위로 드래그하여 1페이지로 이동합니다. 다음과 같이 내용을 수정합니다.

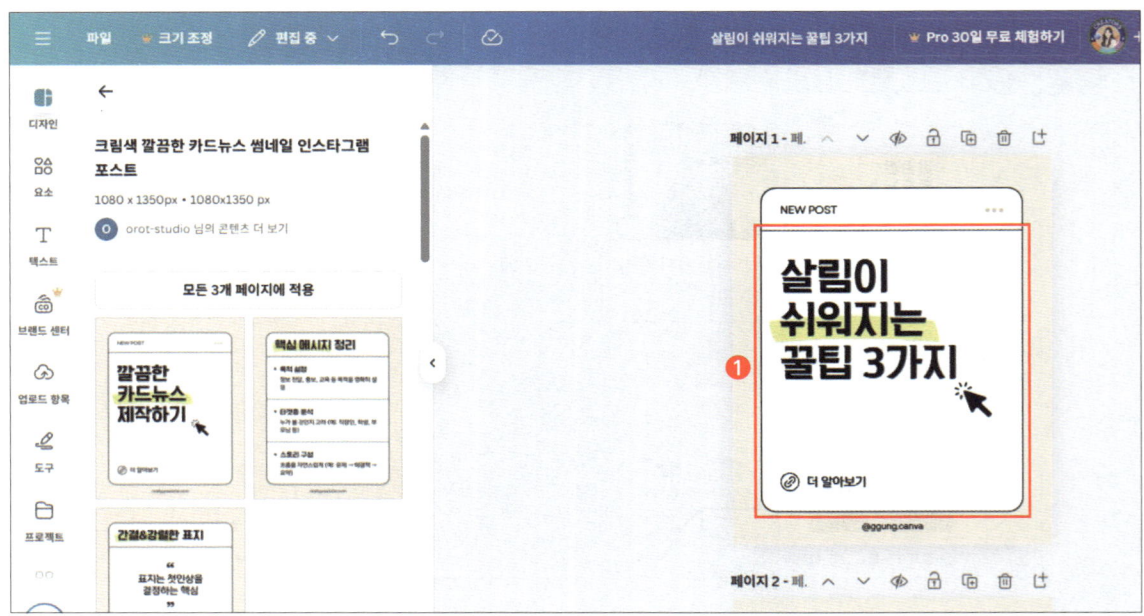

> **Tip** 사이드 패널은 패널 오른쪽 중앙의 접기를 클릭하면 닫을 수 있습니다.

▶ **페이지 삭제**

05 2페이지를 삭제하기 위해 🗑 (**페이지 삭제**)를 클릭하면 3페이지가 2페이지로 변경됩니다.

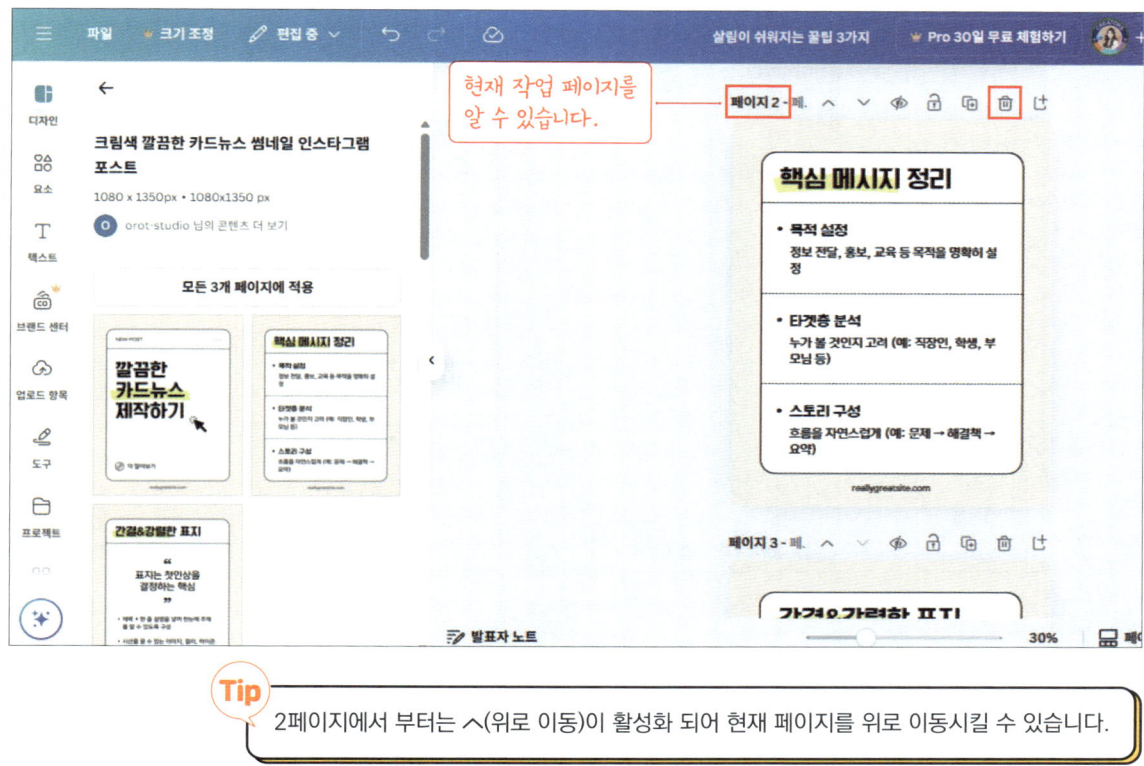

Tip 2페이지에서 부터는 ∧(위로 이동)이 활성화 되어 현재 페이지를 위로 이동시킬 수 있습니다.

06 2페이지는 카드뉴스 주제에 맞는 사진을 넣을 수 있도록 레이아웃을 수정하겠습니다. 다음과 같이 텍스트를 선택하고 🗑 (**삭제**)를 클릭합니다.

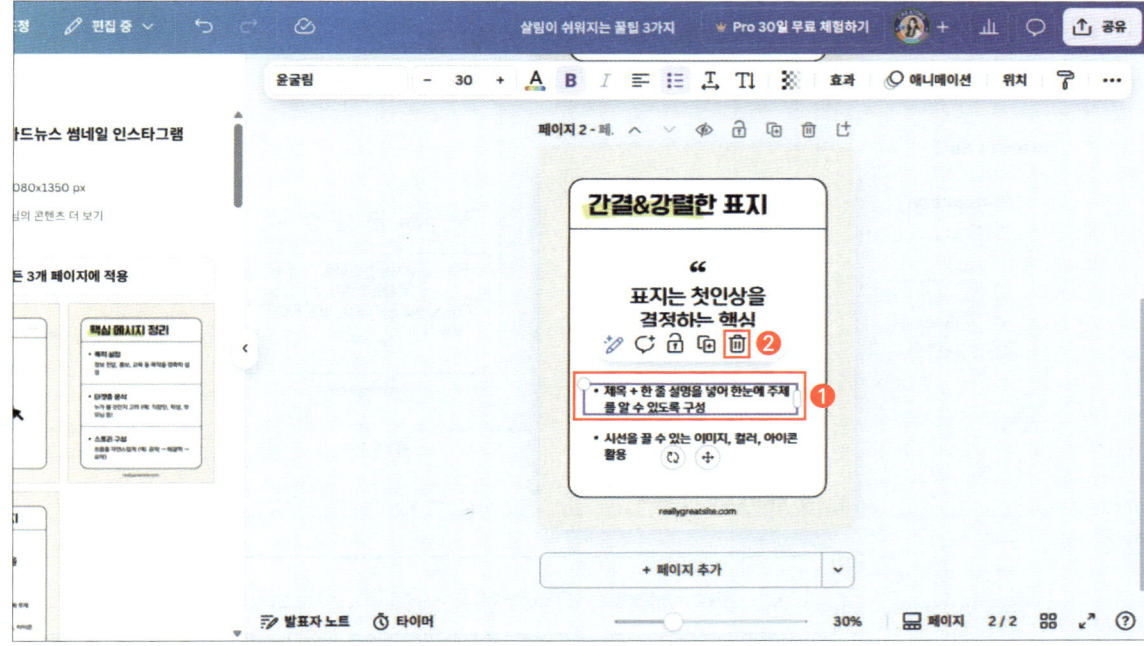

07 Shift 를 누르고 따옴표와 텍스트를 클릭하여 선택한 다음 후 Alt 를 누른 상태로 모서리의 핸들을 드래그해 크기를 줄입니다.

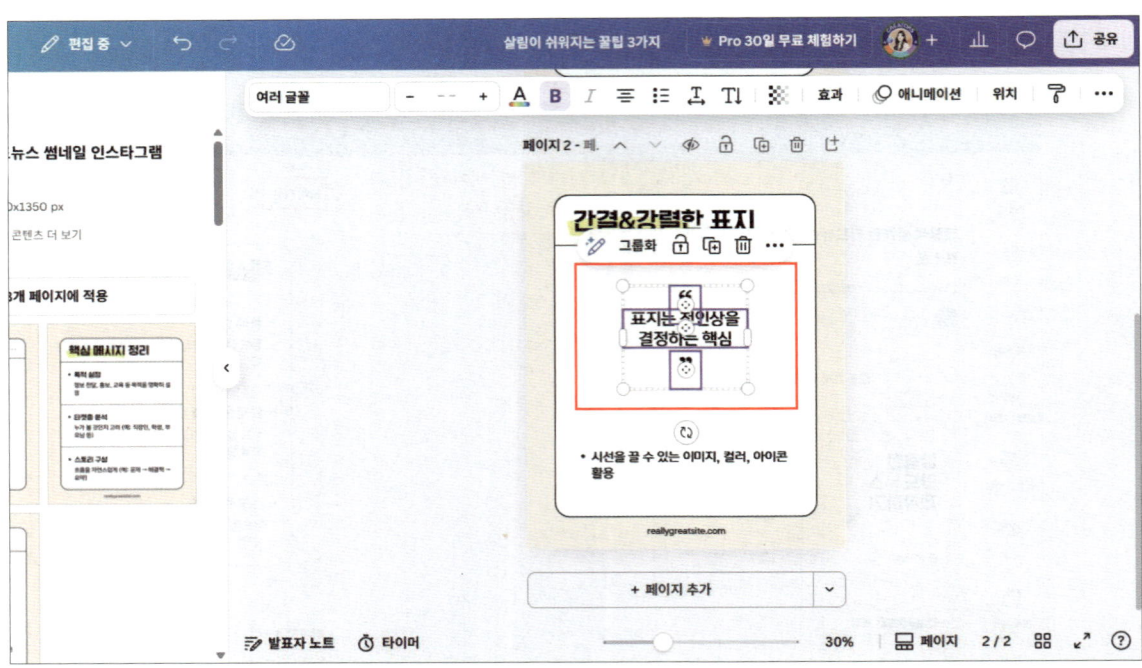

08 따옴표와 텍스트는 아래쪽에 가로로 나열해 배치한 다음 텍스트의 간격을 일정하게 맞추기 위해 Alt + Shift + T 를 누릅니다.

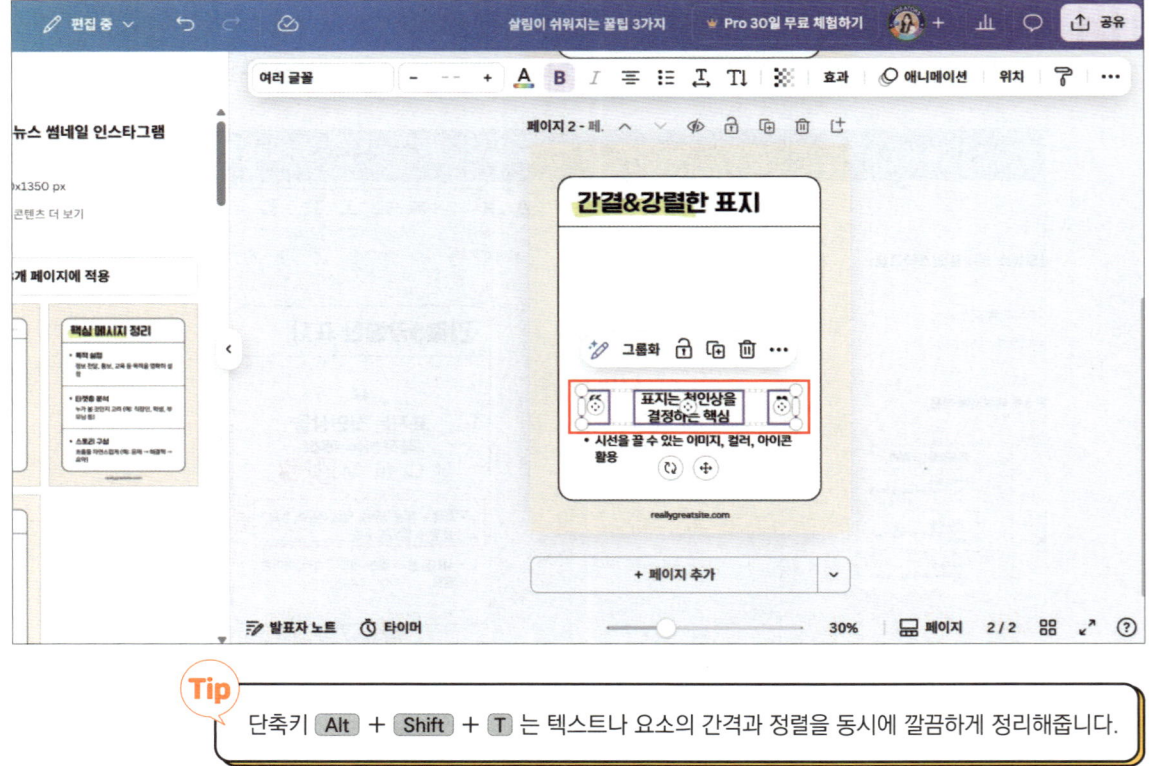

Tip 단축키 Alt + Shift + T 는 텍스트나 요소의 간격과 정렬을 동시에 깔끔하게 정리해줍니다.

▶ **프레임 삽입**

09 [요소] 클릭한 후 사각형 프레임을 선택해 페이지에 추가한 다음 모서리와 사각형 면의 핸들을 드래그해 선에 맞게 크기를 조절합니다.

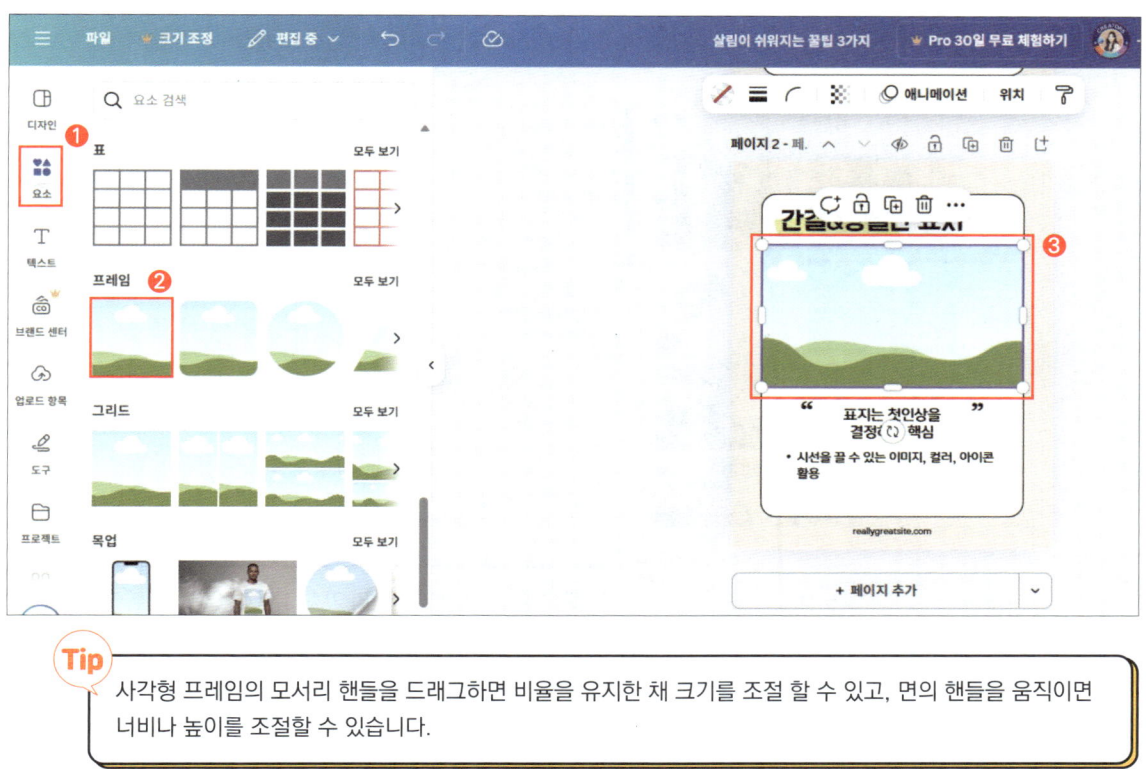

Tip 사각형 프레임의 모서리 핸들을 드래그하면 비율을 유지한 채 크기를 조절 할 수 있고, 면의 핸들을 움직이면 너비나 높이를 조절할 수 있습니다.

10 카드뉴스 주제에 맞게 텍스트 내용을 다음과 같이 수정합니다.

11 다음과 같이 텍스트 상자를 선택한 다음 편집 메뉴에서 **B (굵게)**를 클릭하여 해제합니다. ≔(목록) 두 번 클릭하여 문단 앞에 있는 목록을 해제합니다.

> **Tip**
> ≔(목록)은 단락 앞에 글머리 기호나 번호를 자동으로 적용해줍니다.
> 아이콘을 클릭할 때마다 글머리 목록, 번호 목록, 목록 해제가 적용됩니다.

12 요소에서 **'냉장고'**를 검색하여 **[사진] 탭**에서 마음에 드는 이미지를 프레임 위로 드래그합니다.

> **Tip**
> 프레임에 사진을 넣으려면 검색한 사진을 프레임 위로 드래그해야 됩니다.
> 사진을 클릭하면 프레임에 삽입되지 않고 페이지에 삽입됩니다.

▶ 페이지 복제 / 이동

13 2페이지의 (페이지 복제)를 클릭해 동일한 페이지를 하나 복제합니다.

14 복제된 세 번째 페이지도 동일한 방법으로 다음과 같이 사진과 텍스트를 변경합니다. 다시 (페이지 복제)를 클릭하여 네 번째 페이지를 만듭니다.

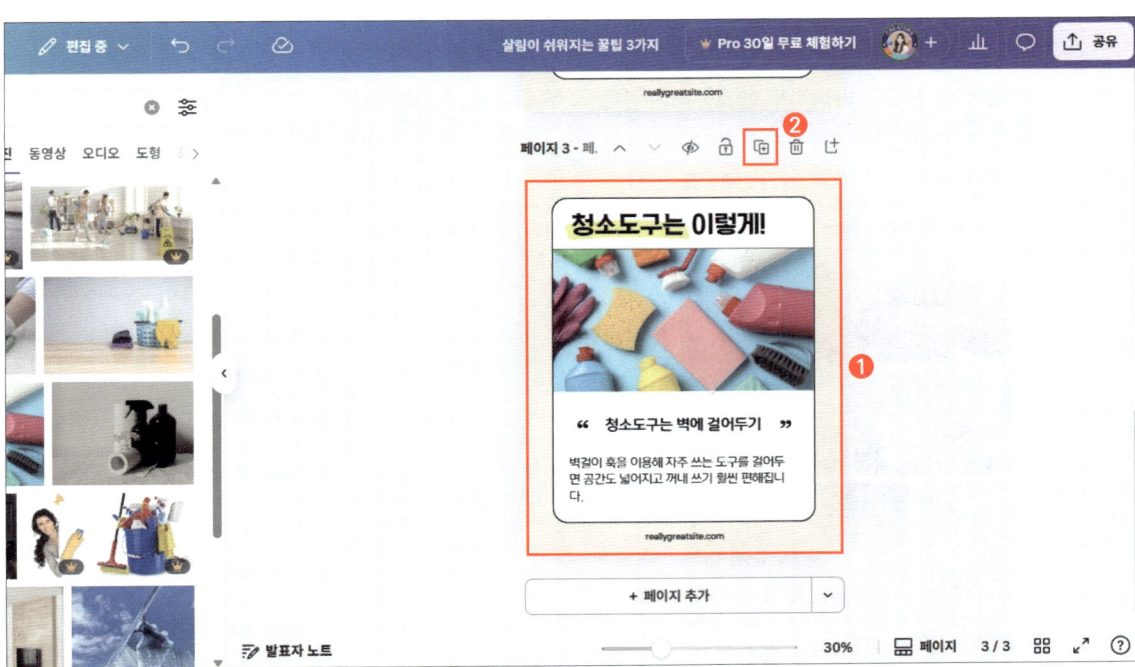

15 복제된 페이지의 내용과 이미지를 다음과 같이 수정합니다. 편집 화면 하단의 [페이지]를 클릭해 페이지 썸네일이 표시되도록 합니다.

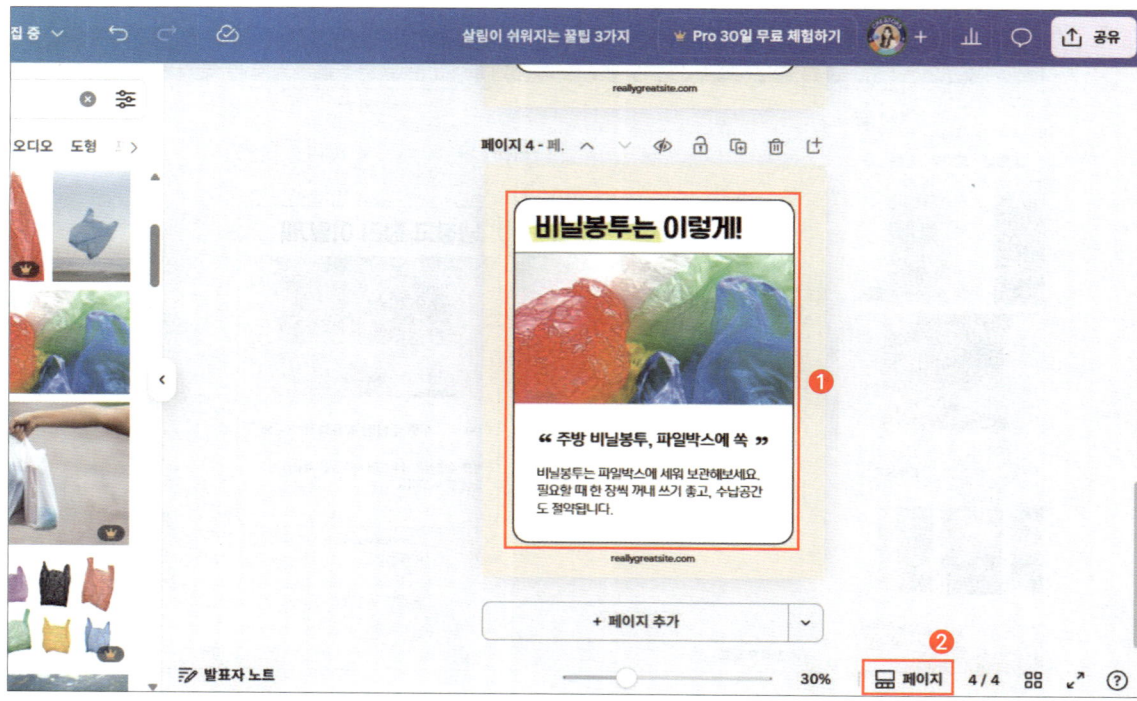

16 화면 하단에 템플릿 썸네일이 표시됩니다. 1페이지 썸네일을 선택한 후 …(더 보기)를 눌러 [페이지 복제]를 클릭합니다.

118 | 처음이라도 괜찮아! 따라만 해도 완성되는 캔바 디자인

17 복제한 페이지를 마우스로 드래그해 오른쪽 마지막 페이지로 옮깁니다.

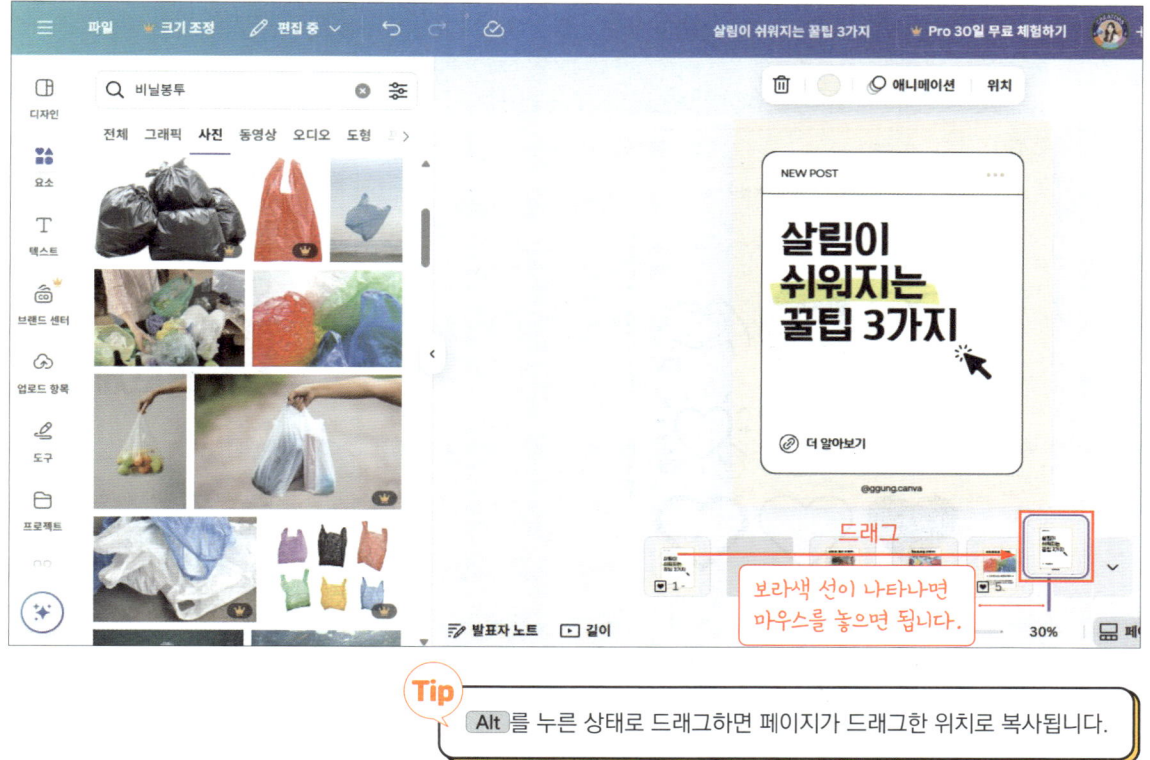

Tip | `Alt`를 누른 상태로 드래그하면 페이지가 드래그한 위치로 복사됩니다.

18 다섯 번째 페이지는 텍스트를 독자의 행동을 유도하는 내용으로 다음과 같이 수정합니다. 하단의 필요없는 요소를 선택 후 `Delete`를 눌러 삭제합니다.

Tip | 독자의 행동을 유도하는 것을 콜투액션(Call to Action)이라고 합니다. 예를 들어 블로그 방문, 다른 콘텐츠 보기, 계정 팔로우, 문의하기 등 원하는 행동으로 자연스럽게 이어지도록 하는 것입니다. 카드뉴스의 마지막 페이지에 이런 행동 유도 문구를 담으면 독자와의 소통과 참여를 이끌어내고 콘텐츠 효과를 더욱 높일 수 있습니다.

19 '하트 아이콘'을 검색하여 [그래픽] 탭에서 원하는 아이콘을 선택합니다. 아이콘의 크기를 조절하고 다음과 같이 왼쪽 하단에 배치하여 완성합니다.

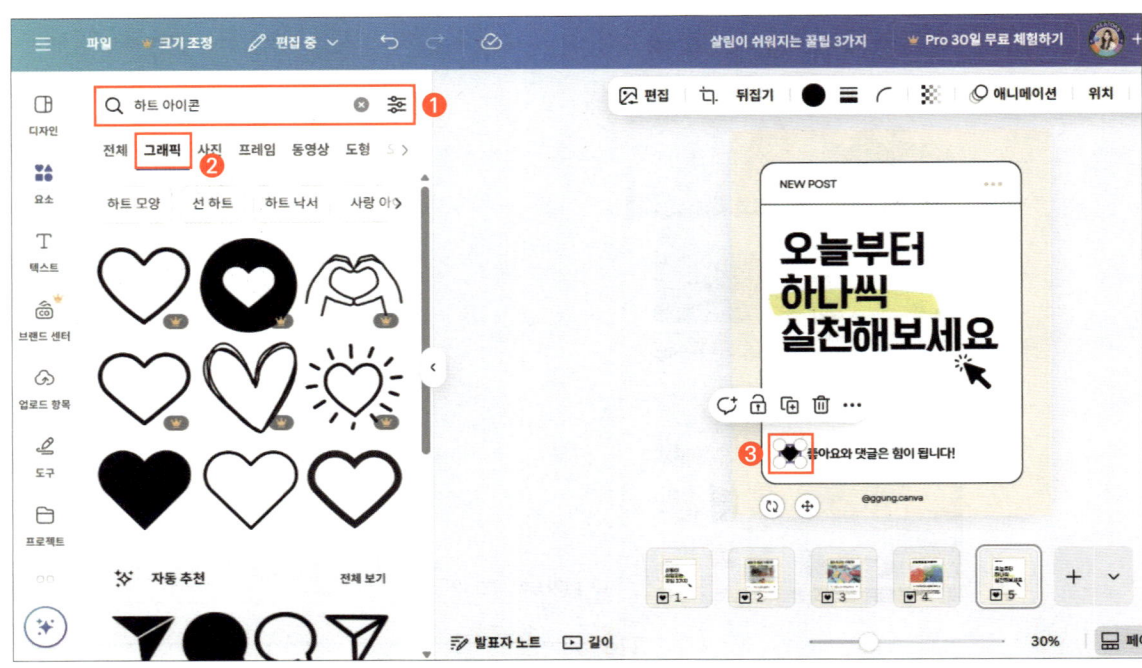

20 완성된 카드뉴스는 [공유]-[다운로드]를 클릭하고 파일 형식은 [PNG]로 설정해 다운로드합니다.

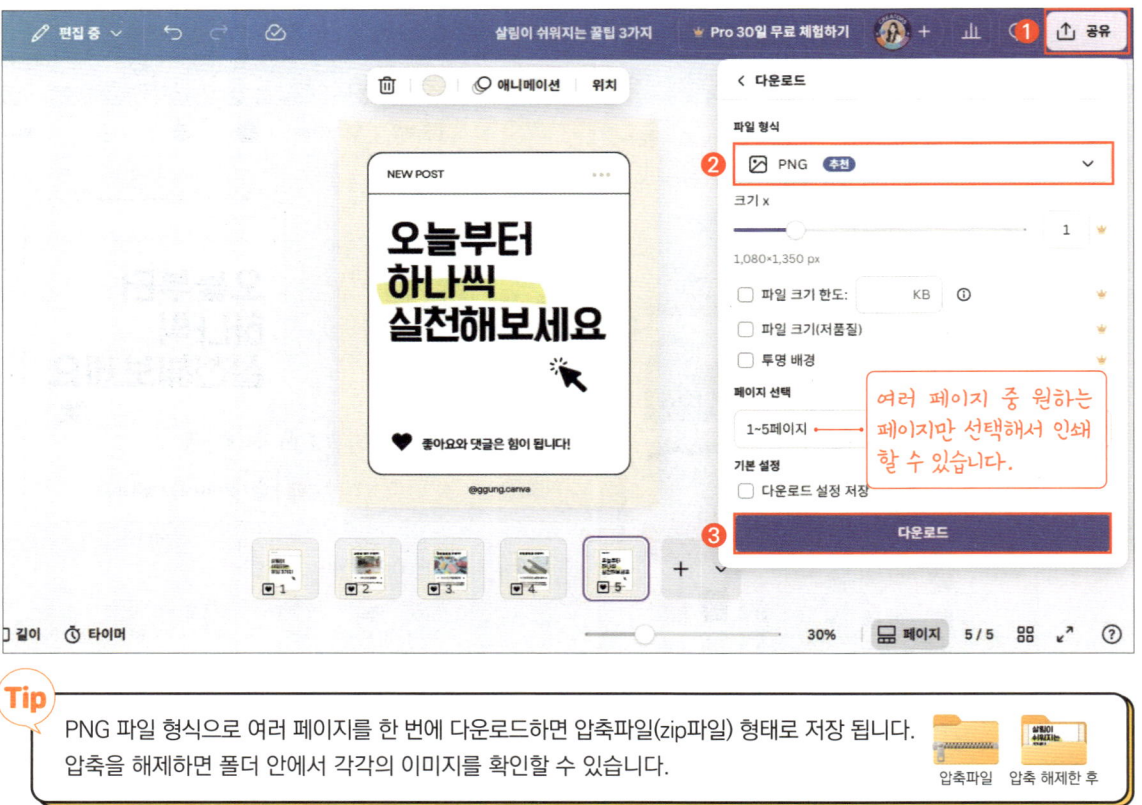

Tip PNG 파일 형식으로 여러 페이지를 한 번에 다운로드하면 압축파일(zip파일) 형태로 저장 됩니다. 압축을 해제하면 폴더 안에서 각각의 이미지를 확인할 수 있습니다.

▶ 색 조합 적용하기

카드뉴스를 디자인할 때 색상과 글꼴을 통일하면 카드뉴스가 훨씬 정돈되어 보이고, 전달력도 높아집니다. 캔바의 [스타일] 기능을 활용하면 다양한 조합을 손쉽게 적용할 수 있습니다.

01. [디자인]-[스타일] 탭을 클릭한 후 조합 [모두 보기]를 선택합니다.

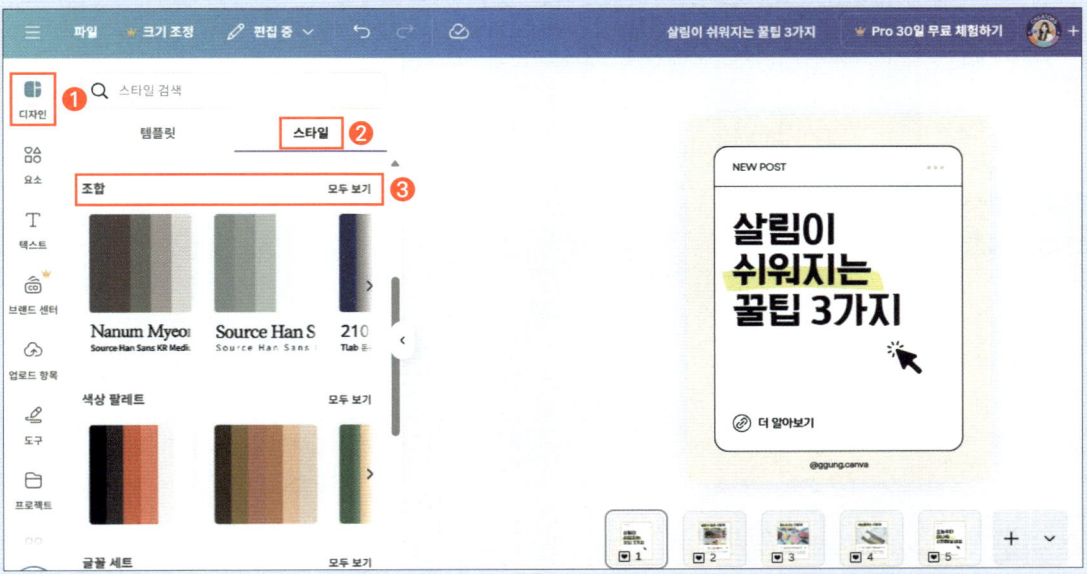

02. 마음에 드는 조합을 선택한 후 [모든 페이지에 적용]을 클릭하면 카드뉴스 전체에 통일된 스타일이 자동으로 적용됩니다. 한 가지 조합을 여러번 클릭하면 또 다른 컬러 조합으로 변경됩니다.

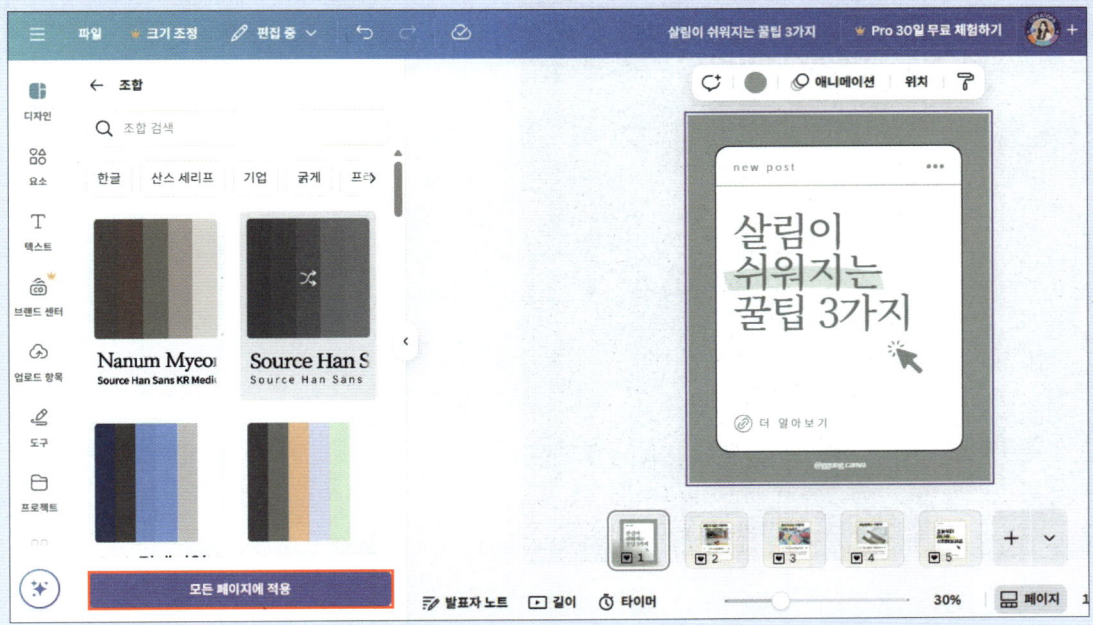

Chapter 4 감성 숏폼 동영상 만들기

짧은 영상 콘텐츠, 숏폼은 이제 누구나 쉽게 만들 수 있습니다. 특히 캔바에서는 사진과 텍스트 뿐만 아니라 간단한 애니메이션 효과까지 더해 감각적인 영상을 제작할 수 있다는 것이 장점입니다. 이번 챕터에서는 움직이는 자막과 부드러운 전환 효과로 완성도 높은 숏폼 영상을 만드는 방법을 알아보겠습니다.

Preview

핵심 포인트

- 숏폼에 사용할 영상을 적절한 길이로 편집합니다.
- 그리드를 사용해 여러 영상을 깔끔하게 배치합니다.
- 텍스트와 영상에 애니메이션 효과를 적용해 감성적인 분위기를 연출합니다.
- 오디오를 추가해 영상을 완성합니다.

완성파일 : 숏폼 동영상.mp4

01 캔바 홈 화면에서 ⊕ [만들기]를 클릭합니다. '모바일 동영상'을 검색한 다음 [모바일 동영상]을 클릭합니다.

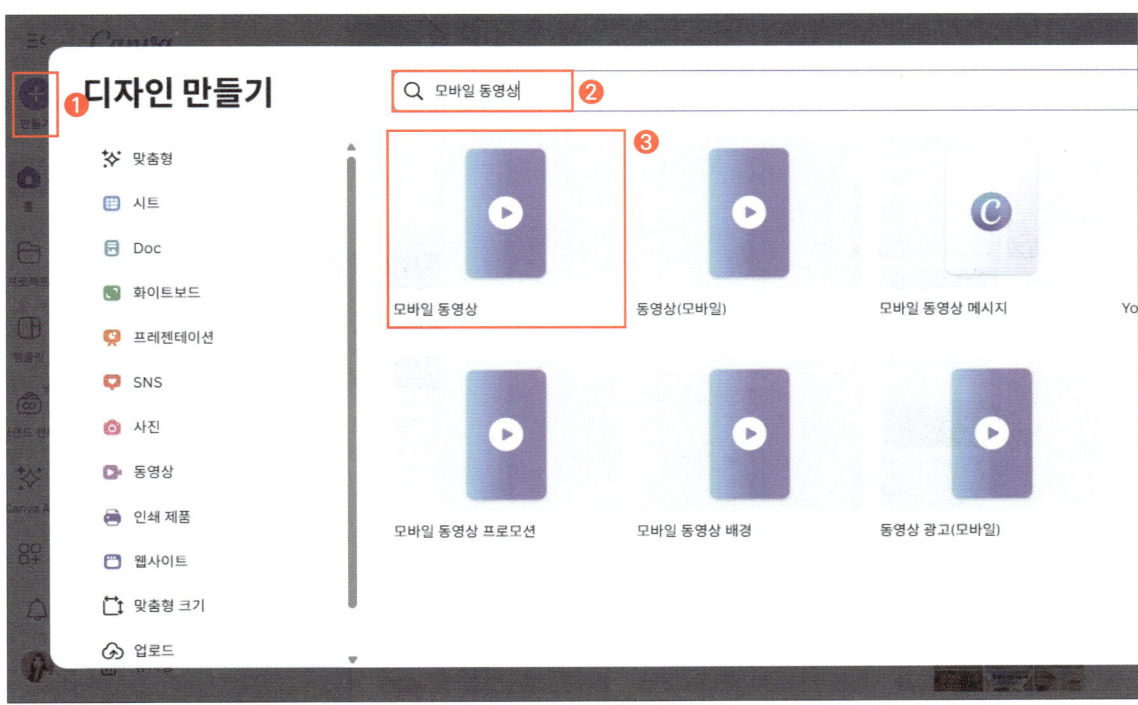

▶ **영상 배경으로 삽입하기**

02 [요소]에서 '감성'을 검색한 뒤, [동영상] 탭에서 원하는 영상을 클릭합니다. 페이지에 추가된 영상에서 **마우스 오른쪽 버튼**을 클릭하여 [**동영상을 배경으로 설정합니다**]를 선택합니다.

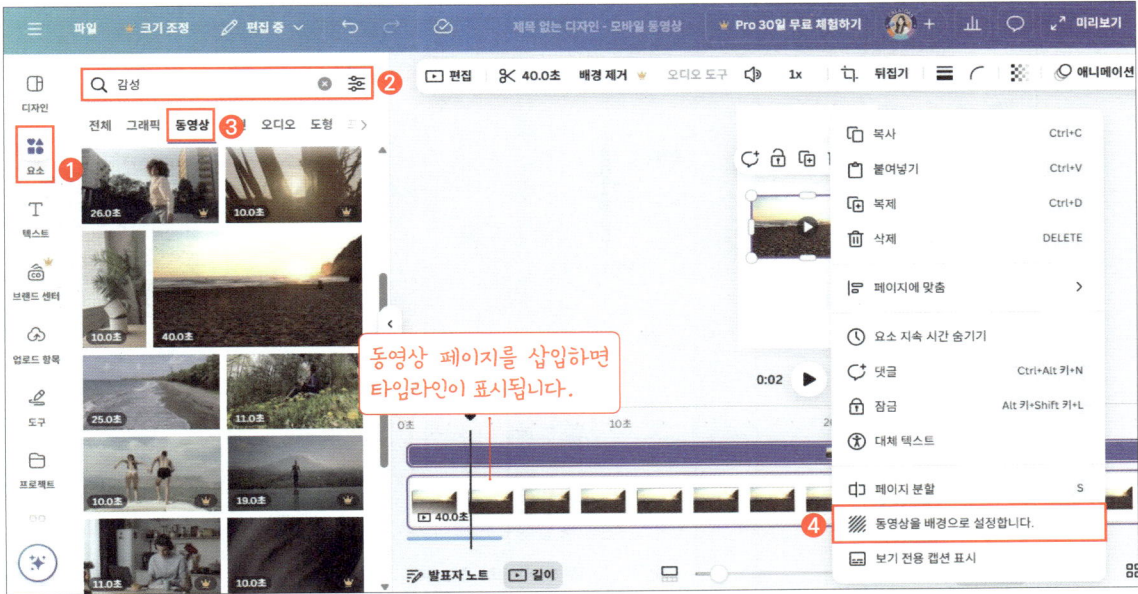

03 동영상 길이를 조정하기 위해 타임라인에서 동영상을 선택합니다. 편집 메뉴에서 ✂ [다듬기]를 클릭하여 재생 시간을 '**3.0초**'로 설정하고 [**완료**]를 클릭합니다.

04 T [텍스트]-[텍스트 상자 추가]를 클릭한 다음 '**오늘 하루 고생 많았어요**'를 입력합니다. 글꼴은 '**210 시적허용**', 글꼴 크기는 '**55.2**', 텍스트 색상은 '**흰색(#FFFFFF)**'으로 설정합니다.

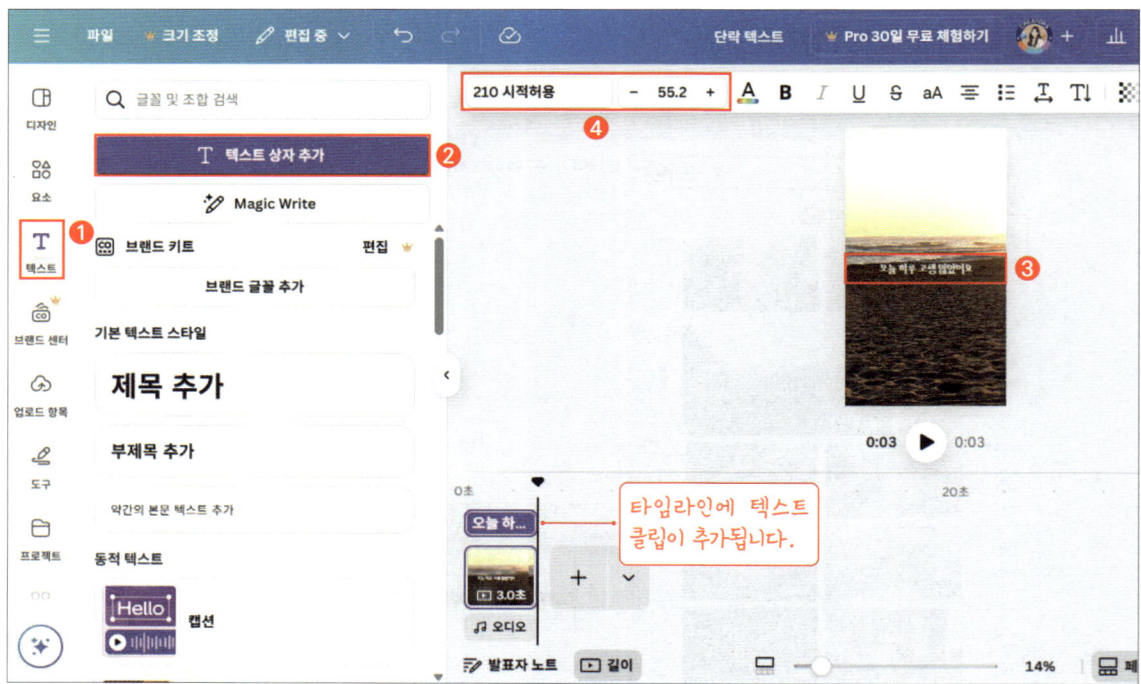

05 편집 메뉴에서 [애니메이션]을 클릭한 후 애니메이션 패널에서 [올라오기]를 선택합니다. 타임라인에서 ✚ (페이지 추가)를 클릭하여 빈페이지를 삽입합니다.

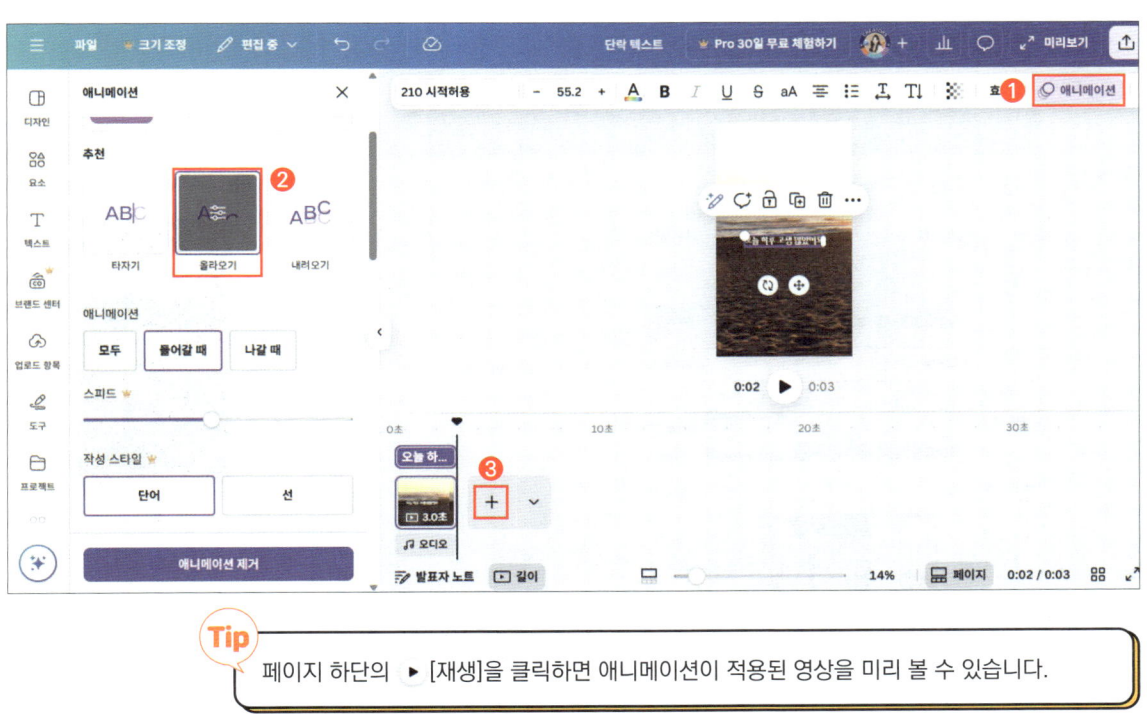

Tip 페이지 하단의 ▶ [재생]을 클릭하면 애니메이션이 적용된 영상을 미리 볼 수 있습니다.

06 추가한 페이지의 배경색을 설정하기 위해 편집 메뉴에서 ⬤ (배경 색상)을 클릭해 '검정(#000000)'을 선택합니다.

▶ **그리드 삽입하기**

07 [요소]를 클릭하여 요소 패널의 스크롤 바를 아래로 이동합니다. 그리드의 [모두 보기]를 클릭합니다.

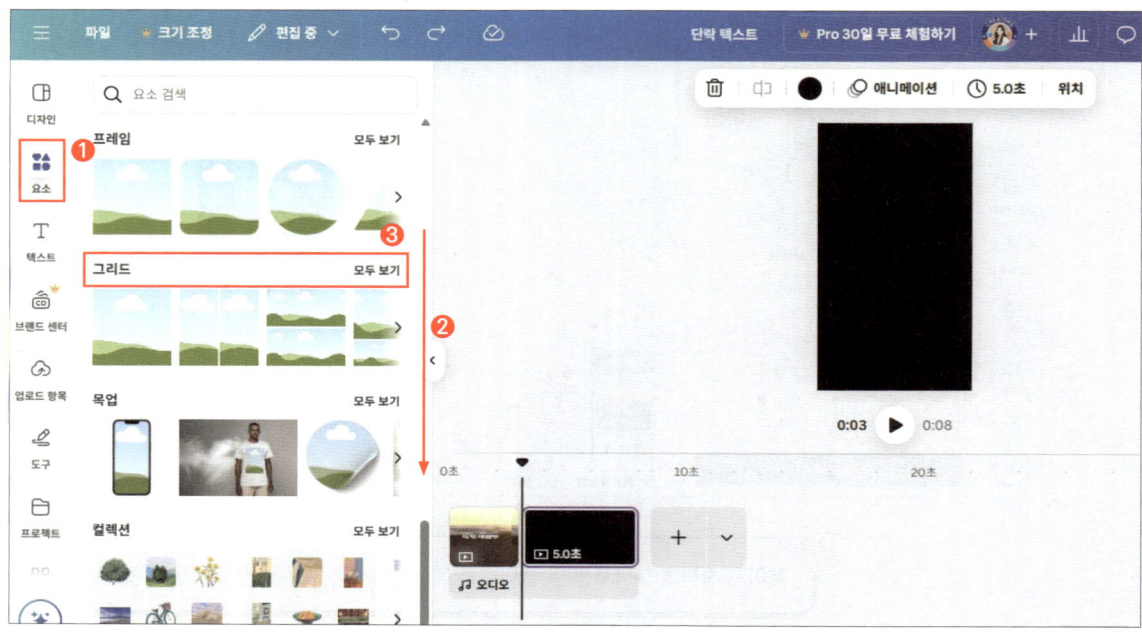

08 가로로 3등분된 그리드를 선택해 페이지에 삽입한 후 편집 메뉴에서 ⌒ (모서리 둥글게 만들기)는 '57', [간격]은 '28'로 설정합니다.

> **Tip** 그리드는 페이지를 여러 구역으로 나누어 사진을 깔끔하게 배치할 수 있습니다. 여러 이미지를 한 번에 정리할 때 유용합니다.

09 그리드의 크기를 Alt 를 누른 상태로 페이지보다 조금 작게 조절합니다. 요소 패널에서 '**커피**'를 검색한 뒤, **[동영상] 탭**에서 마음에 드는 영상을 드래그하여 그리드에 넣습니다.

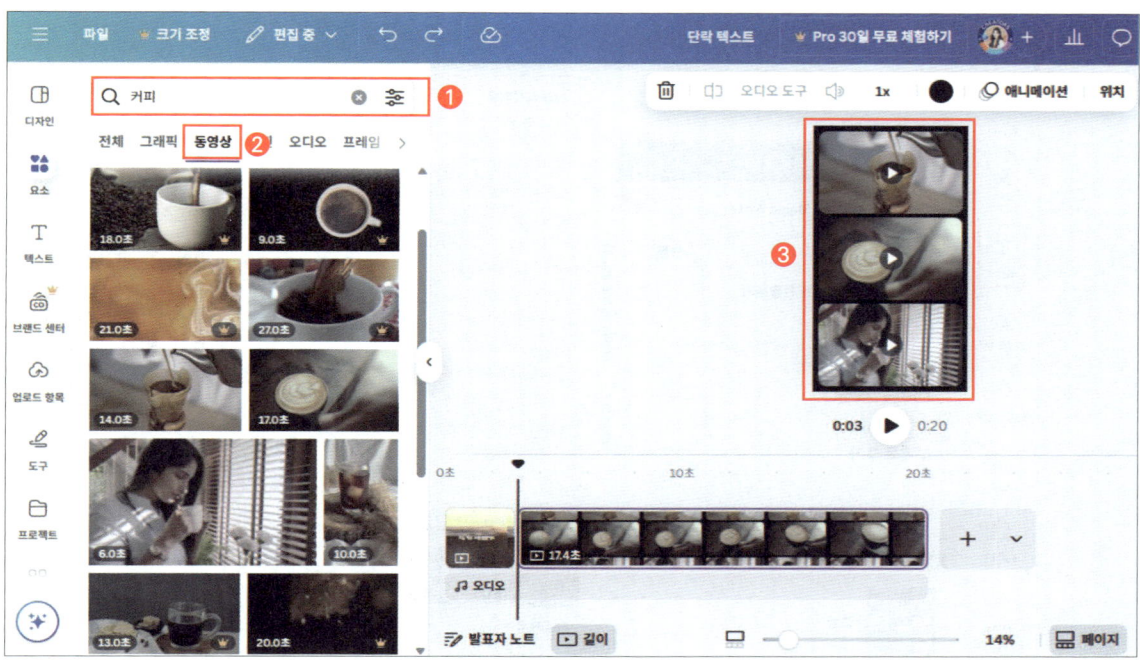

10 동영상 재생 시간을 조절하기 위해 타임라인의 **2페이지 썸네일** 페이지 **오른쪽 끝 부분**을 왼쪽으로 드래그하여 길이를 '**4.0초**'로 줄입니다.

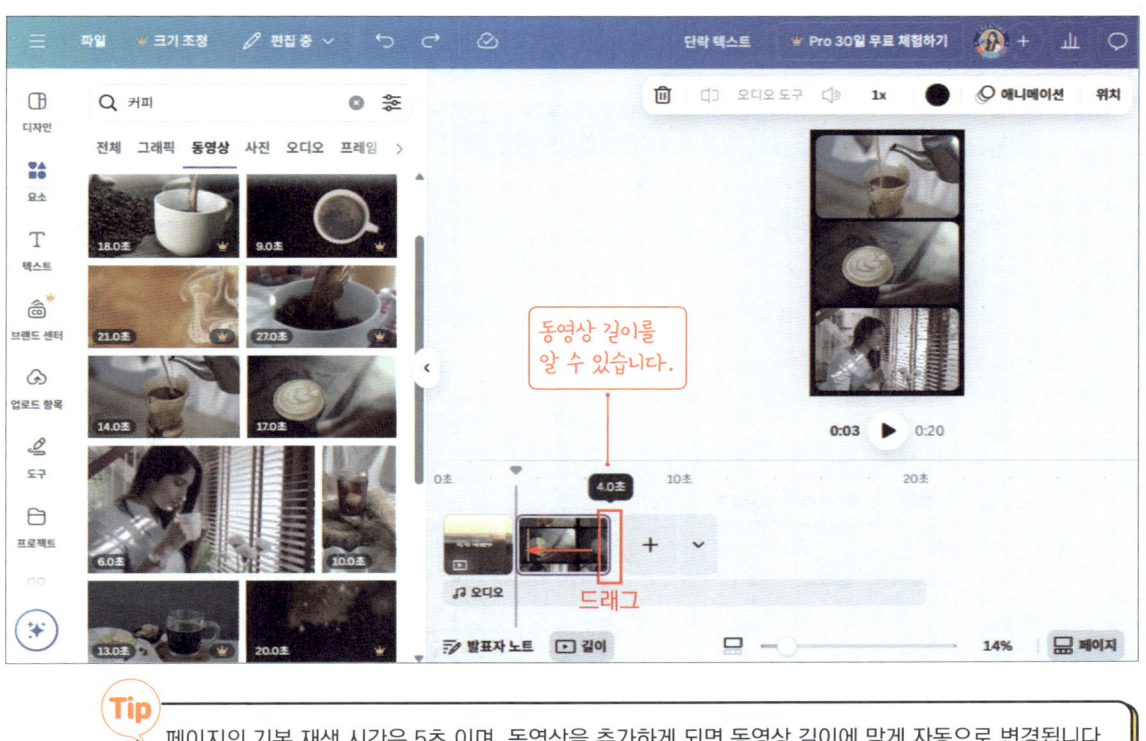

Tip 페이지의 기본 재생 시간은 5초 이며, 동영상을 추가하게 되면 동영상 길이에 맞게 자동으로 변경됩니다.

11 T [텍스트]-[텍스트 상자 추가]를 클릭한 다음 '하루를 살아낸 당신이 참 대단해요'를 입력하고 글꼴 '210 시적허용', 글꼴 크기는 '55.2', 텍스트 색상은 '흰색(#FFFFFF)'을 설정합니다.

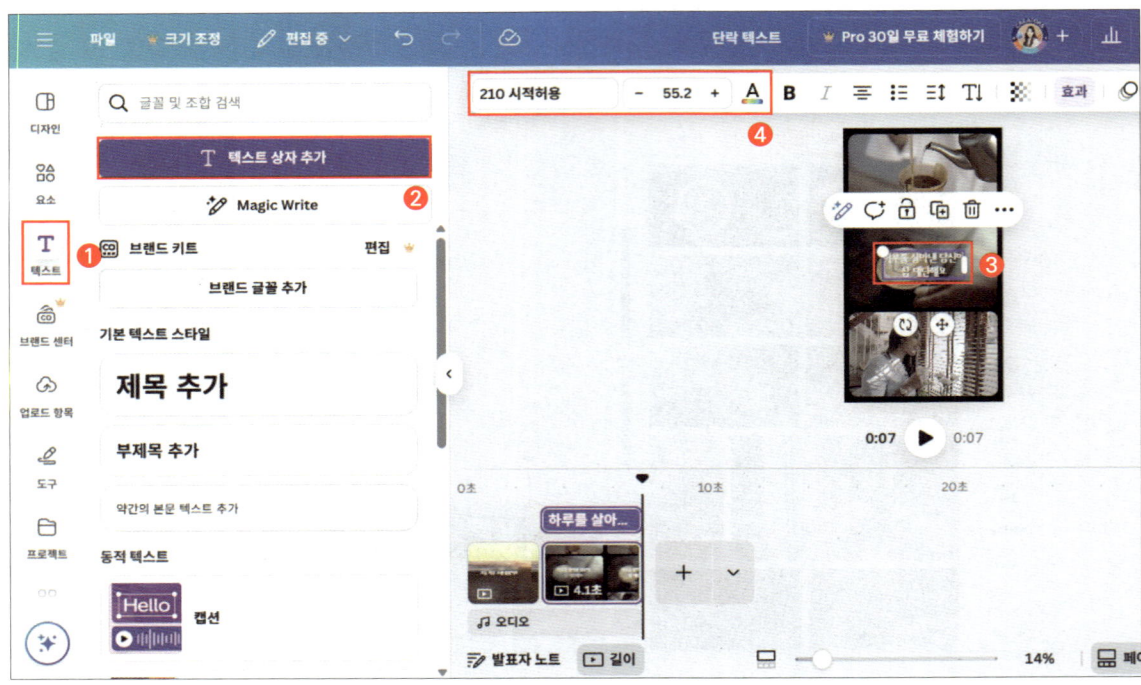

12 타임라인에서 2페이지 썸네일을 선택합니다. 편집 메뉴에서 [애니메이션]을 클릭한 다음 애니메이션 패널에서 [내려오기]와 [들어갈때]를 선택합니다.

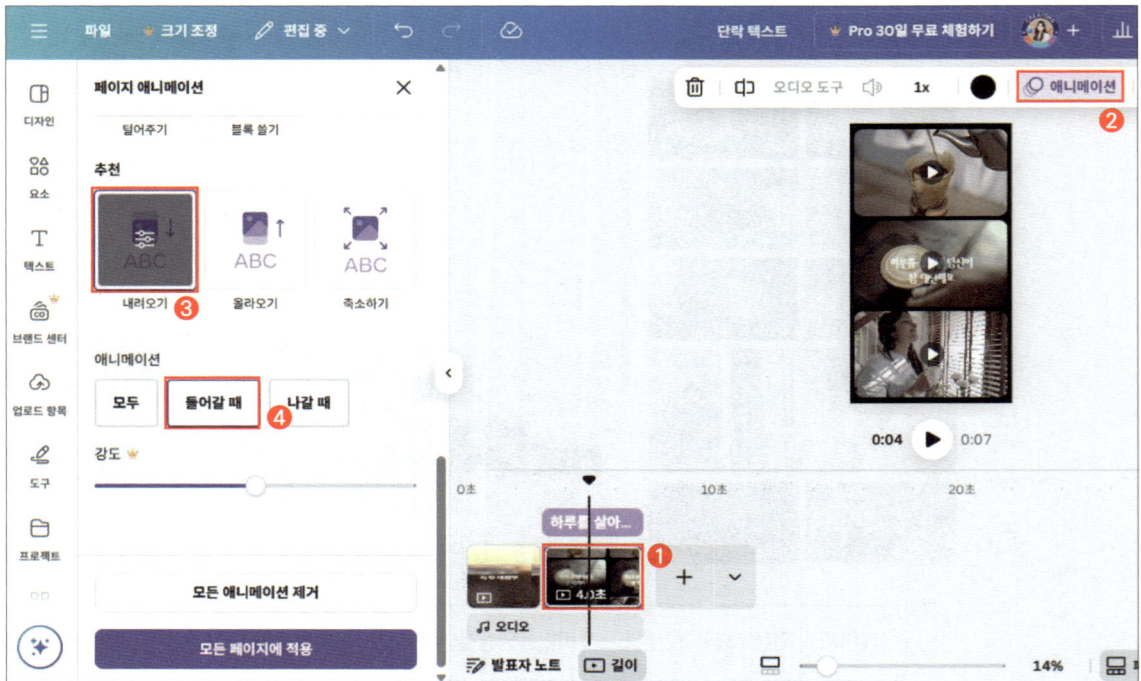

13 1페이지 썸네일을 선택한 후 ⋯ (더 보기)를 클릭한 다음 [페이지 복제]를 클릭합니다.

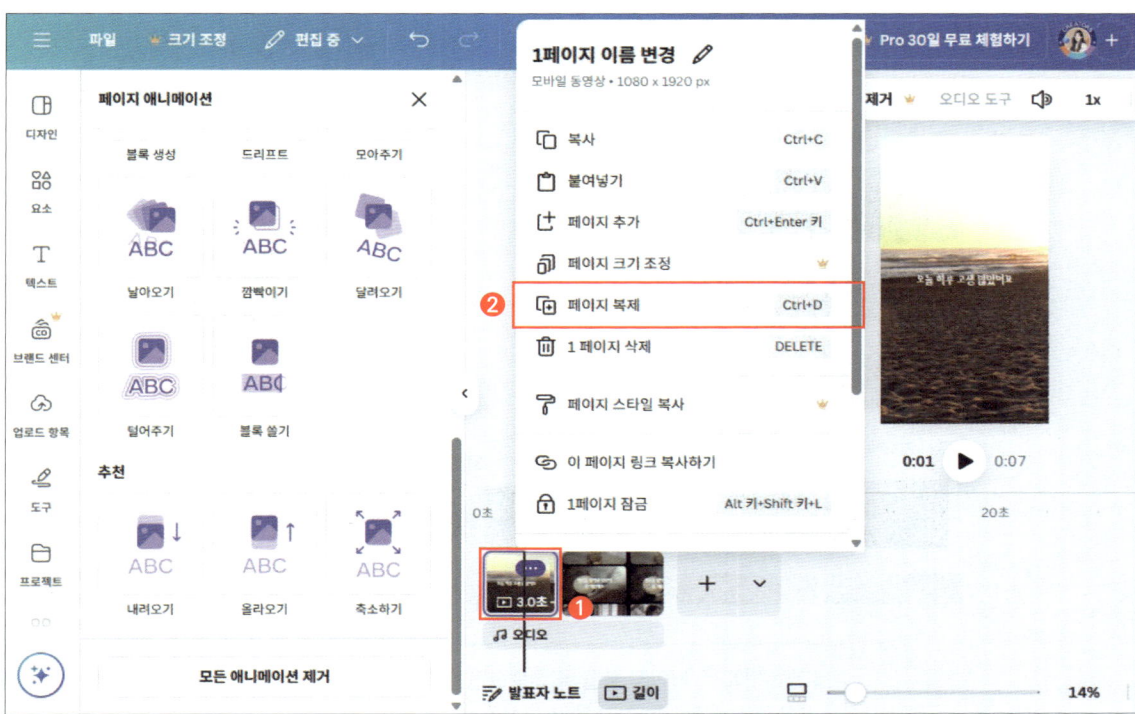

14 복제한 페이지를 드래그하여 2페이지 뒤로 드래그하여 보라색 삽입 선이 표시되면 마우스를 놓습니다.

15 [요소] 클릭한 뒤 '하늘'을 검색하여 [동영상] 탭에서 원하는 영상을 삽입합니다. 페이지에 삽입된 영상을 선택한 후 …(더 보기)를 눌러 [배경 교체]를 클릭합니다.

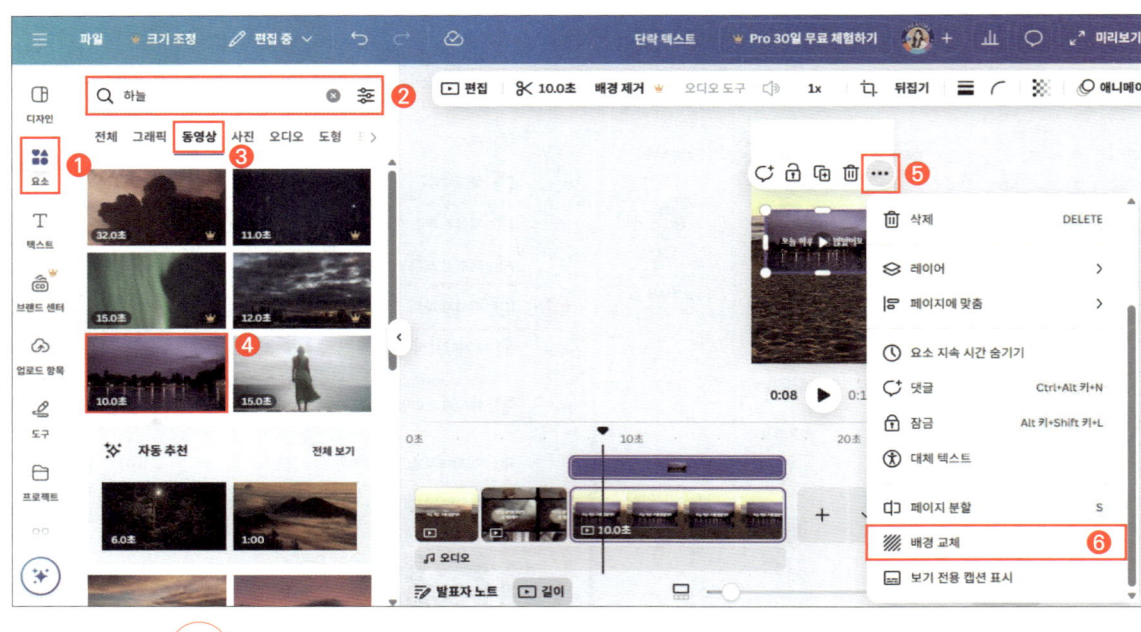

> **Tip** [더보기]에서 '페이지 분할'을 선택하면 검은색 막대를 기준으로 페이지가 두 개로 나뉘게 됩니다. 분할된 각 페이지는 각각 따로 편집할 수 있습니다.

16 다음과 같이 배경이 변경되면 페이지를 클릭합니다. 편집 메뉴에서 [다듬기]를 클릭하여 시간을 '5.0초'로 설정한 뒤 [완료]를 클릭합니다.

17 페이지의 텍스트를 '오늘도 수고했어요. 이 말이 위로가 되길 바래요.'로 수정하고 편집 메뉴에서 [애니메이션]을 클릭한 다음 [타자기]와 [들어갈 때]를 선택합니다.

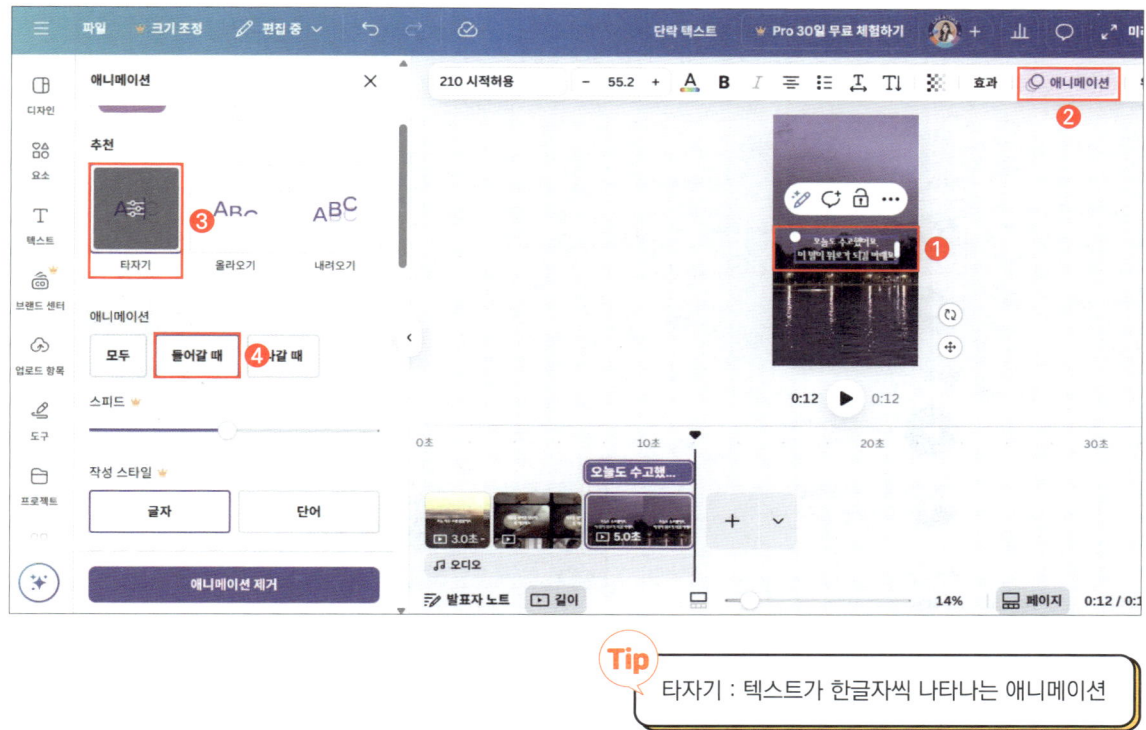

> **Tip** 타자기 : 텍스트가 한글자씩 나타나는 애니메이션

▶ 오디오 삽입하기

18 이제 오디오를 추가하겠습니다. [요소]를 클릭하고 스크롤 바를 아래로 이동한 다음 오디오의 [모두 보기]를 클릭합니다.

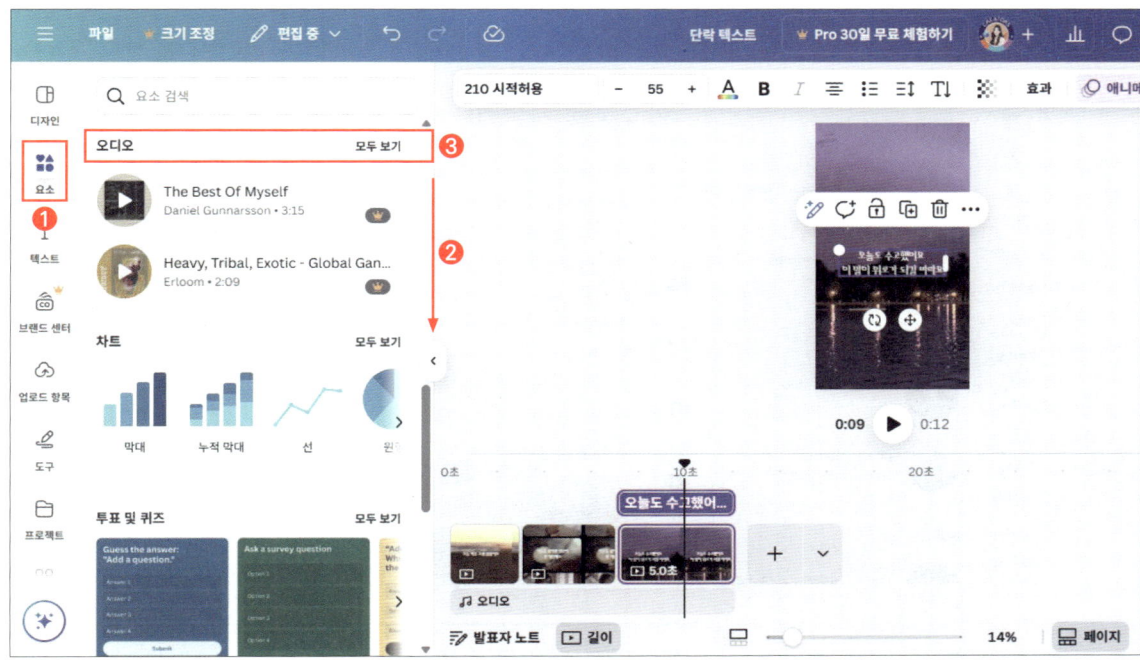

Part 03 누구나 쉽게 완성하는 SNS 콘텐츠 디자인 | **131**

19 각 오디오의 ▶(재생)을 눌러 미리 들어볼 수 있으며, 다시 누르면 중지됩니다. 검은색 바를 **썸네일의 맨 앞으로 이동**시킨 후 원하는 오디오를 클릭합니다.

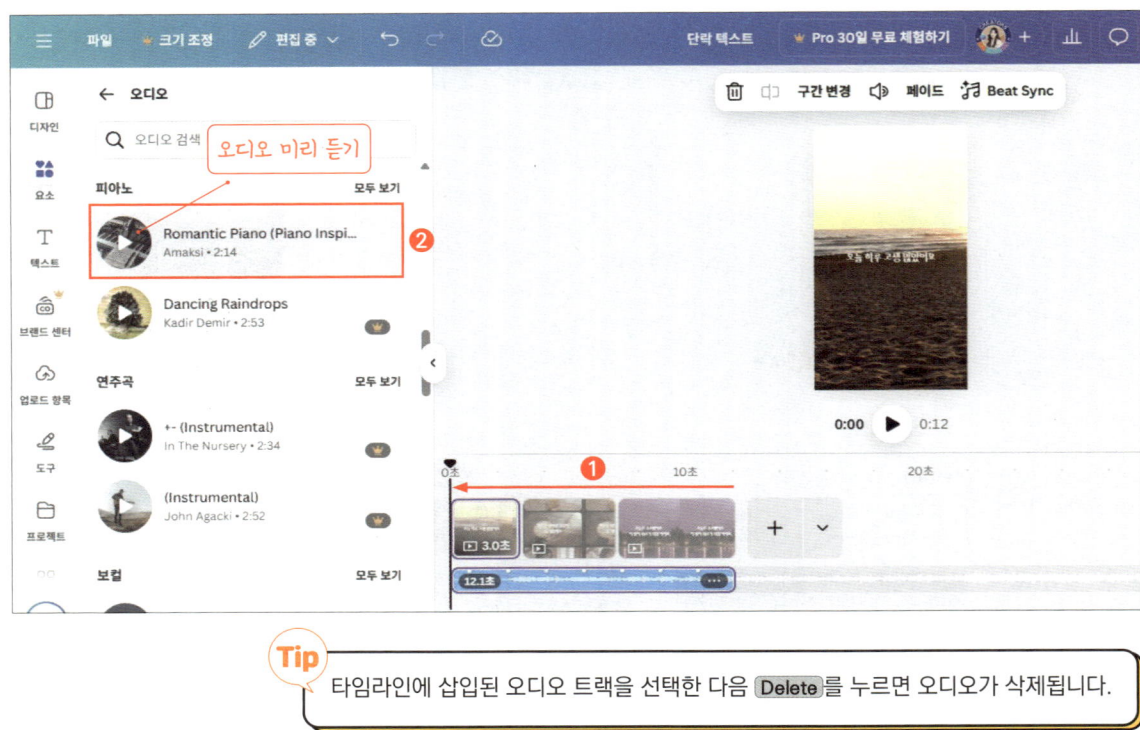

> **Tip** 타임라인에 삽입된 오디오 트랙을 선택한 다음 Delete 를 누르면 오디오가 삭제됩니다.

20 편집 메뉴에서 [**구간 변경**]을 클릭한 다음 타임라인의 오디오 트랙을 마우스로 움직여 재생되는 구간을 변경할 수 있습니다.

> **Tip** 편집 메뉴에서 ◁)(볼륨)을 클릭하여 오디오의 소리를 줄이거나 키울 수 있습니다.

21 편집 메뉴에서 [페이드]를 클릭합니다. 페이드 인과 페이드 아웃의 값을 각각 '1.0초'로 설정하고, ▶(재생)을 눌러 결과를 확인합니다.

> **Tip**
> 페이드 인 : 오디오가 처음에는 작게 시작해서 점점 커지는 효과
> 페이드 아웃 : 오디오가 점점 작아지면서 사라지는 효과

한 스푼 더!

▶ **오디오 라이센스 확인**

- 오디오 제목 부분에 마우스 포인터를 위치시켜 ⋯ (더 보기)를 클릭하면 선택한 오디오가 상업적 용도로 사용 가능한지 알 수 있습니다.

▶ **오디오 시작과 끝 위치 지정**

- 오디오의 길이는 처음과 끝부분을 마우스로 드래그해 조절할 수 있으며, 구간을 마우스로 드래그해 원하는 부분으로 이동할 수도 있습니다.

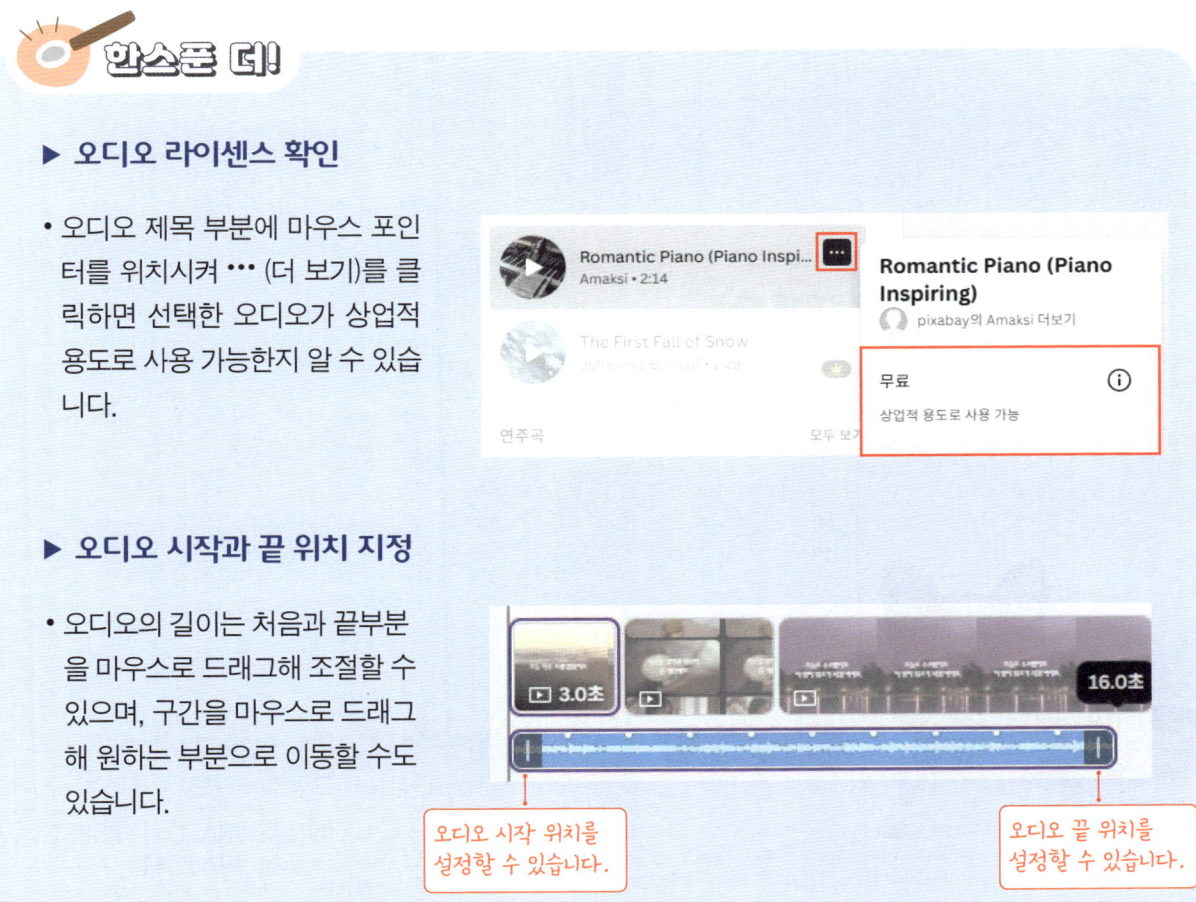

혼자해보기

01. 인스타그램 게시물(정사각형) 사이즈의 블로그 썸네일을 만들어보세요.

사진 검색 키워드	브런치
도형 크기	770*780
투명도	83
텍스트 서식	210 네모진 #351913 / JASO Sans #FFFFFF

완성 파일 : 맛집 블로그 썸네일.jpg

02. 인스타그램 게시물(4:5) 사이즈의 카드뉴스 첫 번째 페이지를 만들어보세요.

배경 제거 앱	Background Cleaner
편집 효과	그림자 – 개요
텍스트 서식	마카롱, #8A5C41, #5F321A / 윤굴림, #8A5C41

완성 파일: 꿀팁 정보 카드뉴스.jpg

처음이라도 괜찮아!
따라만 해도 완성되는 캔바 디자인

PART 04

캔바 AI로
업그레이드 하기

Chapter 01.　누구나 쉽게! AI로 업그레이드 하기
　　　　　　　AI 이미지 생성 활용하기
　　　　　　　AI 글쓰기 활용하기
　　　　　　　AI 코드 생성 활용하기
Chapter 02.　Magic Media로 디자인 만들기
Chapter 03.　Magic Write로 똑똑하게 콘텐츠 만들기
Chapter 04.　AI 음성으로 메시지 영상 만들기

Chapter 1
누구나 쉽게! AI 업그레이드 하기

디자인을 할 때 이미지, 글, 다양한 기능이 필요할 때가 많습니다. Canva AI는 이런 작업을 도와주는 똑똑한 AI 도구입니다. 간단한 문장을 입력하면 원하는 이미지를 만들고, 문서나 카드뉴스에 들어갈 글을 자동으로 써주며, 설문이나 계산기 같은 코드도 생성할 수 있습니다. 이번 챕터에서는 Canva AI의 세 가지 핵심 기능과 활용 방법을 하나씩 살펴보겠습니다.

Preview

완성파일 : AI이미지.jpg

핵심 포인트

- Canva AI 이미지 생성 기능을 활용해 원하는 스타일의 이미지를 직접 만들어봅니다.
- Canva AI 문서 초안 작성 기능으로 블로그 게시글을 작성하고 수정합니다.
- Canva AI 코드 생성 기능으로 생일축하 카드를 만들어봅니다

▶ AI 이미지 생성 활용하기

01 캔바 홈 화면의 메인 검색바에서 [Canva AI]를 클릭하면 [이미지 생성], [문서 초안 작성], [코드 생성] 세 가지 메뉴가 활성화됩니다.

02 [이미지 생성]을 클릭한 후, 생성하고 싶은 이미지에 대한 설명을 '아늑한 카페 작은 카페 내부 풍경, 창가에 놓인 라떼와 꽃병'을 입력합니다.

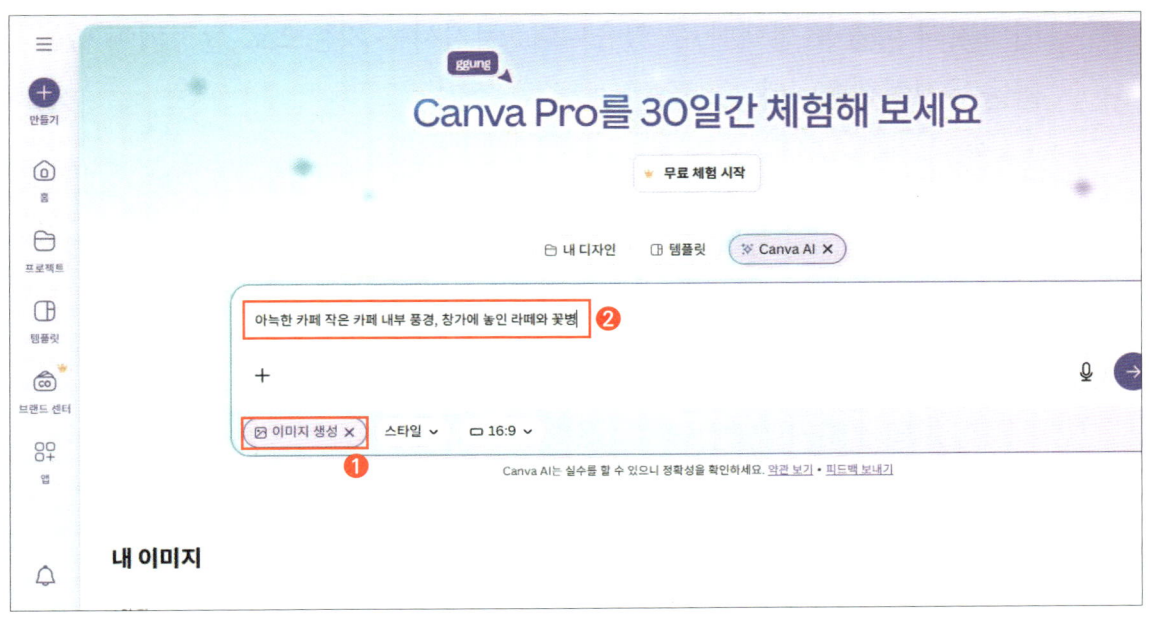

> **Tip** Canva AI 이미지 생성에 사용할 설명은 너무 긴 문장보다는 핵심 단어 중심으로 간결하게 적는 것이 좋습니다. 영어로 입력할 수도 있고, 한국어로 작성해도 원하는 이미지를 만들 수 있습니다.

03 [스타일]을 클릭하여 생성하려는 이미지의 스타일을 '**스마트**'를 선택합니다. 스타일을 선택하면 생성될 이미지에 해당 스타일이 적용됩니다.

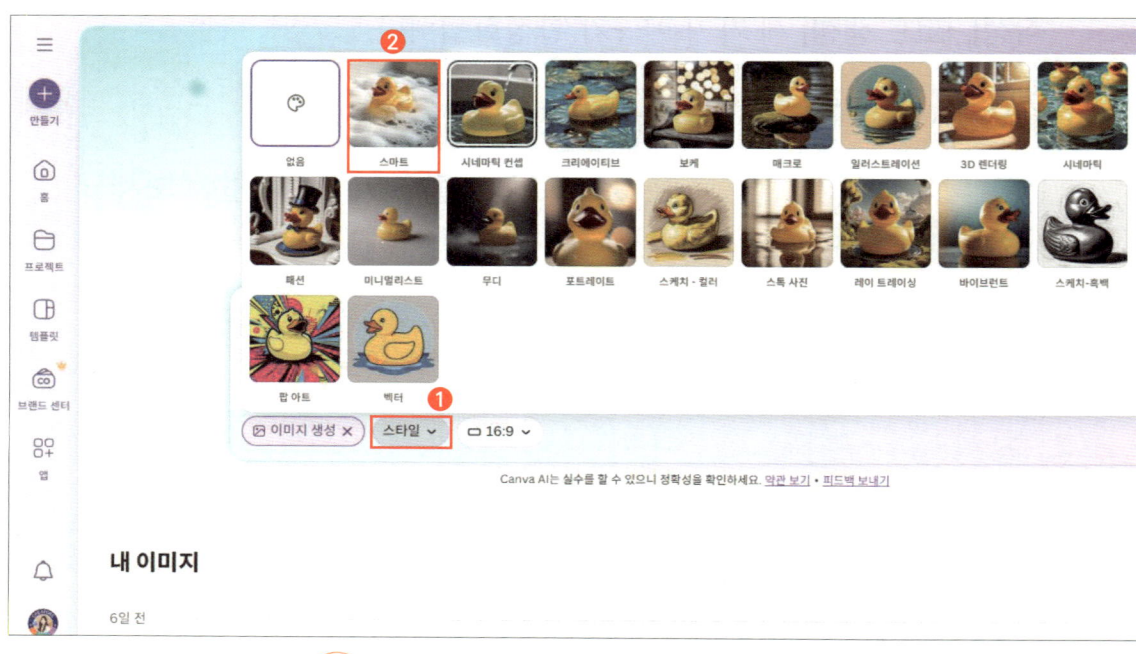

> **Tip** 생성하는 이미지의 스타일에 대해 설명하지 않아도, 캔바에서 제공하는 스타일 중 원하는 스타일을 선택하면 자동으로 적용됩니다.

04 이미지의 크기를 설정하기 위해 [16:9]를 클릭합니다. 이미지 비율 창에서 원하는 이미지의 비율을 선택할 수 있습니다. 여기서는 기본으로 설정되어 있는 '**16:9**' 비율을 유지하겠습니다.

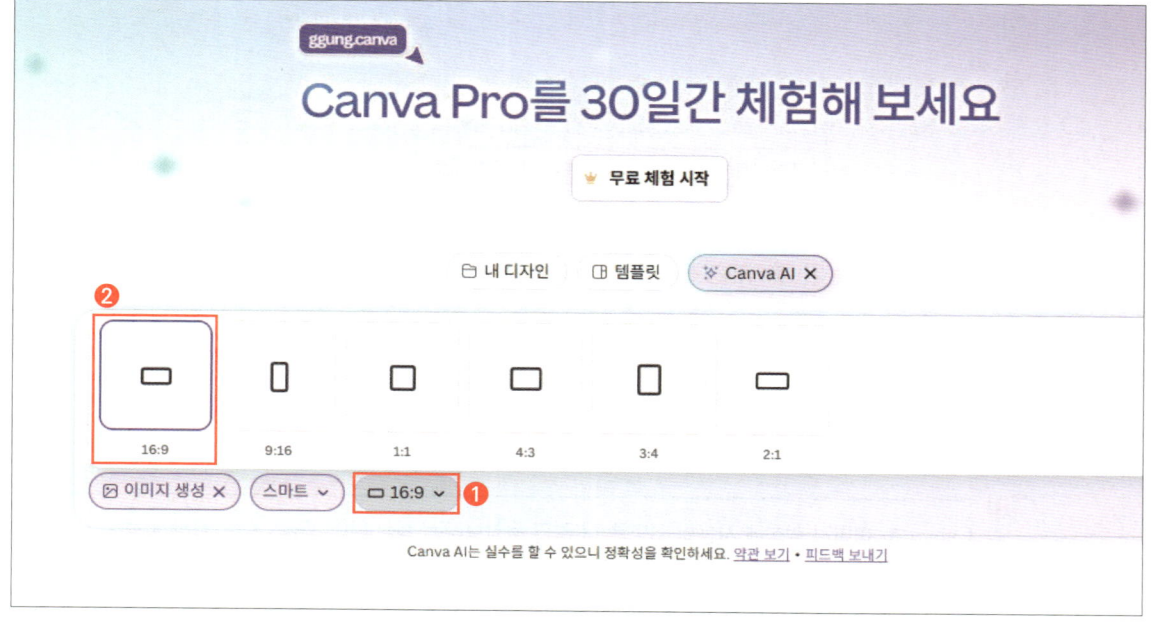

05 이미지 스타일과 비율 설정을 완료했으면 ➡ (제출하기)를 클릭하거나 Enter 를 누릅니다.

06 생성된 이미지는 [내 이미지] 영역에서 확인할 수 있습니다. 기본적으로 4개의 이미지가 생성되며 이미지 생성 시 입력한 프롬프트, 스타일, 비율도 표시됩니다.

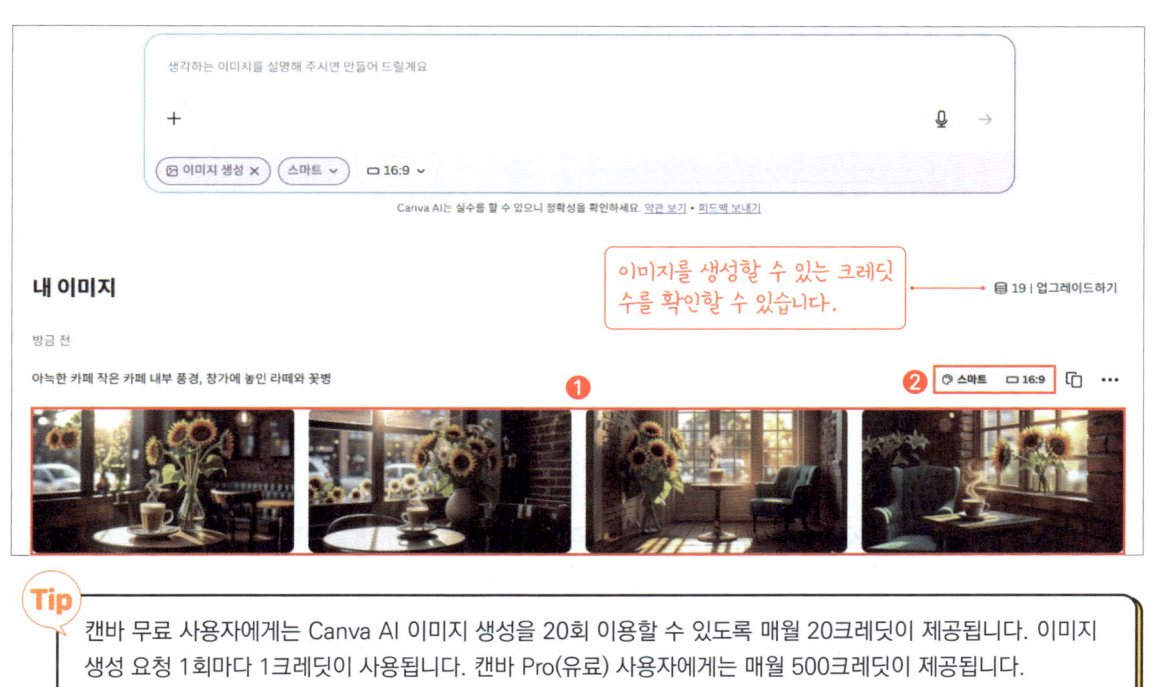

> **Tip** 캔바 무료 사용자에게는 Canva AI 이미지 생성을 20회 이용할 수 있도록 매월 20크레딧이 제공됩니다. 이미지 생성 요청 1회마다 1크레딧이 사용됩니다. 캔바 Pro(유료) 사용자에게는 매월 500크레딧이 제공됩니다.

07 생성된 이미지 위에 마우스 포인터를 위치시키면 [다운로드], [편집], [더 보기] 가 활성화됩니다. ⤓ [다운로드]를 클릭하여 생성한 이미지를 다운로드 받습니다.

> **Tip**
> 편집 : 이미지를 편집할 수 있는 화면으로 이동합니다.
> ⋯ (더보기) : 이미지 복사, 이미지 신고, 이미지 삭제 등의 옵션을 사용할 수 있습니다.

▢ (프롬프트 재사용)을 클릭하면 다음과 같이 프롬프트 입력란에 표시됩니다. 프롬프트를 수정해서 새로운 이미지를 다시 생성할 수 있습니다.

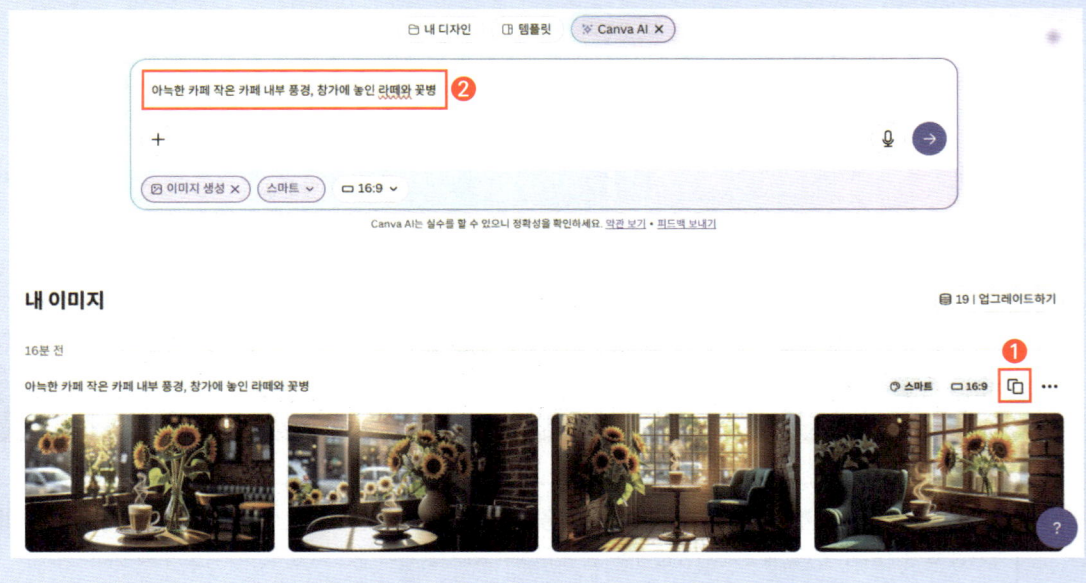

▶ **AI 글쓰기 활용하기**

01 메인 검색바에서 [Canva AI]를 클릭한 뒤 [문서 초안 작성]을 선택합니다. 프롬프트 입력란에 '**건강한 하루를 위한 5가지 좋은 습관을 소개하는 글**'을 입력합니다.

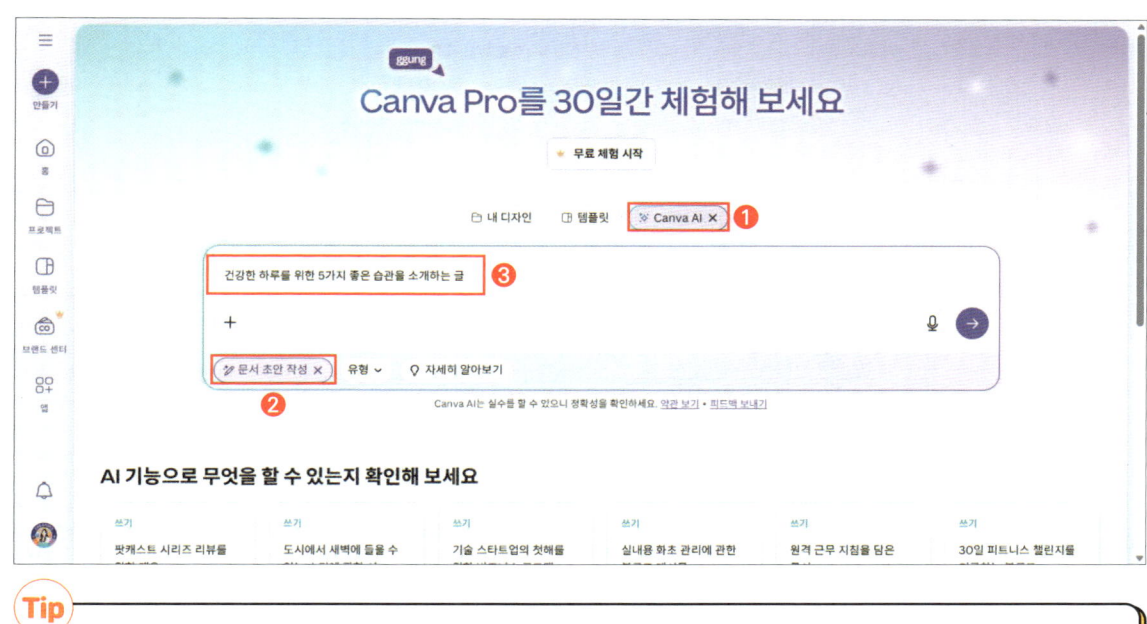

Tip 캔바 무료 사용자는 AI 글쓰기 기능(Magic Write)를 50회 사용할 수 있도록 50크레딧이 제공됩니다. Canva AI의 [문서 초안 작성] 기능을 사용할 때도 크레딧이 차감됩니다. 캔바 Pro(유료) 사용자에게는 500크레딧이 제공됩니다.

02 [유형]을 클릭하여 작성할 글의 스타일이나 형식을 선택할 수 있습니다. 원하는 스타일을 고르면 입력한 내용에 맞춰 글이 생성됩니다. 여기서는 '**블로그 게시물**'을 선택하겠습니다.

Tip 원하는 스타일을 고르면 입력한 내용에 맞춰 글이 생성됩니다.

03 글쓰기 설정을 마쳤으면 ⊙ (제출하기)를 클릭하거나 Enter 를 누릅니다.

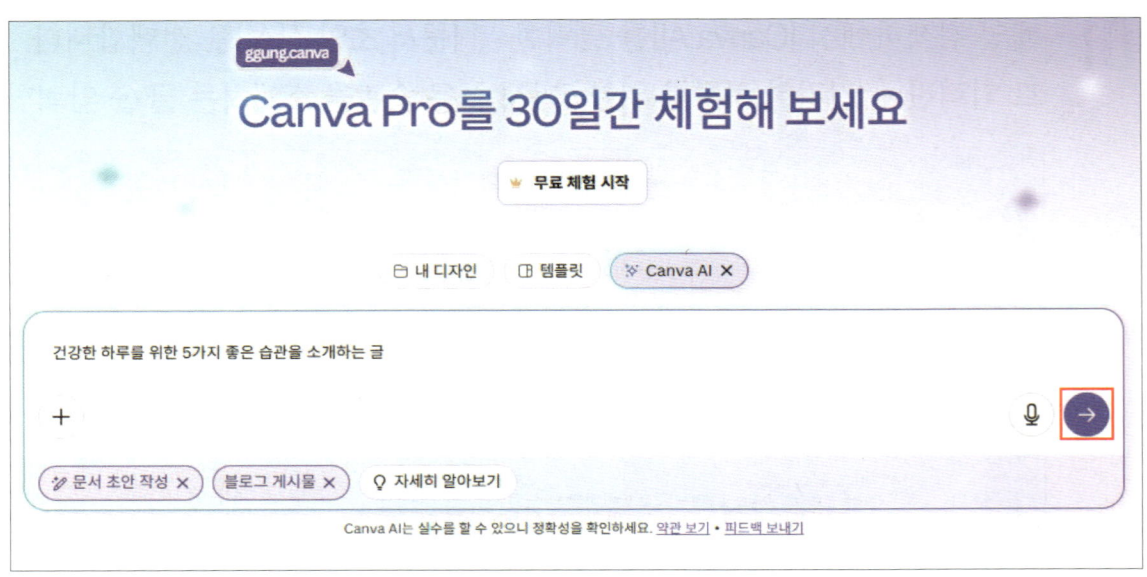

04 새 창이 열리면서 Docs 문서 화면으로 이동하며, 입력한 내용에 따라 글이 자동으로 생성 된 것을 확인할 수 있습니다. 다시 생성하기 위해 **[비슷한 버전]**을 클릭합니다.

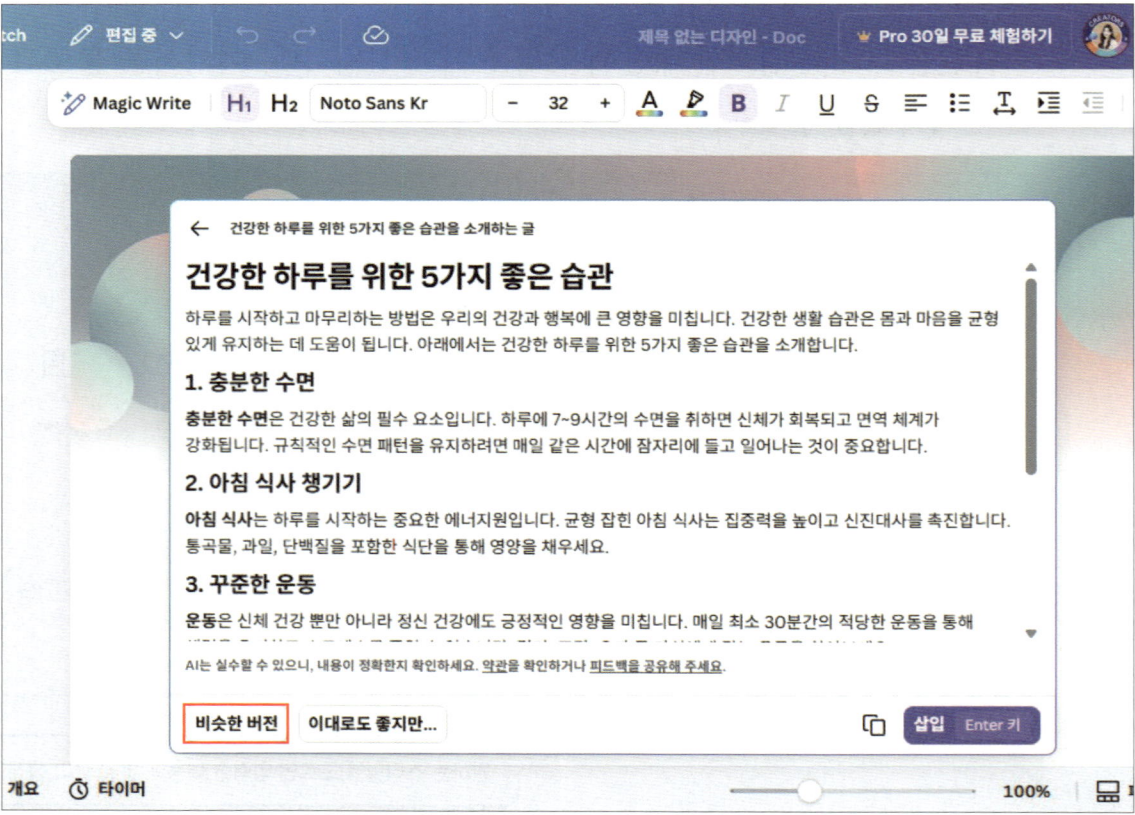

05 같은 주제의 글이 새롭게 다시 생성됩니다. 내용을 수정하기 위해 [이대로도 좋지만...]을 클릭합니다.

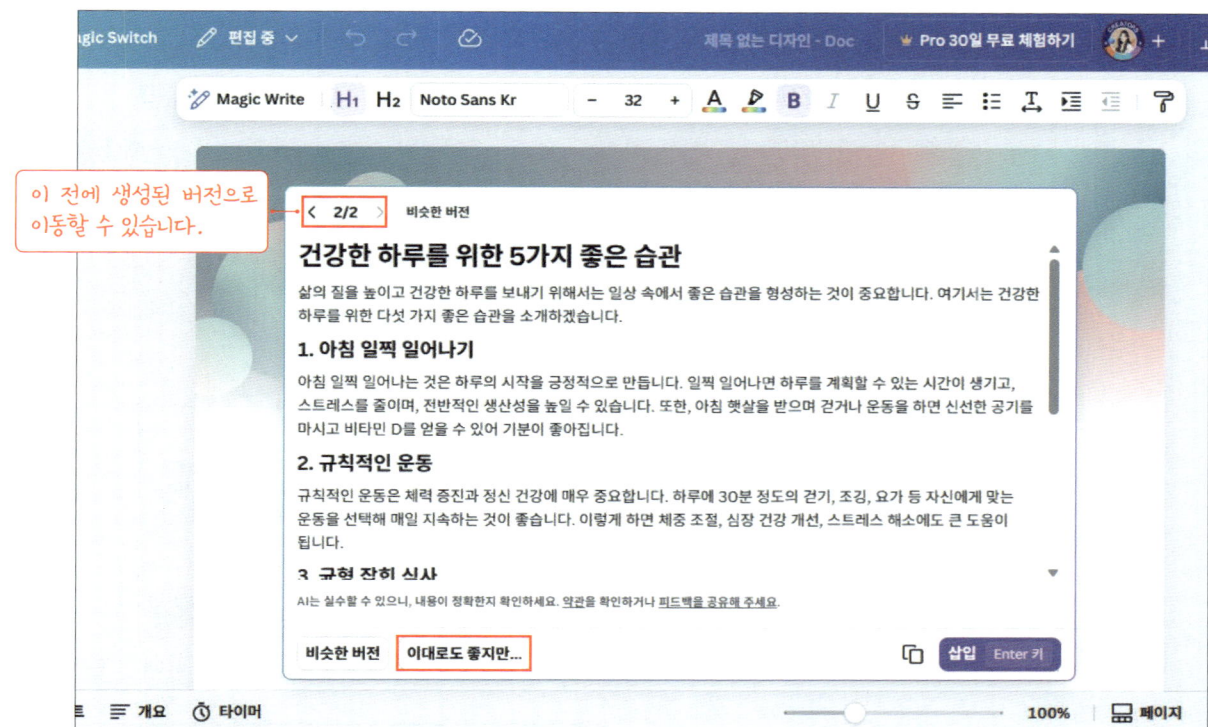

06 내용을 요약하기 위해 다음과 같이 프롬프트 입력란에 '**내용을 간략하게 요약하기**'를 입력하고 [생성하기]를 클릭합니다.

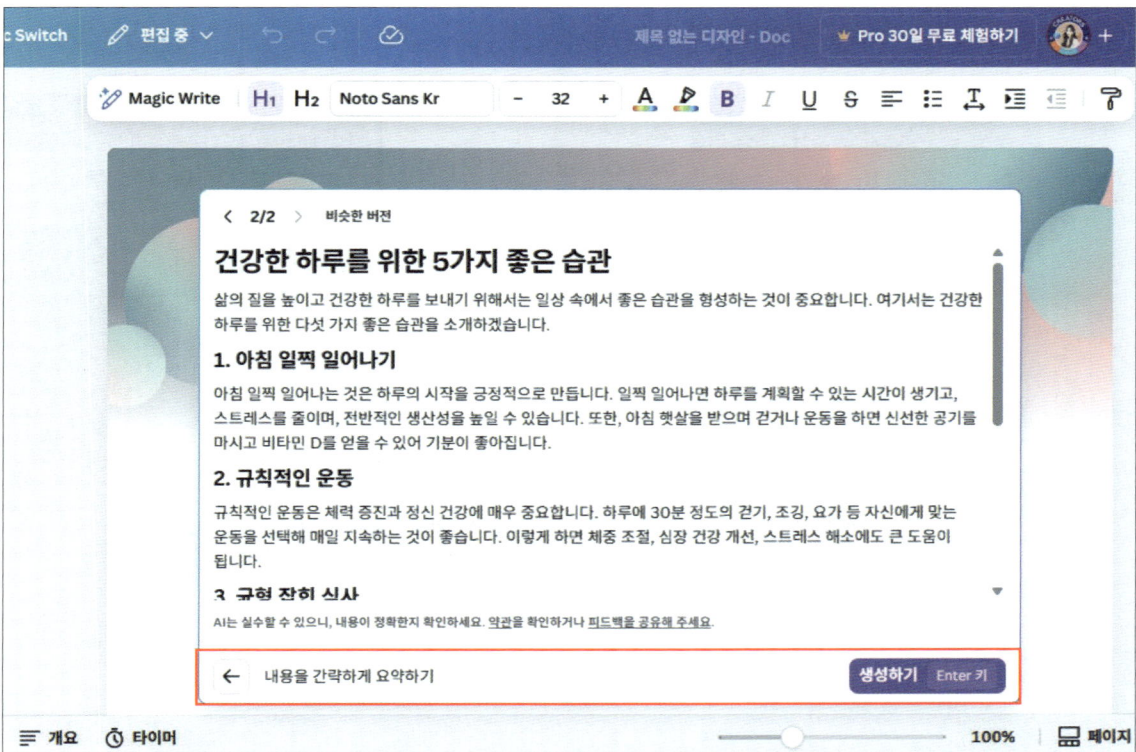

07 생성한 글이 요약되어 다시 생성된 것을 확인할 수 있습니다. 페이지에 AI로 생성한 글을 삽입하기 위해 **[삽입]**을 클릭합니다.

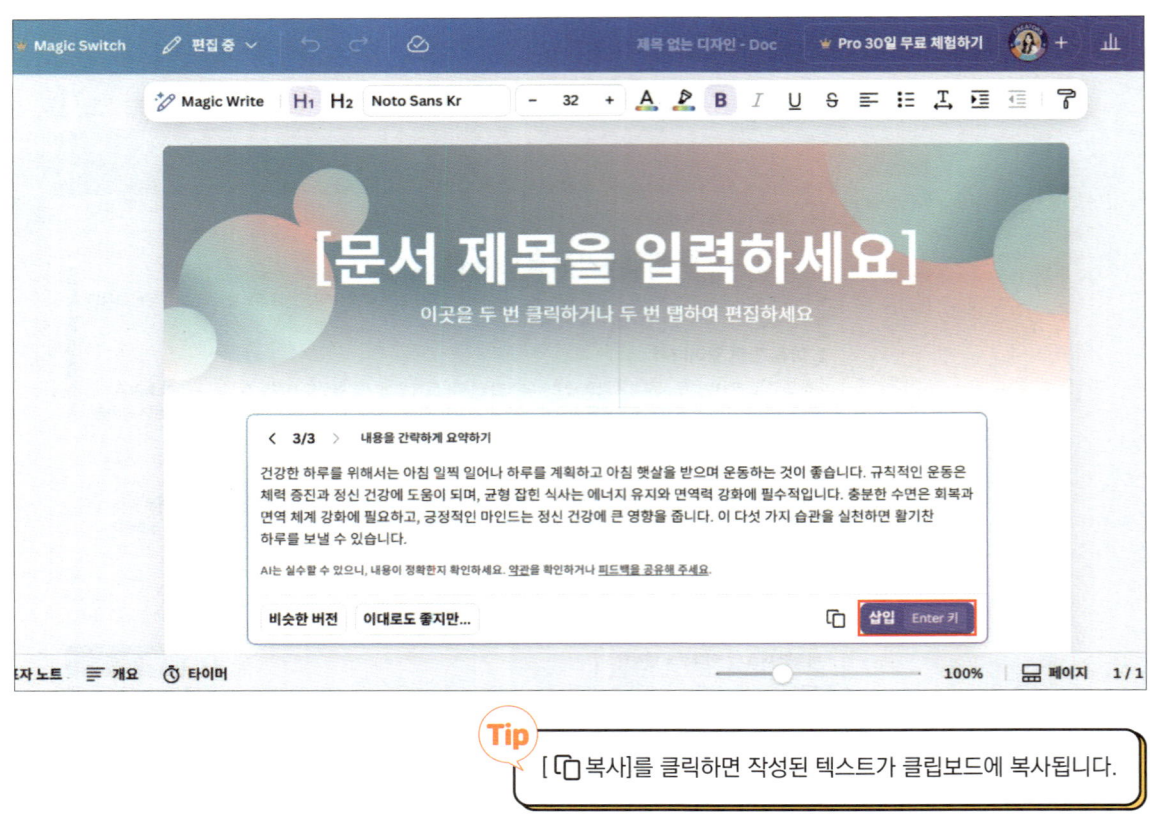

> **Tip** [복사]를 클릭하면 작성된 텍스트가 클립보드에 복사됩니다.

08 페이지에 반영된 글이 선택되어 있는 상태에서 **[Magic Write]**를 클릭하면 다양한 AI 글쓰기를 활용할 수 있습니다.

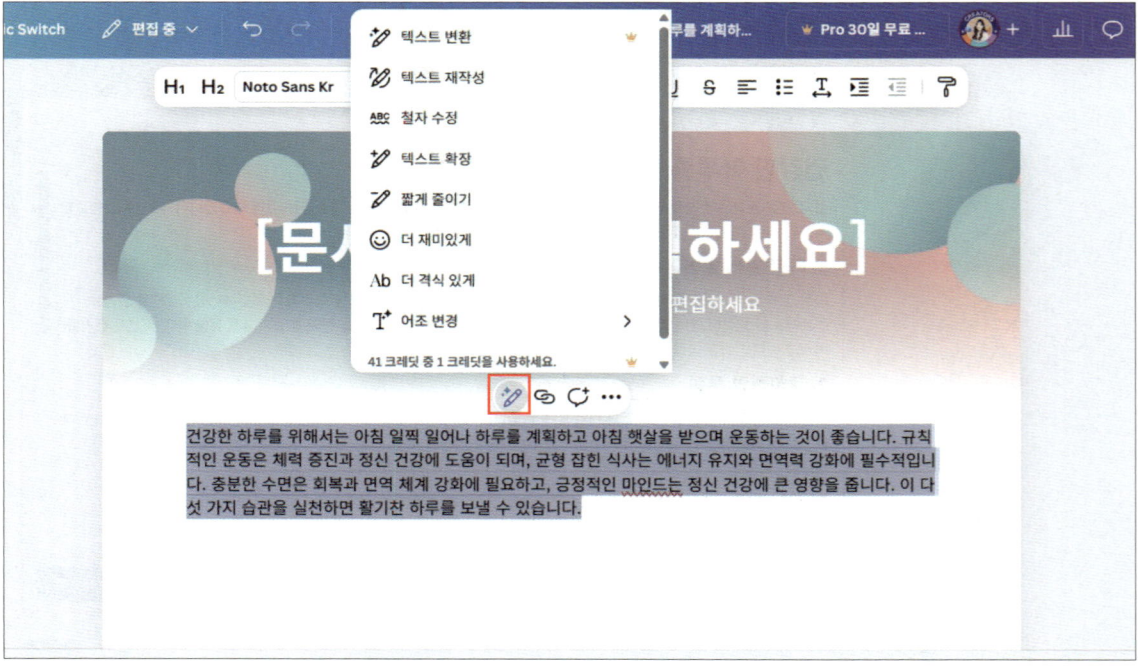

▶ Magic Write 옵션

✏️	[텍스트 재작성]	원문의 의미를 유지하면서 어휘와 문장 구조를 새롭게 구성합니다.
ABC	[철자수정]	맞춤법, 띄어쓰기, 문법 오류를 교정합니다.
✏️	[텍스트 확장]	간단한 문장을 세부 설명과 배경을 덧붙여 풍부하게 확장합니다.
✏️	[짧게 줄이기]	문장을 핵심만 남겨 간결하게 요약합니다.
☺	[더 재미있게]	문장을 유머러스하고 경쾌한 톤으로 변환하여 친근하게 전달합니다.
Ab	[더 격식 있게]	캐주얼한 표현을 공식적이고 전문적인 톤으로 바꿉니다.

프롬프트

> 건강한 하루를 위해서는 아침 일찍 일어나 하루를 계획하고 아침 햇살을 받으며 운동하는 것이 좋습니다. 규칙적인 운동은 체력 증진과 정신 건강에 도움이 되며, 균형 잡힌 식사는 에너지 유지와 면역력 강화에 필수적입니다. 충분한 수면은 회복과 면역 체계 강화에 필요하고, 긍정적인 마인드는 정신 건강에 큰 영향을 줍니다. 이 다섯 가지 습관을 실천하면 활기찬 하루를 보낼 수 있습니다.

← **짧게 줄이기**

건강한 하루를 위해 아침에 일어나 계획을 세우고 햇살 아래 운동하는 것이 중요합니다. 규칙적인 운동은 체력과 정신 건강에 도움을 주며, 균형 잡힌 식사는 에너지와 면역력을 유지하는 데 필수적입니다. 충분한 수면은 회복과 면역 강화에 필요하고, 긍정적인 마인드는 정신 건강에 큰 영향을 미칩니다. 이 다섯 가지 습관을 실천하면 활기찬 하루를 보낼 수 있습니다.

← **더 격식 있게**

건강한 하루를 위해서는 아침 일찍 일어나 하루를 계획하고, 아침 햇살을 받으며 운동하는 것이 중요합니다. 규칙적인 운동은 체력을 증진시키고 정신 건강에 긍정적인 영향을 미치며, 균형 잡힌 식사는 에너지 유지와 면역력 강화를 위해 필수적입니다. 충분한 수면은 신체 회복과 면역 체계의 강화에 기여하며, 긍정적인 사고방식은 정신 건강에 큰 영향을 미칩니다. 이러한 다섯 가지 습관을 실천하면 더욱 활기찬 하루를 보낼 수 있습니다.

▶ AI 코드 생성 활용하기

01 메인 검색바에서 [Canva AI]를 클릭한 다음 [코드 생성]을 선택합니다. 프롬프트 입력란에 생성할 코드의 프롬프트를 입력 후 ➔ (제출하기) 클릭합니다.

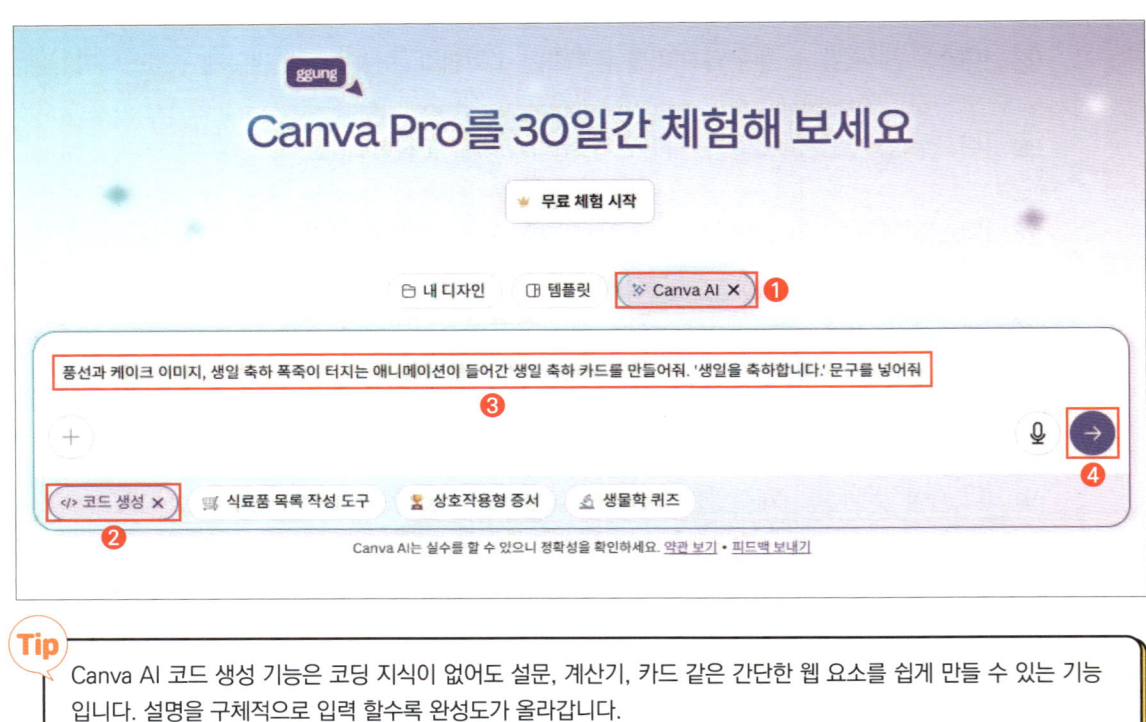

> **Tip**
> Canva AI 코드 생성 기능은 코딩 지식이 없어도 설문, 계산기, 카드 같은 간단한 웹 요소를 쉽게 만들 수 있는 기능입니다. 설명을 구체적으로 입력 할수록 완성도가 올라갑니다.

02 화면이 전환되면서 코드가 생성되는 과정을 것을 확인할 수 있습니다. 생성이 완료 될 때까지 잠시 기다립니다.

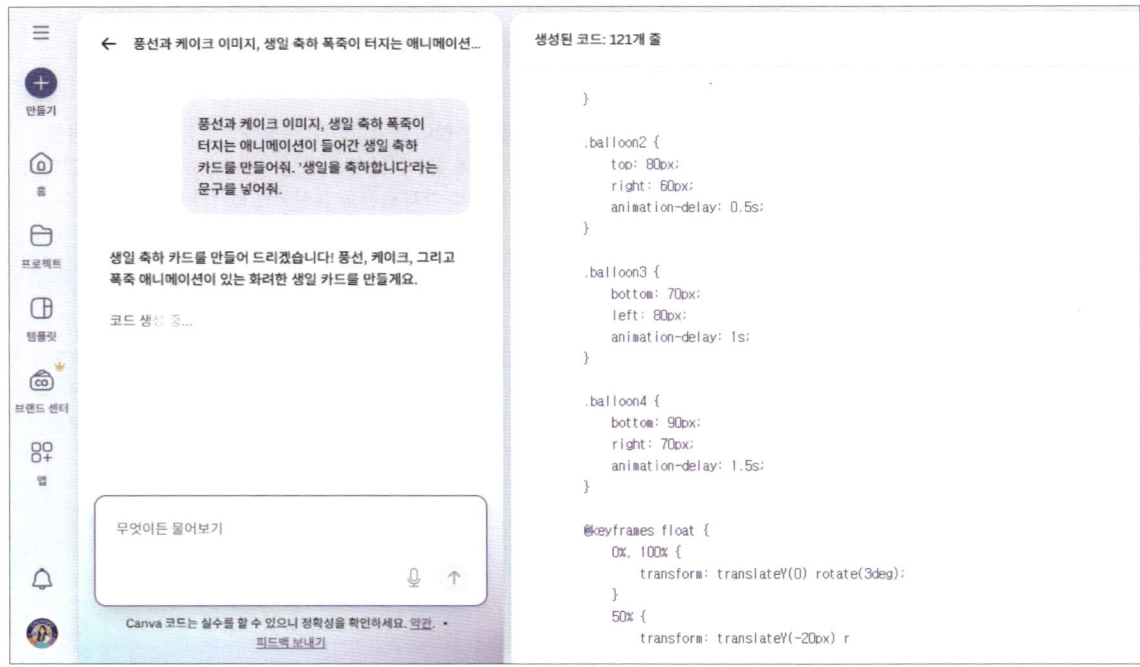

03 생성이 완료되면 화면에 생일 축하 카드가 표시됩니다. 수정할 내용이 있으면 대화창에 수정하고 싶은 내용을 입력하고 ⬆ (제출하기)를 클릭합니다.

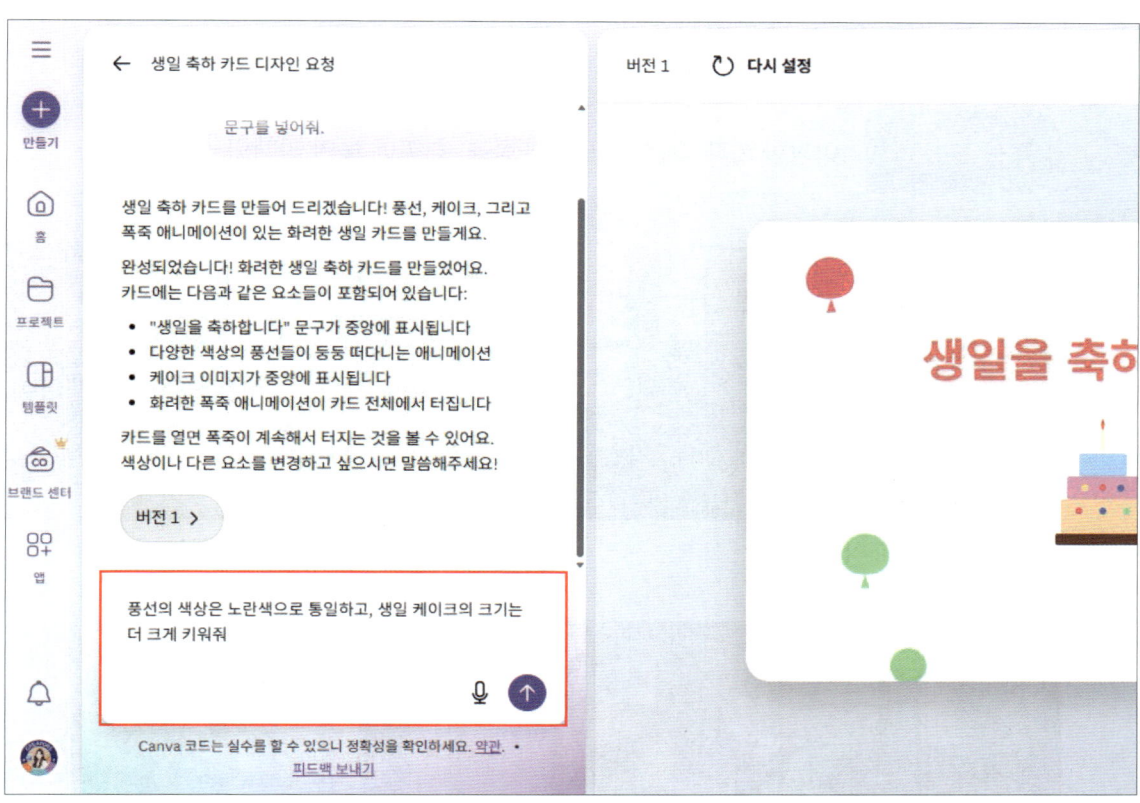

04 수정이 완료되었다면 [디자인에 사용]을 클릭하여 생성된 결과물을 적용할 옵션을 선택할 수 있습니다.

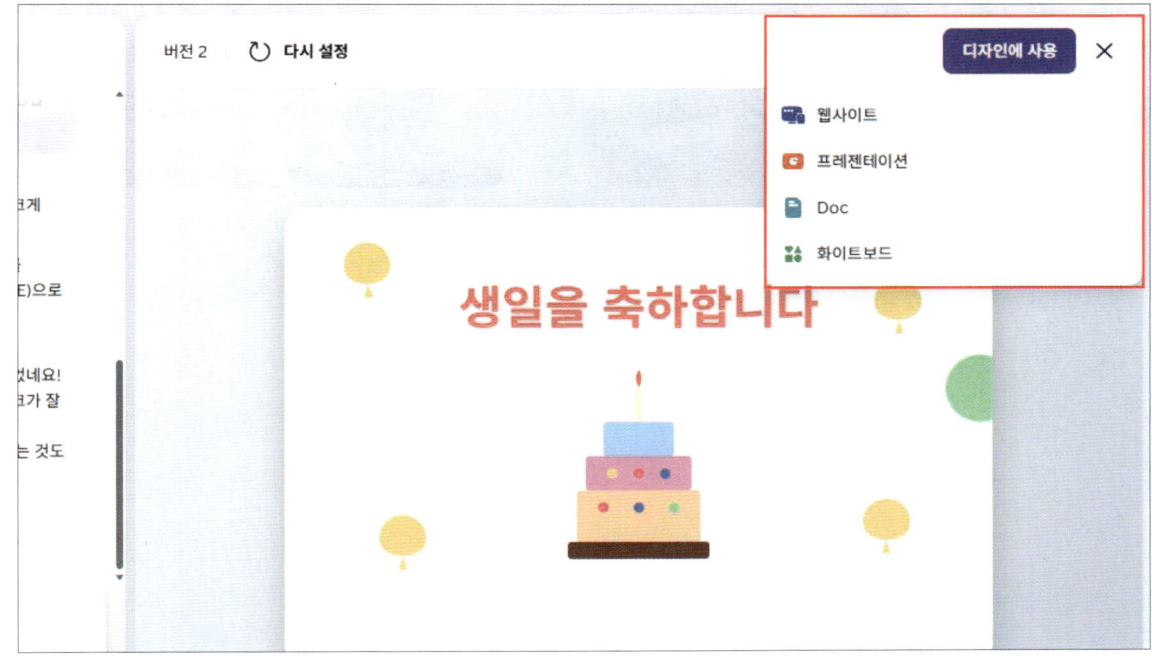

▶ Canva AI 이미지 생성 스타일

| 프롬프트 | 아늑한 카페 작은 카페 내부 풍경, 창가에 놓인 라떼와 꽃병 |

[스마트]

[크리에이트브]

[일러스트레이션]

[팝 아트]

[스케치 컬러]

[벡터]

Chapter 2

Magic Media로 디자인 만들기

프레젠테이션, 인스타그램 게시물 등 모든 디자인 유형에서 사용할 수 있는 Magic Media는 캔바 AI와는 또 다른 스타일과 느낌의 이미지를 쉽게 생성할 수 있습니다. 이번 챕터에서는 Magic Media를 활용해 나만의 디자인을 만드는 방법을 알아보겠습니다.

Preview

완성파일 : 카드만들기.jpg

핵심 포인트

- Magic Media를 활용해 AI 이미지를 생성합니다.
- 그래픽 생성 기능으로 나만의 그래픽 요소를 직접 만들어 디자인에 적용합니다.

01 프레젠테이션 페이지를 열어 디자인하기 위해 캔바 홈 화면에서 **[프레젠테이션]**을 클릭합니다.

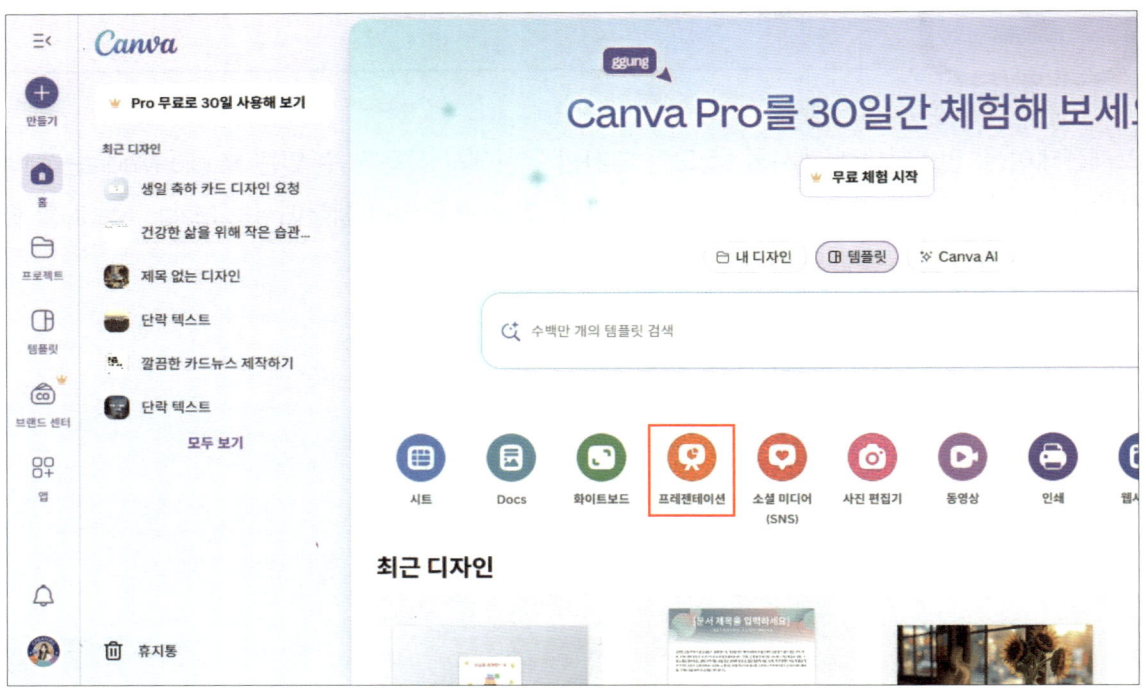

02 ⚃ **[요소]**를 클릭합니다. AI 이미지 생성기에서 **[나만의 이미지 생성]**을 선택하면 Magic Media로 앱으로 이동합니다.

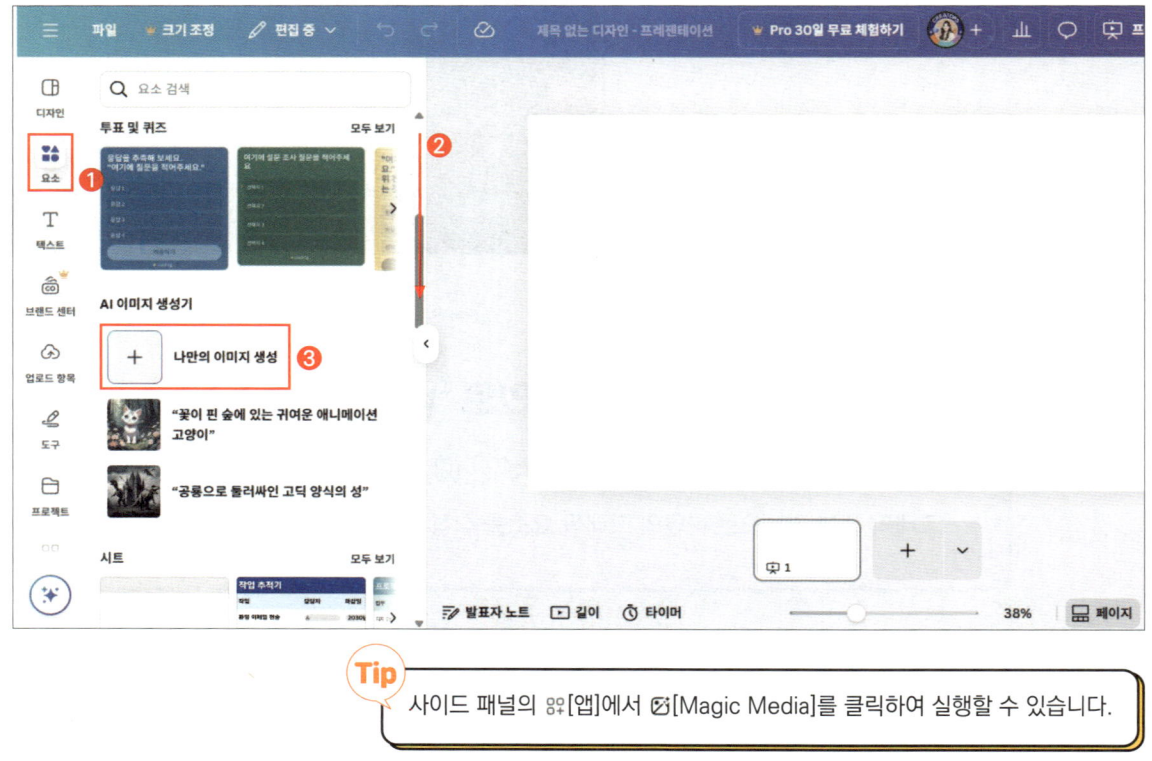

> **Tip** 사이드 패널의 ⚃[앱]에서 ⚃[Magic Media]를 클릭하여 실행할 수 있습니다.

03 [Magic Media] 앱 패널의 [이미지] 탭을 선택한 다음 프롬프트 입력란에 '**봄 햇살이 드는 화사한 정원 풍경**'을 입력하고 [스타일]을 클릭합니다.

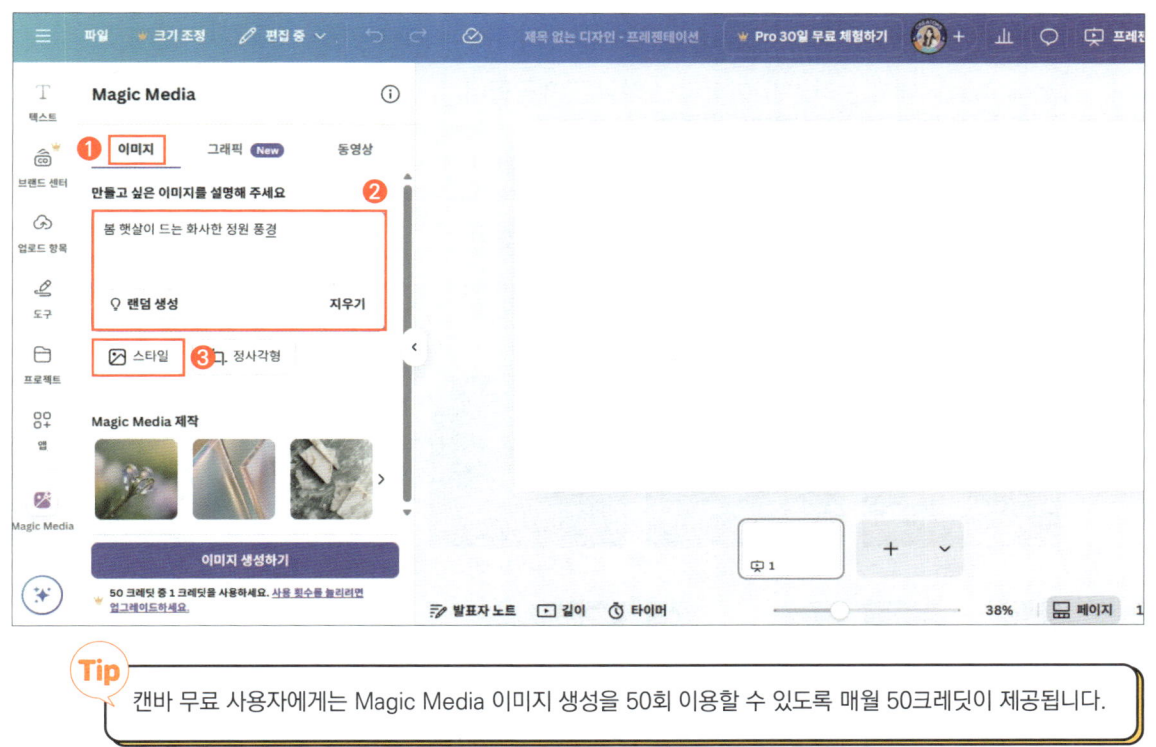

> **Tip** 캔바 무료 사용자에게는 Magic Media 이미지 생성을 50회 이용할 수 있도록 매월 50크레딧이 제공됩니다.

04 Magic Media에서는 Canva AI와 또 다른 이미지 스타일을 다양하게 선택할 수 있습니다. 여기서는 '**소프트 포커스**'를 선택하겠습니다.

> **Tip** 지정된 이미지 스타일을 선택하지 않아도, 프롬프트에 원하는 이미지의 스타일을 직접 입력해 이미지를 생성하는 것도 가능합니다.

▶ **Magic Media 스타일**

Magic Media에서는 다양한 이미지 스타일을 제공합니다. 아래는 각 스타일을 적용했을 때 이미지가 어떻게 표현되는지 보여주는 예시입니다.

| 프롬프트 | 봄 햇살이 드는 화사한 정원 풍경 |

● 포토그래피

● 디지털 아트

● 미술

05 이미지 크기를 조절하기 위해 **[정사각형]**을 합니다. 다음 [레이아웃] 패널에서 정사각형, 가로형, 세로형의 레이아웃을 선택할 수 있습니다. 여기서는 **'정사각형'**을 클릭합니다.

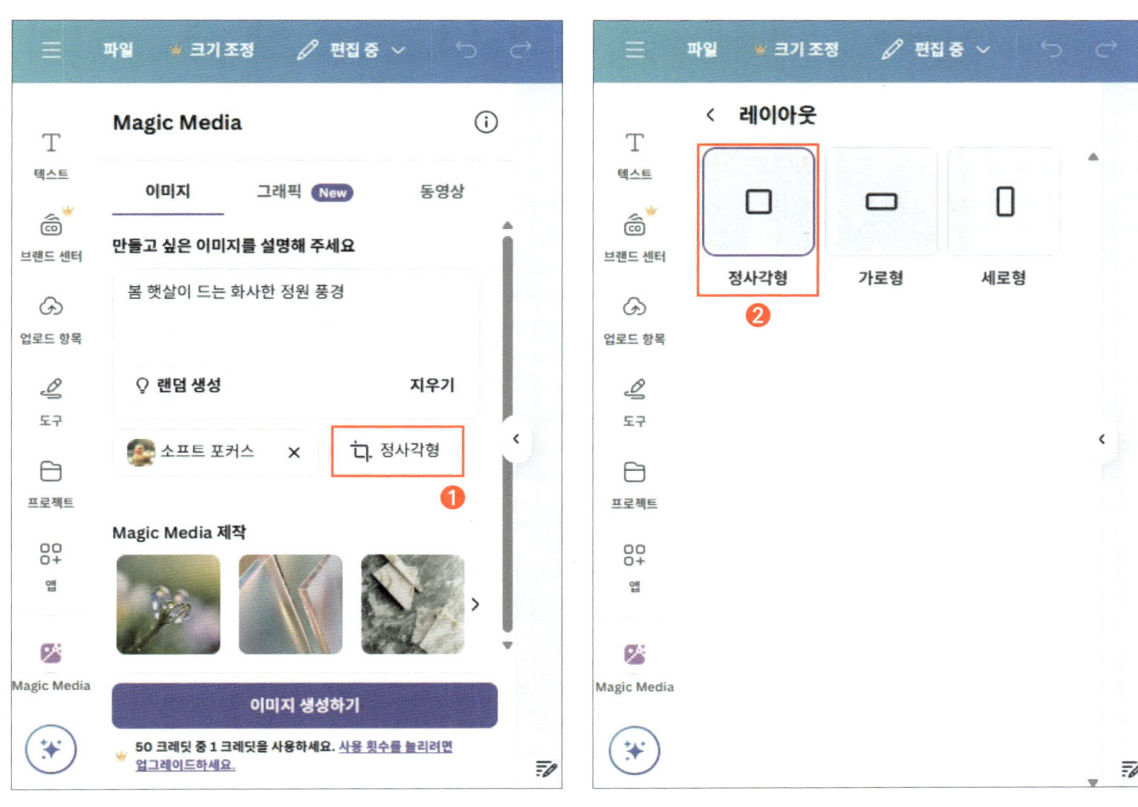

06 원하는 이미지의 프롬프트와 레이아웃을 모두 설정하였으면 **[이미지 생성하기]**를 클릭합니다.

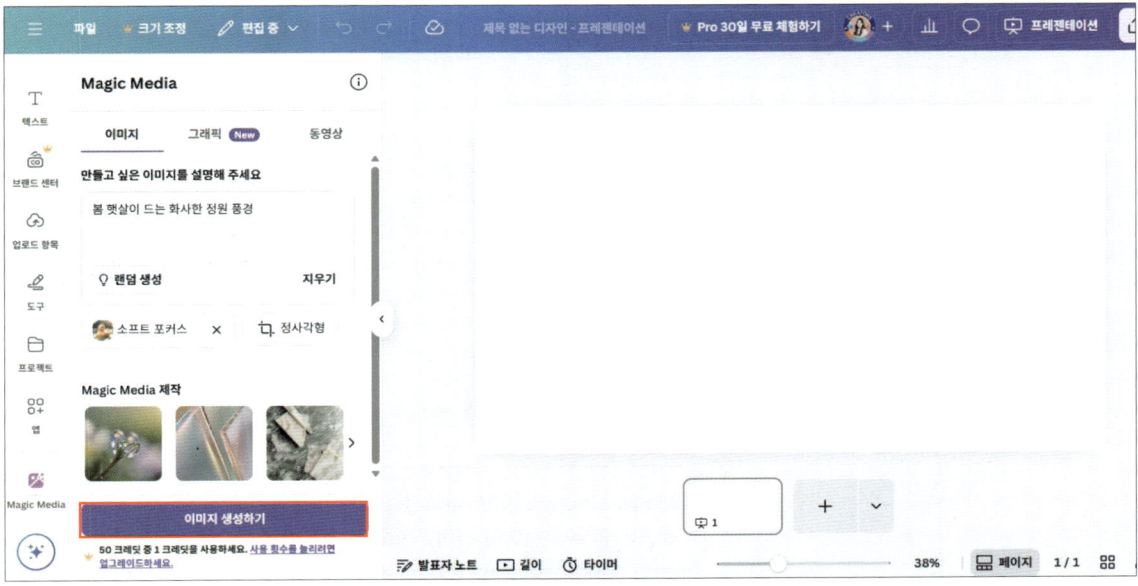

07 다음과 같이 4개 이미지가 생성되며 마음에 드는 이미지를 클릭하면 페이지에 반영됩니다.

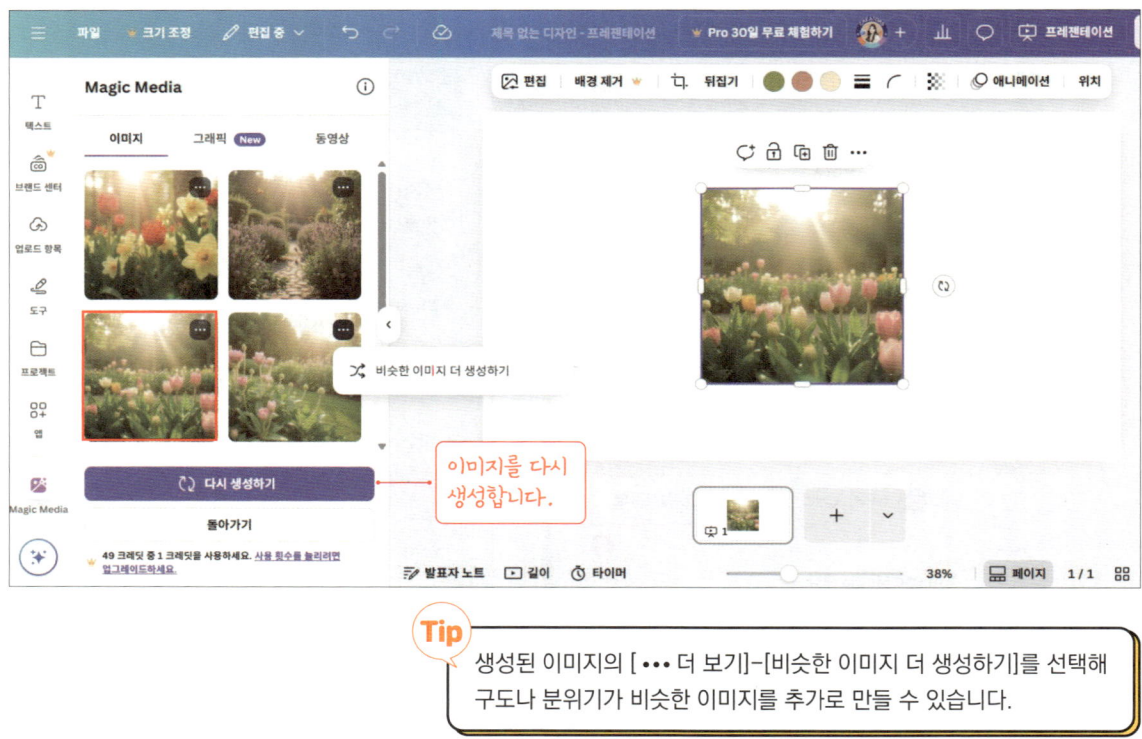

> **Tip** 생성된 이미지의 [··· 더 보기]-[비슷한 이미지 더 생성하기]를 선택해 구도나 분위기가 비슷한 이미지를 추가로 만들 수 있습니다.

08 다음과 같이 이미지를 배치합니다. 이번에는 그래픽 이미지를 생성하기 위해 [그래픽] 탭을 클릭한 후 프롬프트를 '**화병의 꽃**'이라고 입력한 후 [스타일]을 클릭합니다.

> **Tip** Magic Media의 [이미지]에서는 배경이 포함된 사진 요소가 생성되며, [그래픽]은 배경이 없는 그림이나 아이콘 형태로 활용할 수 있는 그래픽 요소가 생성됩니다.

09 원하는 스타일을 선택합니다. 여기서는 **스케치**를 선택하겠습니다. 이미지를 생성하기 위한 설정이 완료되면 **[그래픽 생성]**을 클릭합니다.

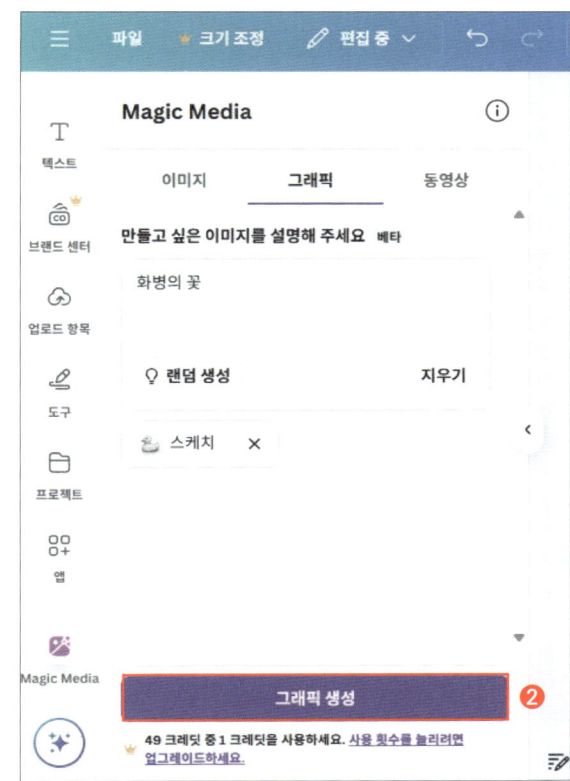

> **Tip** 그래픽 생성 1회마다 1크레딧이 사용되며, 이미지 생성과 그래픽 생성을 합산해 50 크레딧 내에서 사용할 수 있습니다.

10 4개 이미지가 생성되며 마음에 드는 이미지를 클릭한 후 다음과 같이 배치합니다.

> **Tip** [Magic Media] 패널 하단에서 사용할 수 있는 크레딧을 확인할 수 있습니다.

11 텍스트 상자 추가하여 다음과 같이 내용을 입력하고, 페이지 배경색을 '#FAF6EE'로 지정한 다음 텍스트 스타일을 설정합니다.

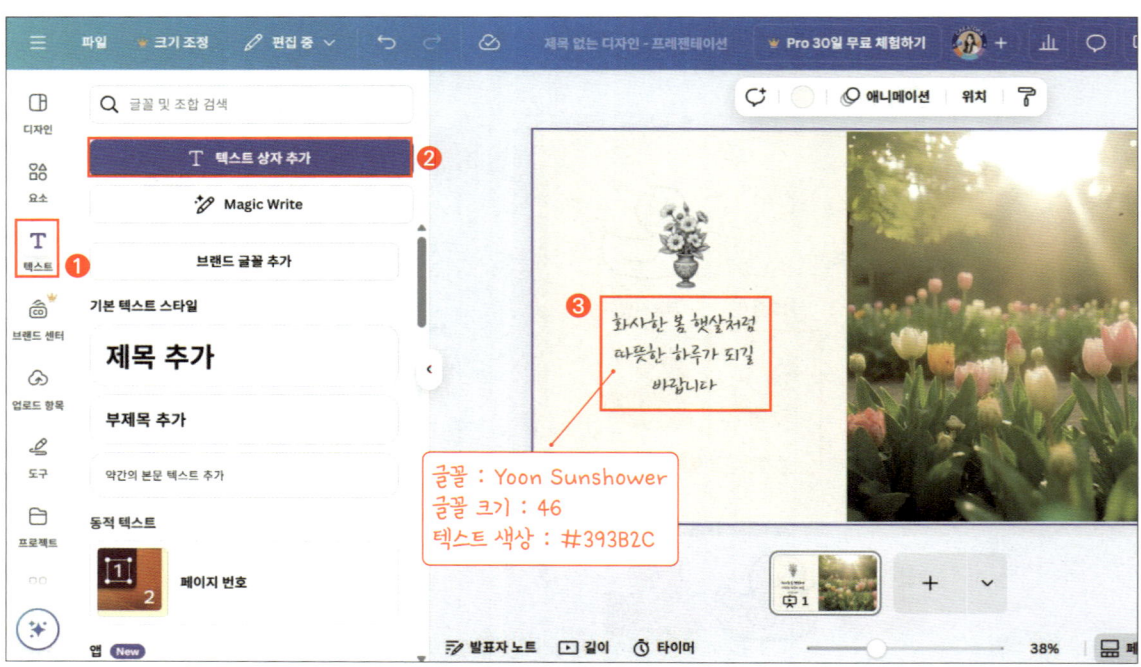

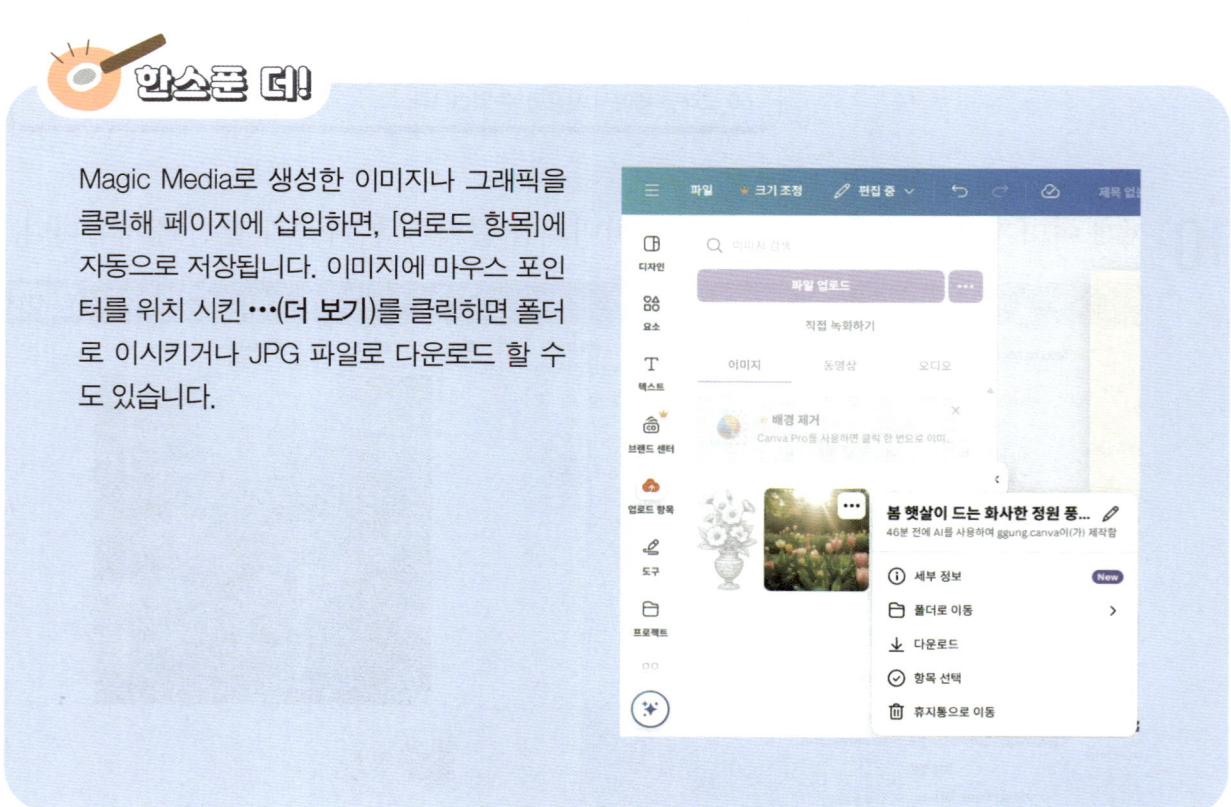

Magic Media로 생성한 이미지나 그래픽을 클릭해 페이지에 삽입하면, [업로드 항목]에 자동으로 저장됩니다. 이미지에 마우스 포인터를 위치 시킨 •••(더 보기)를 클릭하면 폴더로 이시키거나 JPG 파일로 다운로드 할 수도 있습니다.

Chapter 3
Magic Write로 똑똑하게 콘텐츠 만들기

콘텐츠를 만들 때 가장 고민되는 것이 바로 무엇을 어떻게 쓸지입니다. Magic Write는 이런 고민을 덜어주는 AI 글쓰기 도구로, 카드뉴스 문구부터 SNS 인사말, 블로그 글 초안까지 다양한 글을 빠르고 쉽게 완성할 수 있습니다. 이번 챕터에서는 인스타그램 홍보물을 만들겠습니다.

Preview

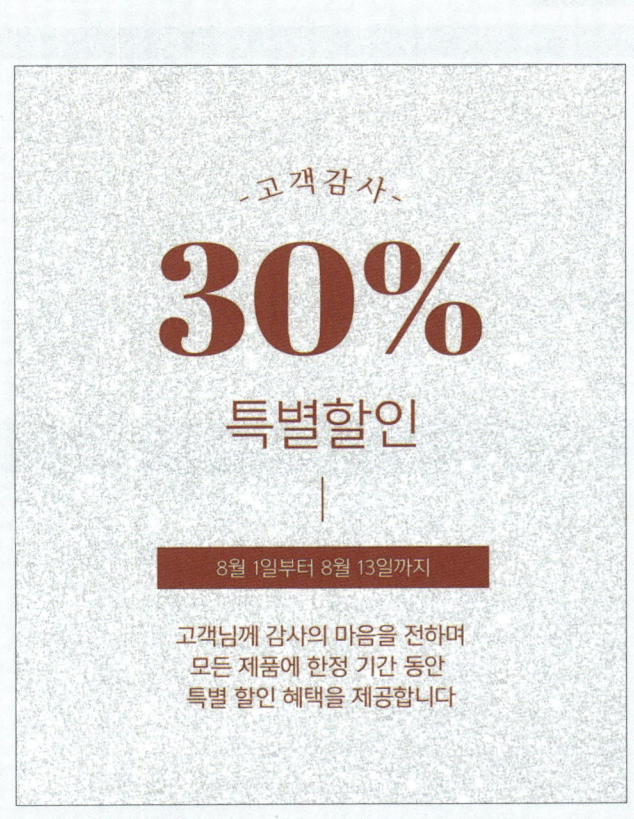

완성파일: 세일홍보.jpg

핵심 포인트

- Magic Write를 활용해 홍보물 디자인에 필요한 문구 작성합니다.
- 작성한 내용을 Magic Write 옵션을 사용해 수정합니다.

01 캔바 홈 화면에서 ⊕ [만들기]를 클릭한 후 SNS의 [인스타그램 게시물(4:5)]를 클릭해 빈 페이지를 열겠습니다.

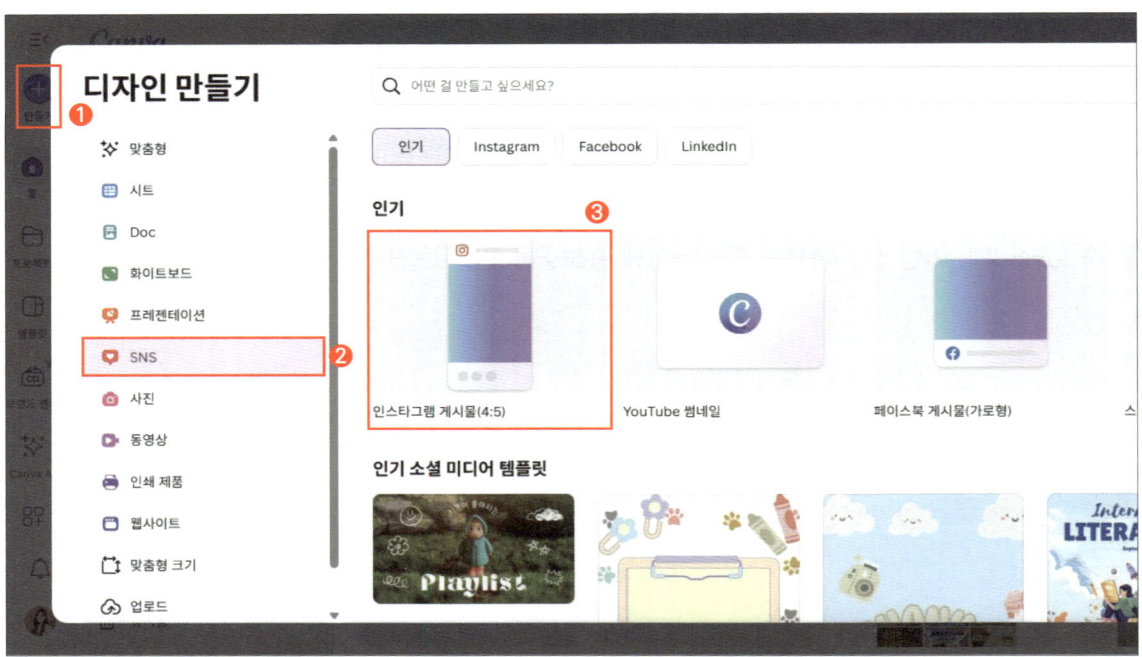

02 [디자인]에서 검색란에 '**할인 이벤트**'를 입력하여 템플릿을 검색한 후 원하는 템플릿을 클릭합니다.

03 T [텍스트]-[Magic Write]를 클릭하면 프롬프트 창이 나타납니다. '**고객 감사 특별 할인을 알리는 홍보 문구**'를 입력하고 [생성하기]를 클릭합니다.

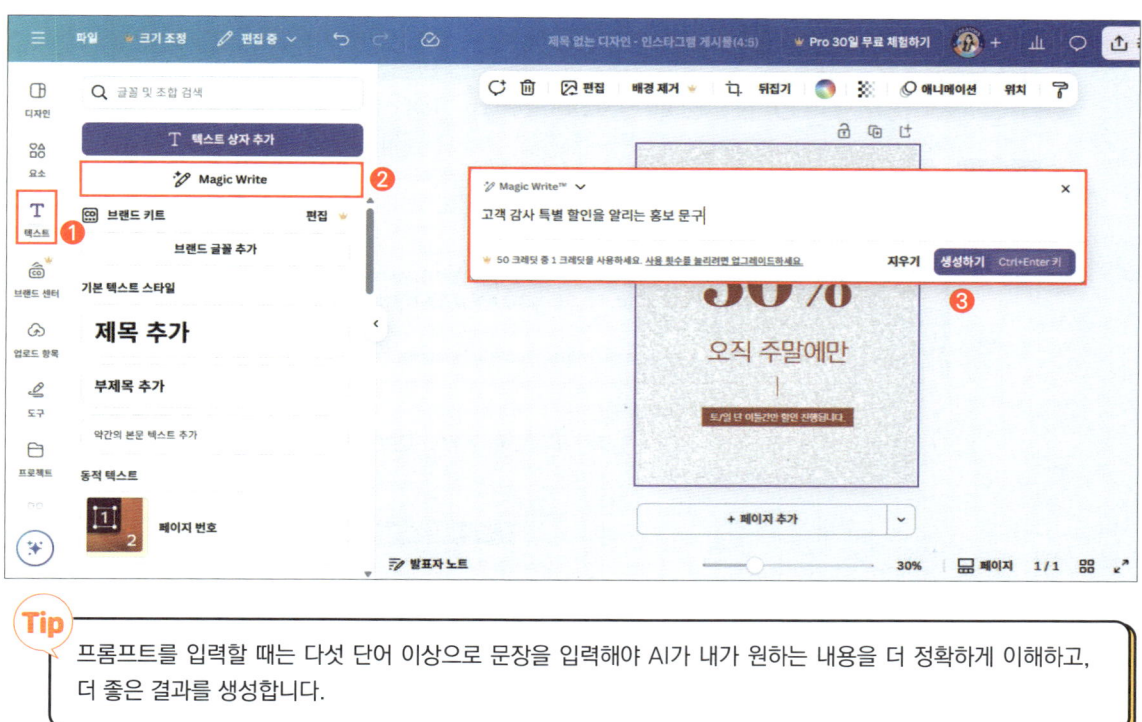

> **Tip** 프롬프트를 입력할 때는 다섯 단어 이상으로 문장을 입력해야 AI가 내가 원하는 내용을 더 정확하게 이해하고, 더 좋은 결과를 생성합니다.

04 다음과 같이 입력한 프롬프트 주제로 글이 생성된 것을 확인할 수 있습니다. 생성된 내용을 수정하기 위해 [**이대로도 좋지만**]을 클릭합니다.

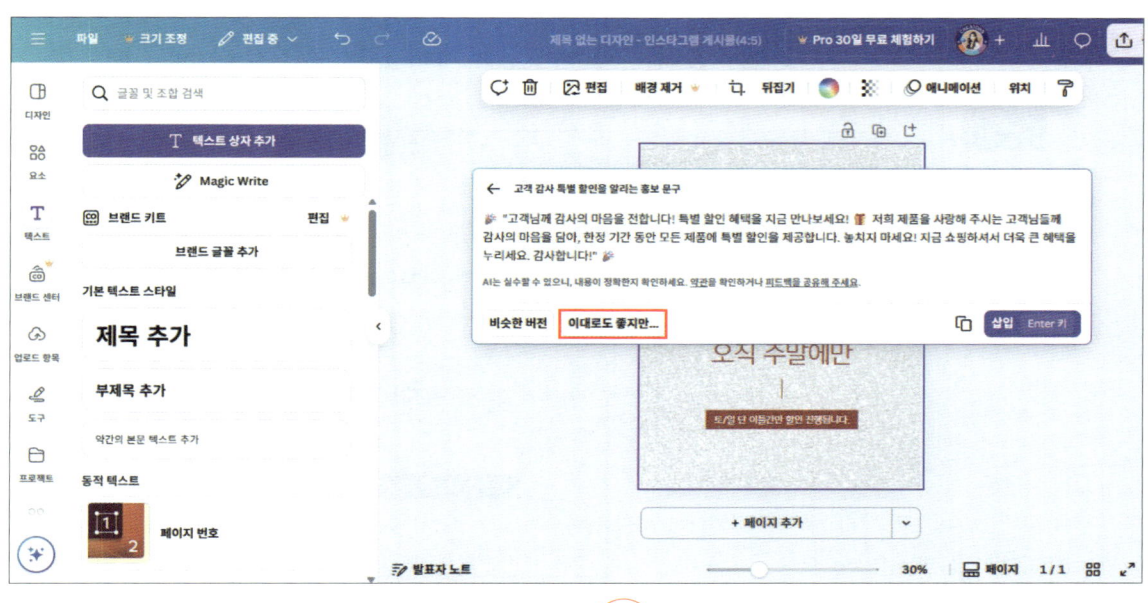

> **Tip** 비슷한 버전 : 같은 주제의 글을 다시 생성합니다.

Part 04 캔바 AI로 업그레이드 하기 | **159**

05 생성된 긴 글을 짧게 수정하기 위해 다음과 같이 '**더 짧은 문장으로 줄여서**'를 입력하고 [생성하기]를 클릭합니다.

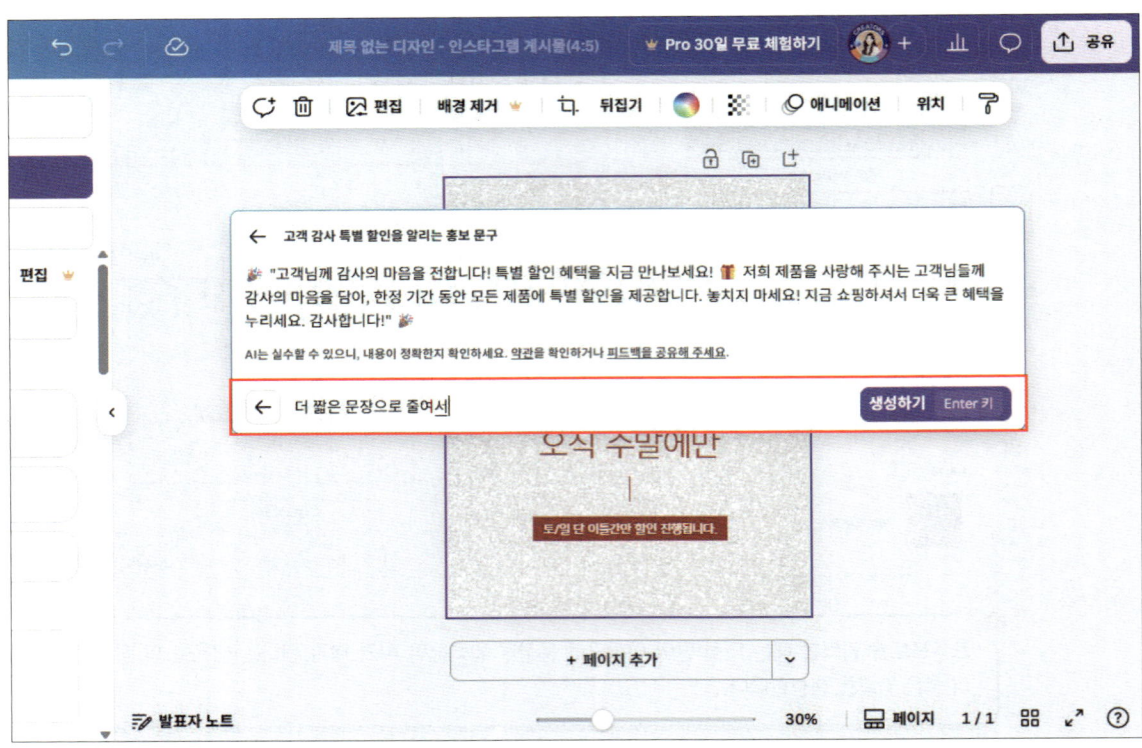

06 긴 글의 문장이 다음과 같이 짧게 생성되면 [**삽입**]을 클릭합니다.

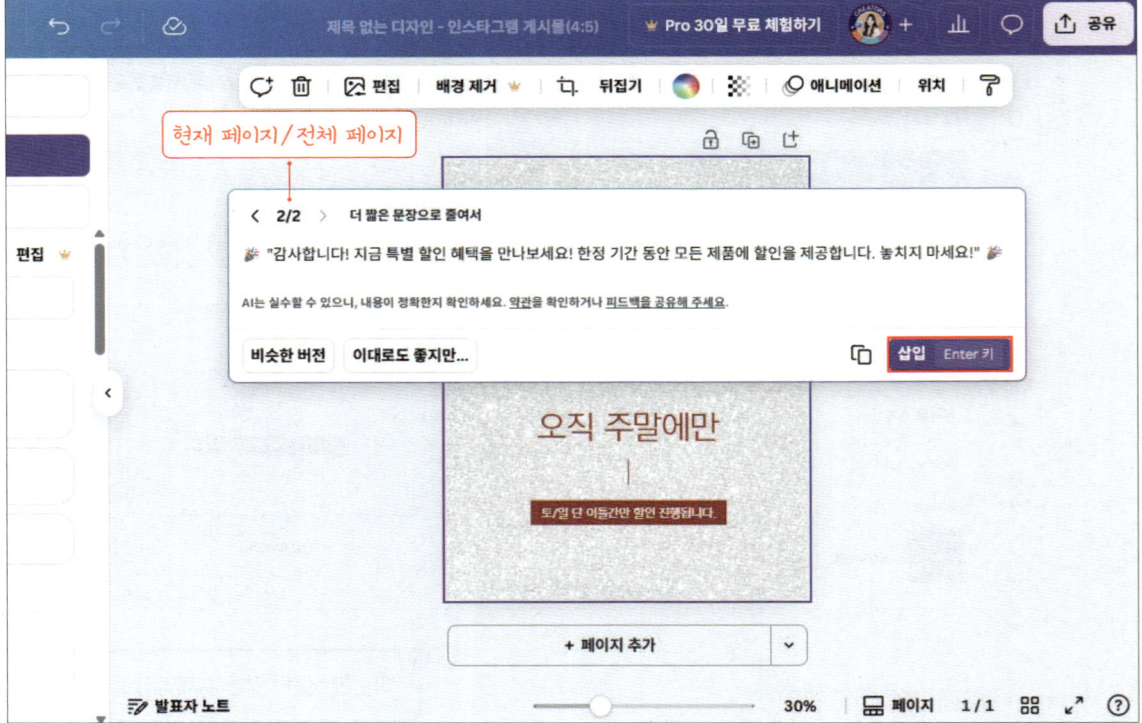

07 페이지에 추가된 텍스트 상자를 선택 후 ✏️ (Magic Write)을 클릭합니다. 문장을 좀더 줄이기 위해 **[짧게 줄이기]**를 클릭합니다.

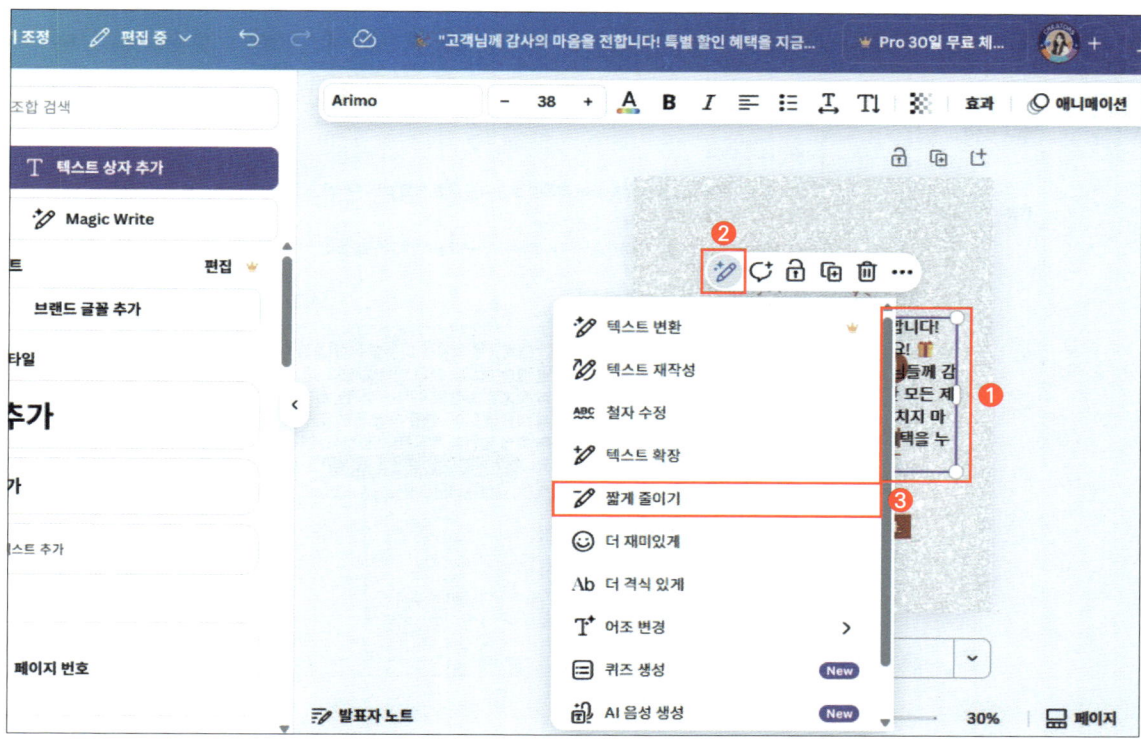

한스푼 더!

무료 사용자는 Magic Write를 50회 사용할 수 있도록 50크레딧이 제공됩니다. [Magic Write] 메뉴에서 남은 크레딧을 확인할 수 있습니다.

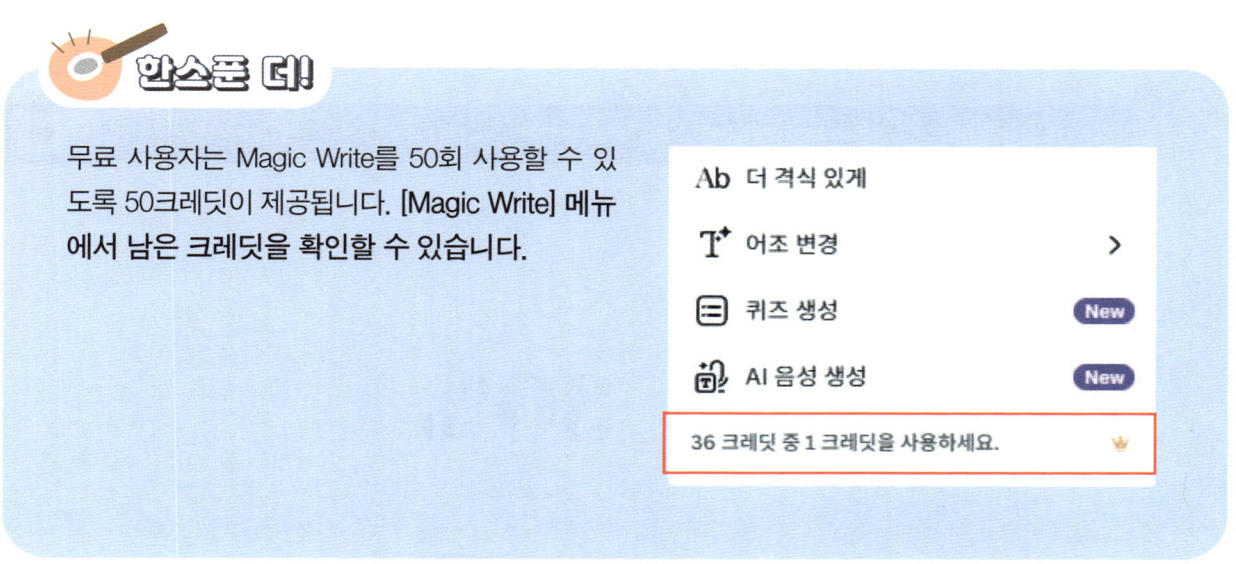

08 [짧게 줄이기] 창이 나타나면 [바꾸기]를 클릭합니다.

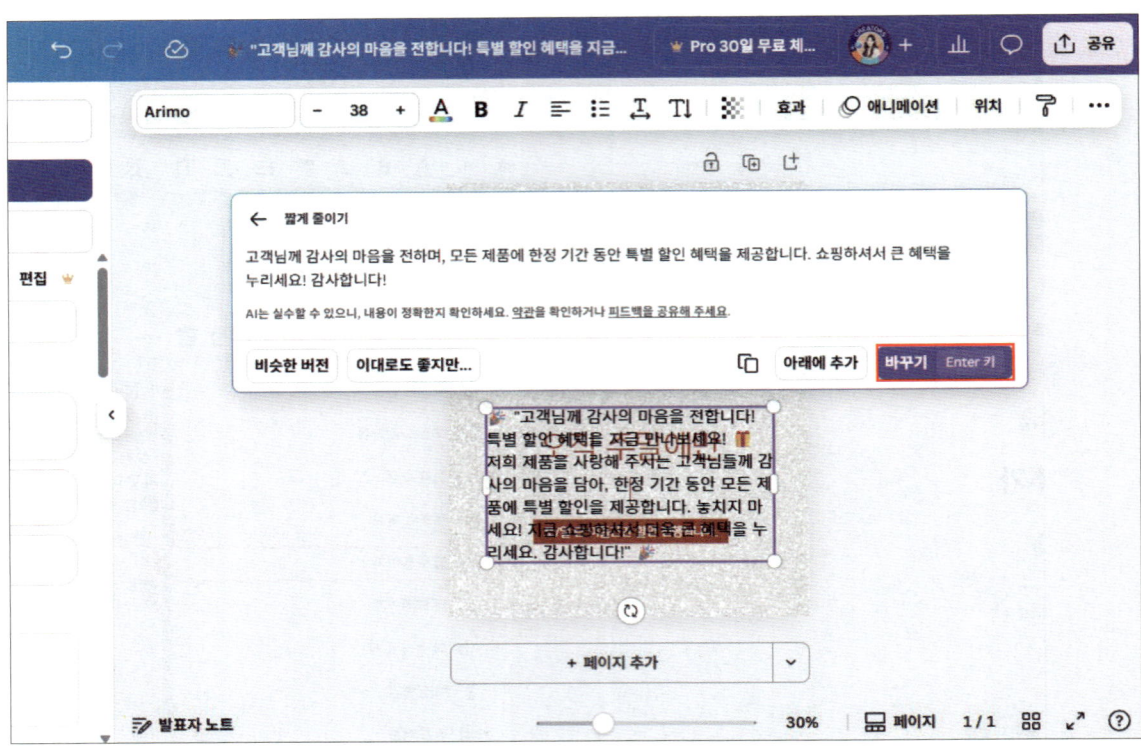

09 페이지에 텍스트가 짧은 글로 수정되면 디자인에 맞게 내용과 텍스트 스타일을 설정하여 다음과 같이 완성합니다.

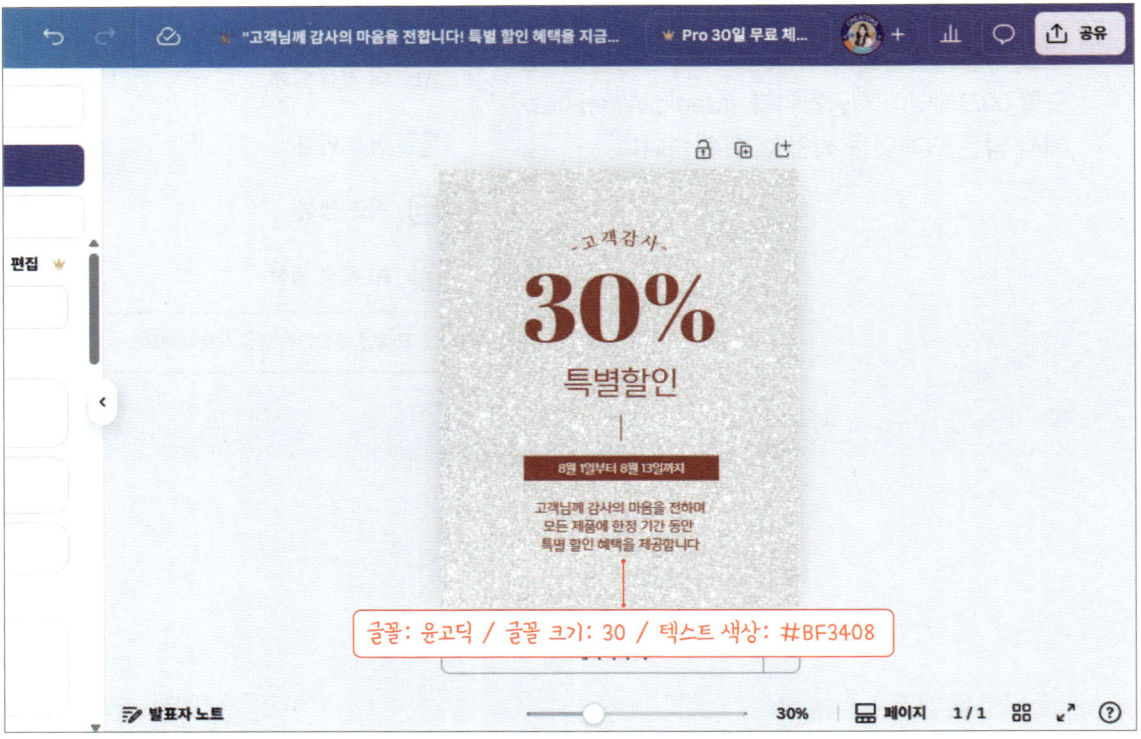

Chapter 4 AI 음성으로 메시지 영상 만들기

캔바에서는 텍스트만 입력하면 AI 음성으로 나레이션을 자동 생성할 수 있어 간편하게 영상이나 자료에 생동감을 더할 수 있습니다. 한국어 뿐만 아니라 영어, 일본어 등 여러 언어로도 음성 생성이 가능해 글로벌 콘텐츠도 쉽게 제작할 수 있습니다. 이번 챕터에서는 기존에 만든 디자인에 AI 음성을 추가해 음성 메시지 영상을 만드는 방법을 알아보겠습니다.

Preview

완성파일 : 음성카드.mp4

핵심 포인트

▸ 프로젝트 메뉴에서 기존에 만든 디자인을 불러옵니다.

▸ Magic Write로 텍스트를 다양한 언어로 번역합니다.

▸ AI 음성 기능을 활용하여 텍스트의 내용을 다국어 음성으로 생성하여 영상에 삽입합니다.

01 인스타그램 게시물(정사각형) 빈 페이지에서 **[프로젝트]**를 클릭한 다음 Part2의 Chapter02. 동영상 카드 디자인하기'에서 완성한 디자인을 선택하면 페이지에 채워집니다.

> **Tip** 메뉴에서 [프로젝트]를 클릭하여 작업한 디자인을 화면에 불러올 수 있습니다.

02 메뉴에서 [앱]을 클릭하여 [AI 음성]을 클릭합니다.

03 텍스트 입력란에 인사말 **내용을 입력하고 음성 선택**합니다. **[민준]** 또는 **[유나]를 클릭**해 생성될 음성을 미리 들어봅니다. **[AI 음성 생성]**을 클릭합니다.

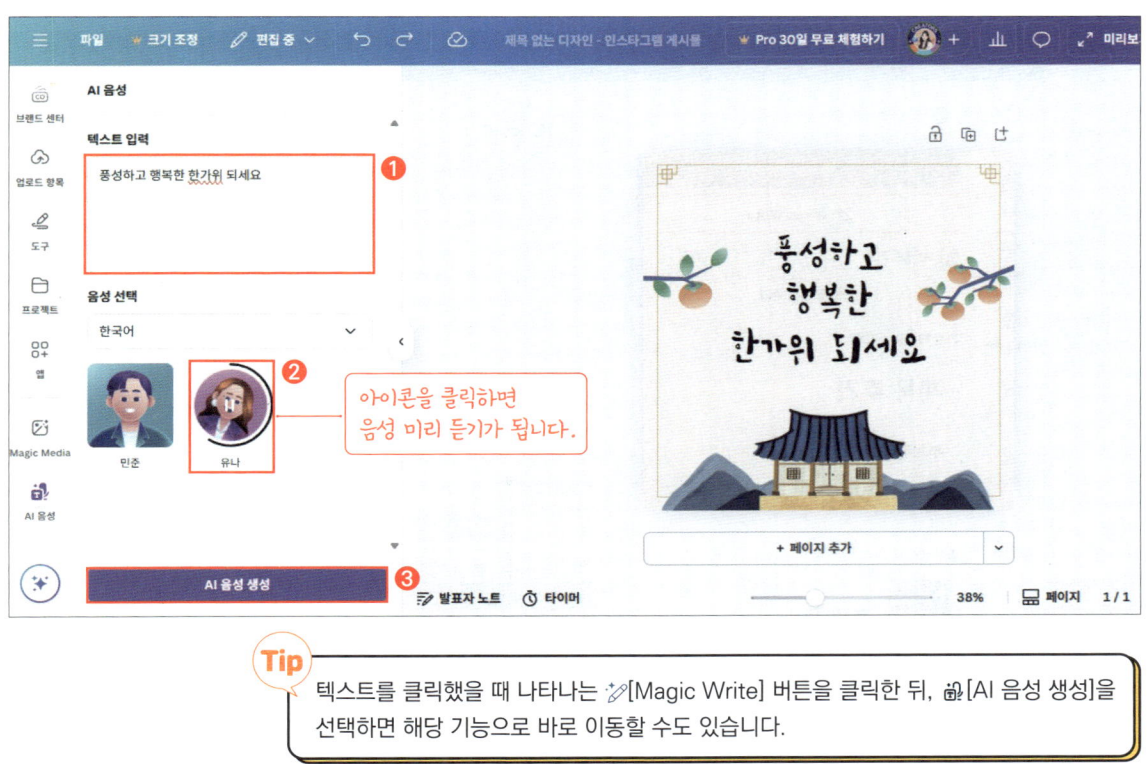

> **Tip** 텍스트를 클릭했을 때 나타나는 [Magic Write] 버튼을 클릭한 뒤, [AI 음성 생성]을 선택하면 해당 기능으로 바로 이동할 수도 있습니다.

04 [길이]를 클릭하면 생성된 음성이 타임라인에 추가된 것을 확인 할 수 있습니다. 타임라인의 **썸네일을 선택**한 후 **[시간 편집]**을 클릭해 지속 시간을 '**4초**'로 설정합니다.

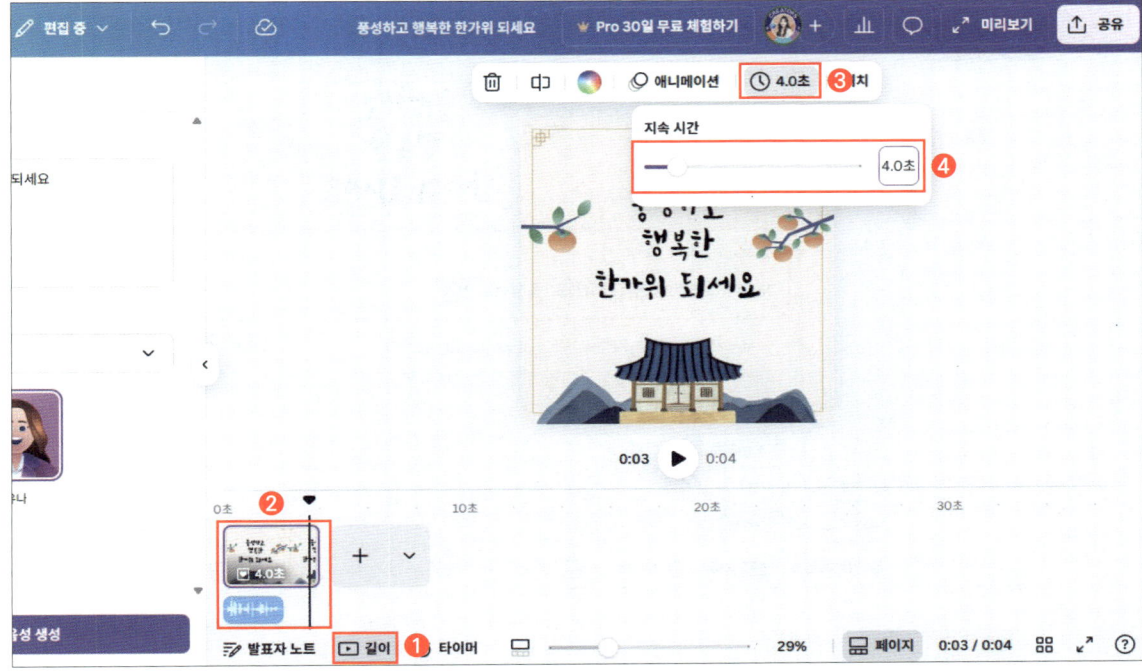

Part 04 캔바 AI로 업그레이드 하기 | **165**

05 Ctrl + D 를 눌러 페이지를 복제합니다. 2페이지의 **텍스트를 영어로 번역하겠습니다.** 텍스트를 선택한 다음 T [텍스트]-[Magic Write]를 클릭합니다.

06 프롬프트 입력란에 '"**풍성하고 행복한 한가위 되세요**"를 영어로 번역'이라고 입력하고 [생성하기]를 클릭합니다.

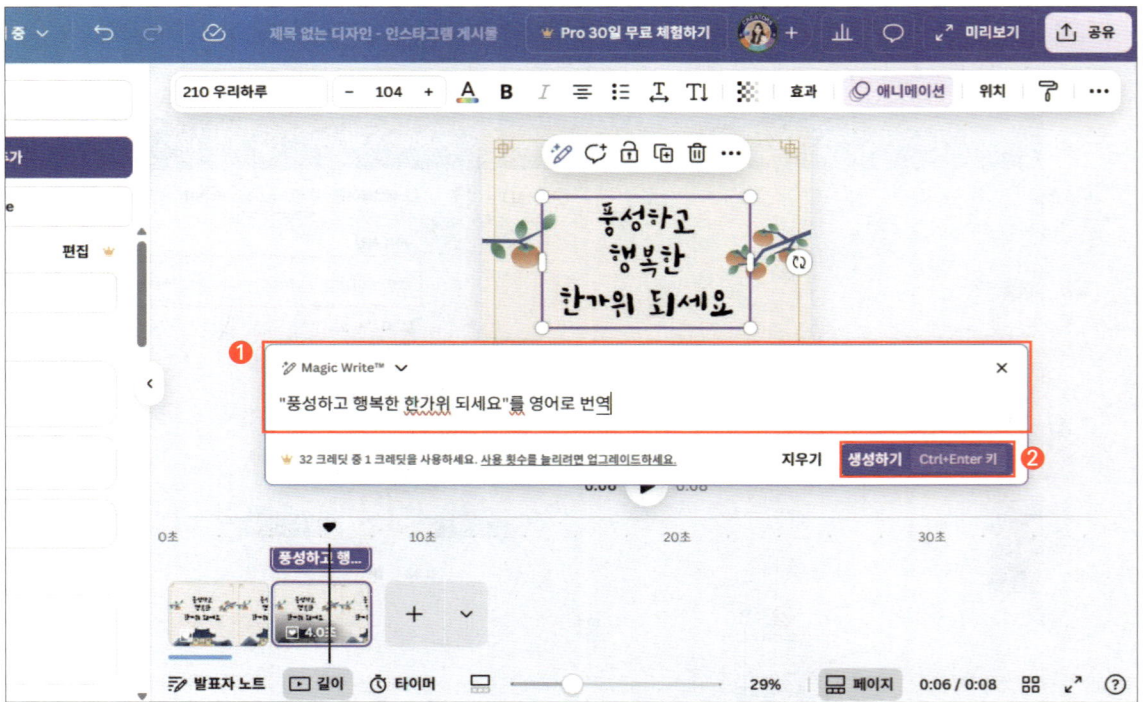

07 인사말이 영어로 번역되면 **[삽입]**을 클릭합니다. 텍스트 상자에 번역된 내용이 입력된 것을 확인할 수 있습니다.

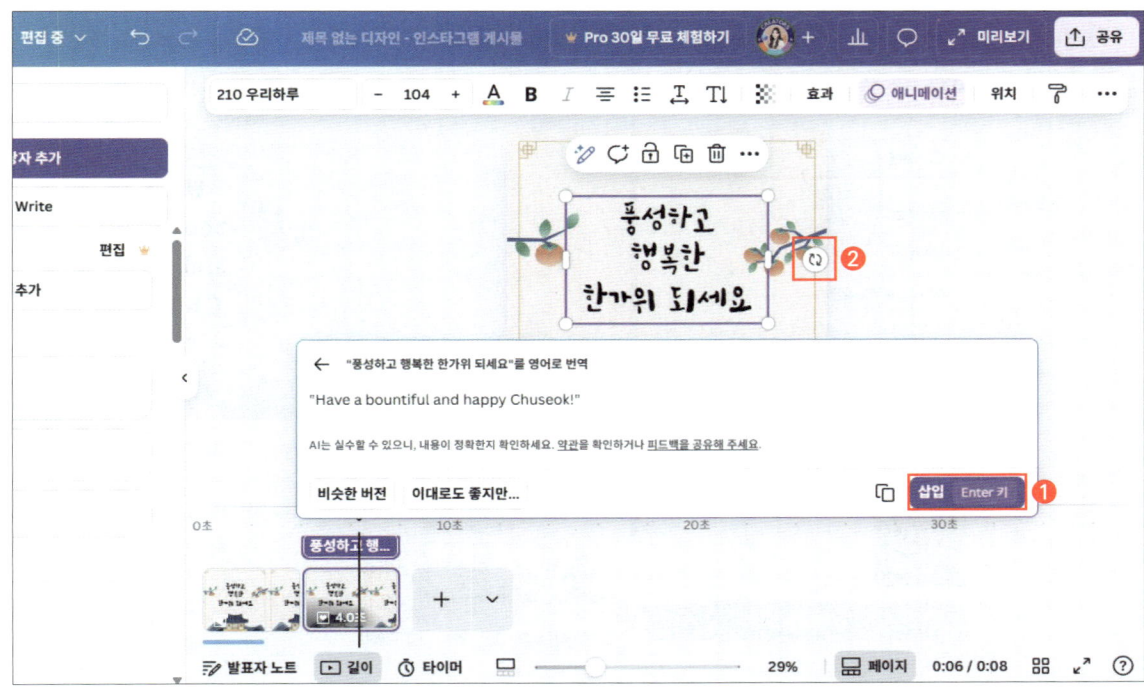

08 입력되어 있는 한글 텍스트를 삭제하고 영어로 번역된 내용을 AI 음성으로 생성하겠습니다. [Magic Write] - [AI 음성 생성]을 클릭하면 AI 음성 텍스트 입력란에 내용이 자동으로 입력됩니다.

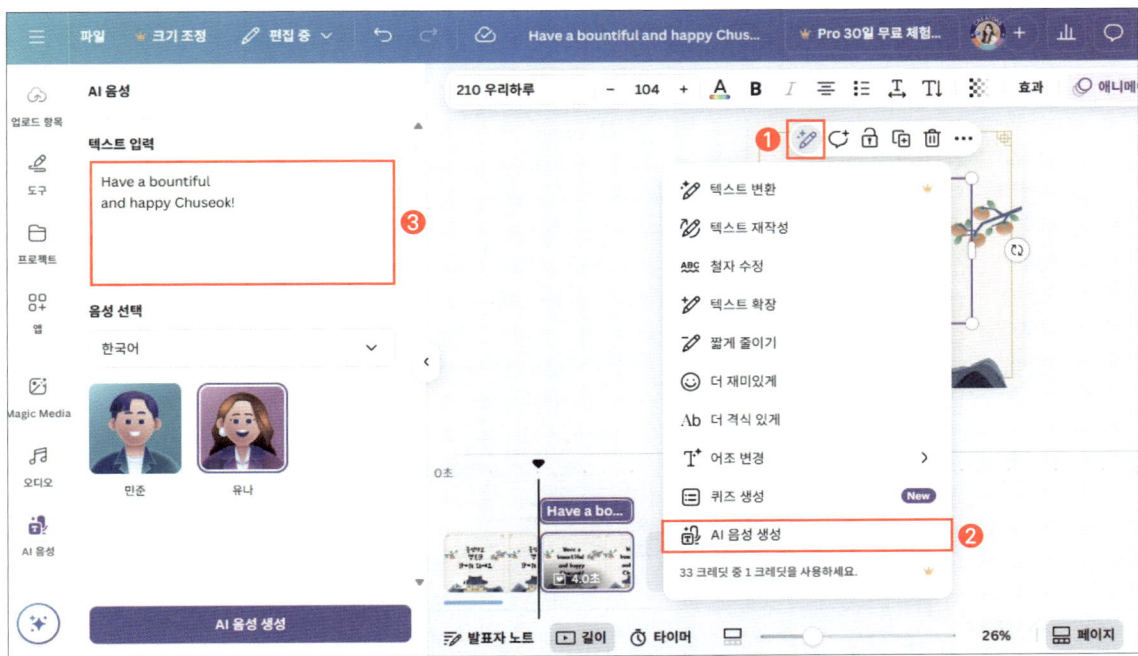

09 음성 선택을 '**영어(미국)**'을 선택하고 [Lisa] 또는 [Ralph]를 선택해 음성 미리 듣기 후 [AI 음성 생성]을 클릭합니다.

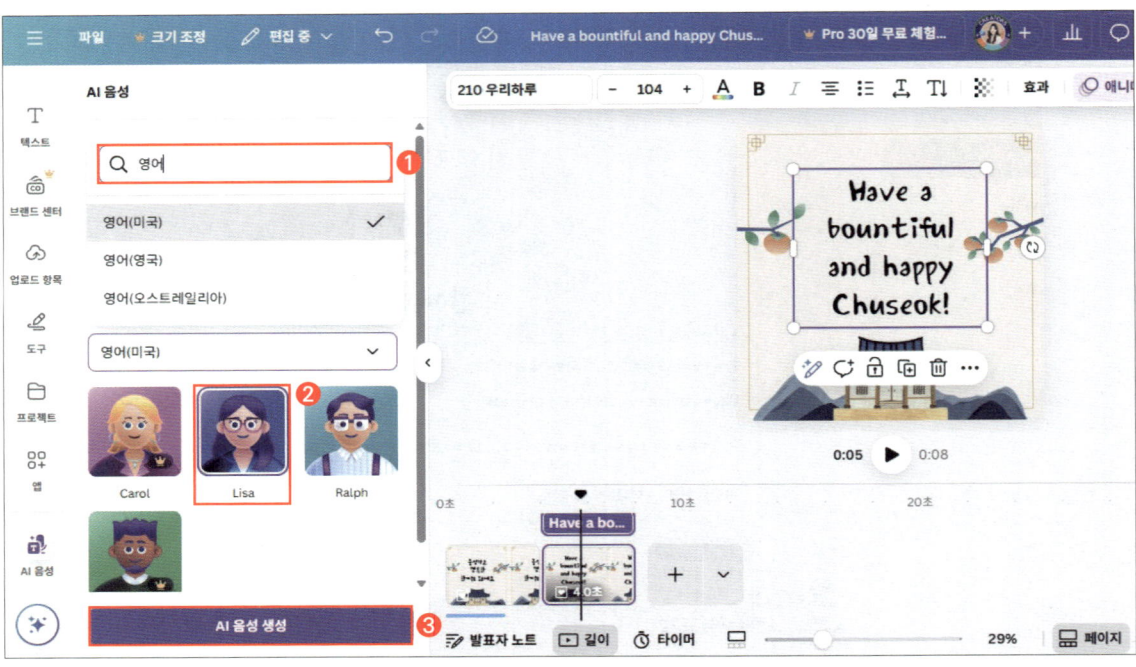

10 **2페이지를 복제**하여 **같은 방법으로 일본어 인사말과 AI음성을 생성해** 3페이지에 적용합니다. 타임라인에 추가된 AI 음성을 각 페이지의 시작 지점에 맞추어 디자인을 완성합니다.

Tip AI 음성 기능은 영어, 일본어, 중국어는 물론 프랑스어, 히브리어 등 30개 이상의 다양한 언어를 지원합니다. 다양한 언어로 콘텐츠를 제작할 수 있어, 글로벌한 영상이나 다국어 자료를 만들 때 매우 유용합니다.

혼자해보기

01. Canva AI 이미지 생성 기능을 사용해 귀여운 강아지 인형 이미지를 만들어보세요.

프롬프트	밝은 나무 책상 위에 놓여 있는 작은 강아지 인형, 연한 크림색 털을 가진 말티즈 봉제인형, 둥글둥글한 몸과 큰 눈, 포근한 재질감, 귀여운 장난감 느낌, 부드러운 조명
스타일	스톡 사진
비율	3:4

완성 파일 : 강아지 인형 AI 이미지.jpg

02. Magic Media로 이미지를 만들고 어울리는 문구를 넣어보세요.

디자인 유형	전단지(가로형 A4)
프롬프트	밤하늘 가득 반짝이는 별빛, 넓은 밤하늘을 올려다보는 귀여운 여자 아이, 까만 눈망울과 환한 미소
스타일	색연필
레이아웃	가로형
텍스트 글꼴	어비 세현체
텍스트 서식	테두리, 두께 156

> **Tip!**
> AI 이미지 특성상 같은 프롬프트를 입력해도 결과물은 달라질 수 있습니다.

완성파일 : 색연필 이미지.jpg

Memo.

Memo.